EDUCATION
REVOLUTION

魏忠 著

教育正悄悄发生
一场怎样的革命

华东师范大学出版社

图书在版编目（CIP）数据

教育正悄悄发生一场怎样的革命/魏忠著.—上海：华东师范大学出版社,2016.1
ISBN 978-7-5675-4602-8

Ⅰ.①教… Ⅱ.①魏… Ⅲ.①信息技术－影响－教育事业－研究 Ⅳ.①G43

中国版本图书馆CIP数据核字(2016)第016942号

教育正悄悄发生一场怎样的革命

著　者	魏　忠
策划编辑	彭呈军
审读编辑	曾　睿
责任校对	郭　琳
装帧设计	倪志强　陈军荣
出版发行	华东师范大学出版社
社　址	上海市中山北路3663号　邮编200062
网　址	www.ecnupress.com.cn
电　话	021-60821666　行政传真 021-62572105
客服电话	021-62865537　门市（邮购）电话 021-62869887
地　址	上海市中山北路3663号华东师范大学校内先锋路口
网　店	http://hdsdcbs.tmall.com
印刷者	上海中华商务联合印刷有限公司
开　本	787×1092　16开
印　张	20.25
字　数	324千字
版　次	2016年5月第1版
印　次	2019年6月第3次
书　号	ISBN 978-7-5675-4602-8/G·8985
定　价	68.00元
出版人	王　焰

（如发现本版图书有印订质量问题,请寄回本社客服中心调换或电话021-62865537联系）

中国迈入创新型国家需要培育大量创新创意人才,信息时代什么是20年不变的知识?教育本身教的不是知识,是建构。魏忠教授以其深厚的学识、多年研究实验和多元观察视角,揭示了面向未来的教育变革之道!

厉无畏
著名经济学家,中国创意产业开拓者

魏忠博士思维敏捷,知识渊博,见识广泛,眼界宽阔,本书是一部很值得一读的好书。这是一部典型的互联网思维的书籍,广泛的感知,敏锐的透视,创意的综合,给读者一个全新的世界和视野。本书所涉及之内容十分广泛,包含未来学、未来的技术、未来的教育。作者对教育本身、博雅教育、应用型教育、教学革命和学习革命的深刻分析,尤其是应用现代网络手段进行教育有很多想法和做法值得借鉴推广。本人衷心地推荐给从事信息工作,教育工作,企业管理,未来规划的教师、学生、经理、工程师、政府官员阅读,相信定会收益良多!

薛华成
著名信息学家,中国信息管理开拓者

魏忠在他前一本《教育正悄悄发生一场革命》书中应用数据处理技术到教学的有关环节,在此基础上本书又深入研究了大学教育的特点,进一步把教学与数据处理技术有机结合,形成了跨专业的著作,是一本有影响的著作。

施伯乐
著名数据科学家,复旦大学首席教授

这是魏忠博士在科教领域进行广泛而深入的调查、研究、观察和审慎的思考后撰写的力作,他敏锐地揭示出在后信息化时代教师要革新践行"传道、授业、解惑"的功能,当教师在按传统方式授课的过程中不能够回答学生的问题时,大可不必窘态十足,也不应当心安理得,而是应该勇于改革教学、教育方式,使之适应大数据时代的要求,并要大力倡导"实践出真知"、"青出于蓝而胜于蓝"的精神。

白英彩
著名网络专家,上海交通大学首席教授

魏博士对最新的生命科技、互联网、物联网、数据科学最新的进展进行敏锐的观察，从历史和人性进行溯源，进而总结出面对全息时代未来三十年的教育一般规律。魏忠这些年跨界到管理、技术、教育，务实又思维敏捷灵活，更重要的是理解深刻、入木三分。

朱三元
著名软件专家，上海市软件协会名誉会长

留学美国，计算机、大数据的专业训练，身兼大学教授和企业家的职业背景，使魏忠对基础教育的跨界讨论成为一个"另类"，汪洋恣肆、狂放犀利的外表之下，是基于科学理性的保守和稳重。这就是魏忠！

杨东平
21世纪教育研究院院长

魏忠博士这本书中的很多话敲击着我们心灵深处，他能说信息不谈计算机、谈教育务求从表到里，看起来的随意几笔，如不对教育进行深刻的思考和实践绝不可能信手拈来。魏忠书中的感悟、思考、体系，来自于他对教育的务实实践和独立思考，《教育正悄悄发生一场怎样的革命》是难得的一本好书。

姜　波
西安培华学院理事长

教育正在发生一场静悄悄的革命，教育正悄悄发生一场怎样的革命呢？正在发生一场互联网教育的革命。互联网教育的本质是一种社群教育，它应该具备大规模复杂交互、普惠平等性，且极其重视C端体验。如果不是一场革命，恐怕单凭教育本身的进化，这一切一定不会发生。所以，教育的革命恐怕不光要静悄悄，还得要有声响、有声量！这本书将科技、教育、人文发展连贯起来，让教育从静悄悄开始，终将变得"大张旗鼓"！

伏彩瑞
沪江网创始人

赞教育实验精神
（代序）

魏忠先生是上海海事大学的副教授，我们认识有两年的时间了，我非常赞赏他的教育实验精神。2014年11月，他出版了《教育正悄悄发生一场革命》一书，在教育界产生了巨大的反响。2015年11月底，他又把《教育正悄悄发生一场怎样的革命》书稿寄给我，我开始感到有些蹊跷，还以为是《教育正悄悄发生一场革命》的修订稿。但是，在对比以后发现，从章节到内容都是完全不同的一本新书稿，与《教育正悄悄发生一场革命》一书可谓是姊妹篇。

那么，"一场革命"与"一场怎样的革命"有什么区别呢？窃以为，前者是肯定句，有专门的指向；而后者是疑问句，包括着更深刻的含义。到底是怎样的一场革命？也许人们现在还难于预料，但我大胆地预测，可能是一场"哥白尼式"的连锁革命，将会波及教育的一切领域。

我认真地阅读了这部书稿，反复体会书名的蕴意，"正悄悄发生"说明这场革命是自发的，而非是有领导、有组织、有计划发起的革命。这场自发的革命是由于网络技术兴起而孕育的，并且它还将继续挑战传统的教育。在书稿中，魏忠先生阐述了许多惊世骇俗的教育观点，其中之一是现今IT行业的许多领袖人物，都是没有受到高等教育"污染"的人。其实，何止IT行业，在数学、哲学、文学、艺术、史学等领域里，低学历的大师也是不胜枚举的，如华罗庚、钱穆、梁漱溟、叶圣陶、齐白石、金克木、沈从文、贾兰坡、启功、张舜徽……他还认为：教师已成为教育改革的阻力，我是完全同意他的这个观点，也许有人不赞成，但如果抱着求实的态度，实践将证明他的观点是正确的。

英国权威的《自然》杂志，以刊发自然科学重大原创性的论文而闻名于世，可是2014年第10期却登出了一个非常醒目的标题："大学实验：作为实验的校园"。同时，《自然》杂志还配发了社论："受到挑战的大学"，认为大学想要生存下去，必须迎接挑战,应对挑战的方式虽然不同,但与科学研究一样,都需要实验,只有通过实验,才能最终知道哪一种方式适合自己的学校。魏忠先生的教育思想具有前瞻性,他所进行的各种实验,正符合《自然》杂志所倡导的实验精神。

纵览教育发展的历史,凡是有作为的教育家,他们在推行新的教育理念时,很多创办了以教育实验为目的的学校。例如,古希腊三大哲圣之一的柏拉图,17世纪捷克教育家夸美纽斯,德国教育改革家洪堡,德国哲学家黑格尔,美国实用主义哲学家杜威,英国哲学家罗素,苏联教育家苏霍林姆斯基等,他们都是教育实验的先锋人物,他们也因此而成为世界著名的教育家。

苏联教育学家阿·波瓦利阿耶夫认为:"教育是一块伟大的实验场地,发展个性,教育技术需要随时改变。"我国拥有极为丰富的教育实验资源,对于开展教育实验是极为有利的条件。魏忠先生是工商管理领域的专家,并非是教育科班出身,但他热爱教育,特别是钟情于教育改革实验,并因此获得了众多的教育成果。既然魏忠能够做得到,那么许多教育科班出身的教师更是能够做得到的。因此,我衷心地希望教育战线上的所有工作者,都来开展教育改革实验,以应对这场正在孕育中的史无前例的教育大变革。

刘道玉 谨识

2015年12月12日

这个小孩子叫 Ashley，1 岁，她会说的第一句话是"爸爸"，第二句话是"妈妈"，第三句话是"要 iPad"。

——2013 年于硅谷苹果总部 1 号门

目录

前言：技术的力量在于改变世界 … 1

第一章　教育的生命原义 … 1
　如何再造一个赫伯特·西蒙 … 3
　杨振宁的闹与李政道的道 … 8
　假妮儿们的春天 … 13
　隔壁班的女生，怎么还没经过我的窗前 … 17
　人生就像巧克力，你永远不知道下一颗的味道 … 21
　上帝派来的天使 … 25
　千里马常有，而罗素不常有 … 30
　什么专业一般没有本科？ … 34
　数一数当年那些你曾高攀不起的女学霸 … 39
　爱情的缓释胶囊 … 43
　令狐冲的多股真气 … 47
　知识地图，心中宇宙 … 52
　碎片化与浅学习 … 59
　建构、意向与深度学习 … 64

第二章　创造时代的教育 … 69
　未来产业、未来城市、未来人种 … 71
　云与互联网思维 … 75

物联网与跨界思维　　81
　　大数据与用户思维　　88
　　生命信息与生态思维　　94
　　云时代的课堂与师生关系　　98
　　创客时代的教育　　108
　　新硬件时代与创客思维教育　　115
　　工业4.0与创客教育　　120
　　数学教育如何支持"围绕创新的学习"　　126
　　洋葱里的图层世界　　132

第三章　云梯　　139
　　你一会儿看我，一会儿看云　　141
　　有云心，即真经　　143
　　云逻辑，云技术　　150
　　云无核，教有形　　156
　　真实、真情、真理，虚拟教学与教育之真　　165
　　改造世界的信息模板　　171
　　平行世界与全息教育　　179
　　越简单的前台，越复杂的后台　　184
　　从首席信息官(CIO)到首席数据官(CDO)　　189
　　一再被误读的教育信息化　　192
　　大数据给教育带来了怎样的可能　　203
　　从大数据到数据科学　　208

第四章　未来校园、信息空间　　219
　　教育与信息之美　　221
　　从移动学习到移动性学习　　226
　　未来教育，被技术改变的知识、技能、体验　　231
　　大数据时代，我们如何做教师　　235
　　从教育设计到设计教育　　240

知识地图课程实践探索　　　　　　　　　　249
物联网+教育,从虚拟实验到影子系统　　　257
一体化,三段式　　　　　　　　　　　　　264
教育之真:知识　　　　　　　　　　　　　271
教育之趣:技能　　　　　　　　　　　　　282
教育之美:体验　　　　　　　　　　　　　290
未来校园,四全系统　　　　　　　　　　　302

前言:技术的力量在于改变世界

当上一本书《教育正悄悄发生一场革命》在 2014 年 11 月出版以后,引起巨大反响,2015 年 1 月,《中国教育报》评选"2014 年中国教师最喜欢的 100 本书"即在列。几个月以来,收到了非常多的鼓励,更加重要的是,作为一个作者,我发现这场革命远比我想象的来得迅速,虽然静,但却潜移默化并不慢。

技术和教育的关系到底是什么?为什么每次技术的进步总是带来教育的巨大变革?这不仅仅是谁服务于谁的问题了,就教育来看,世界媒体的进步,竹简、石刻、造纸、印刷术、线装书……几乎都是那个年代出现伟大教育家的节点。如果列举历史上 50 位教育大家,你会发现他们很多是在一个新技术诞生后 30 年左右功成名就的。于是不难发现,技术性或者说工具性和人性本应该是一个性质,是一个事情的两面。人和动物最大的区别是什么?是因为人的工具性。人类因为有语言,会使用工具,其人性和其他的动物就不一样了。教育也是一样,从教育的角度看工具性和人性应该是统一的。问题是,我们很多时候将"工具性"和"人性"人为地割裂开来了,忽略了它们本是教育本身的两面。

我在多年的研究和实践中发现了一个非常有趣的群体现象,比如在 IT 行业,最优秀的工程师往往是那些"没有被高等教育污染的人",那些占总数 30% 最好的 IT 工程师,往往在大学里不是学这些相关专业的。真正能解决问题的往往是那些大学都没有上过,甚至高中都没有毕业的创客。我曾经尝试将一些理论功底深厚的博士与这些创客组成一个团队,攻克某些艰难问题,这些创客居然比那些博士和学士们干得漂亮。

什么原因?技术重新触动了我们对教育的看法。不同的年代,教育的作用是不一样的。技术的真正作用是解放,从 3 000 年前到 500 年前、到今天,在所有的教育变革中,人的作用越来越重要,教师的比例也越来越大。技术的普及会大量解放人力,解放那些原本具有天分的、但在学校学不下去的人。作为教师,必须承认有一些孩子我们永远教不了,有了在线教育,有了技术的帮助,事实上他们不那么依赖于教师了,技术解放教师,也解放了这些孩子。

有人认为,当技术发展了,教师是不是越来越不重要了?我并不这样认为。按照《动物理性》一本书的作者所述,每个人都有七种次级自我,自我保护也是一个次级自我。许多情况下,一说到技术,人们首先想到的就是自己的地位可能会受到冲击,实际的情况恰恰相反,通过大数据和历史文献,我们会发现从孔子所处的时代到今天,一直存在着一个非常奇特的现象:随着技术的进步,教师不是越来越少了,而是越来越多了。我们来看一个有趣的问题:孔子是怎么教书的?孔子一天就跟某一个学生说一句话,一句话说完了,一天都过去了。孔子带的学生也是非常有限的,72个研究生,3 000个本科生,他的许多东西就是通过传抄,属于他的学生了。之后,我们建立了国学馆,汉朝的时候王莽开始建立类似我们所说的乡村学校,唐宋朝开始建立类似现代大学机构。100多年前,现代的教育机构诞生了,于是教师慢慢地越来越多。到今天的可汗学院、小班化教学,一个班15个孩子需要两个老师。可以预料,随着在线教育、小班化、在家上学的发展,对教师的需求只会越来越多。教师的作用也将慢慢回归应有的职能,发挥老师的指导作用。苏格拉底说过:"我不是知识的传播者,我是知识的助产师。"教师不是储藏知识的,他的功能在帮助学生,教会学生方法,教育是一个咨询的服务行业。

那么,我们近期特别热的大数据技术,对教育来说怎么用大数据的方法来研究?我们还以孔子为例,孔子在中国思想史上的地位有争论,但在教育史上的地位没有争论。大家都认为他是最好的老师。他凭什么是一个好老师?为了搞清楚这个问题,我将《论语》中的每一句话,谁跟谁说的,全部输入电脑画了一张图,结果发现:今天的教育所遇到的问题,在孔子那里得到全部的影射——一言堂、行政化、对学生监控很严等,但他重视的学生并没有取得多大的成就。

这就是大数据方法中的社交网络的研究方法,也被奥巴马竞选团队使用了,并帮助奥巴马获得了两次竞选的成功。孔子那个时代互动方式是完全不一样的,苏格拉底和柏拉图的对话又不一样。同样,我把这种研究方法用到员工的QQ聊天上,就会有许多意外的收获,如果我用这样的方法来研究《红楼梦》中人物之间的关系,也一定会有意想不到的发现。

实际上,这种研究方法并没有什么奇特之处。问题是我们过去研究教育学,习惯于东说东有理,西说西有理,没有坐标。我在《教育正悄悄发生一场革命》中说的也未必是真理,但可以给大家提供一个技术坐标。在一个技术坐标上说话,是容易达成共识的,有了坐标,许多争论就可以建立在坚实的基础上,我们也可以通过一定的坐标得出确定性的结论。

再比如说,有数据表明,中国买书的人越来越少,于是很多人说中国人不读书。那原因在哪里?如果我们从中国的网民比例来看,事实上读书人是不少的,只不过因为现代媒体冲击了纸媒体。用大数据简单一分析就知道,问题不是读不读书,而是读书的方式发生了变化。在网上读书和读纸质书,实际上都是读书,仔细想一想,有多少人在网上进行仔细的读书?当人们接受一个新的媒体以后,浅阅读就不断增加,深阅读不断减少。我们拿一本纸质书阅读的时候,一般都是深阅读。尤其是当今时代,你要买一本书,多数情况下是会去深阅读的,而在手机上更多的是浅阅读,如何扭转浅阅读泛滥的问题才是解决问题的出路。

因此,如果不基于大数据,同样的问题,不同视角的解读往往是不一样的。那么,在《教育正悄悄发生一场革命》一书写完以后,我还有哪些话没有说完呢?原本写完上一本书后,我就想告一段落了,想写的书名是《教育的生命原义》,书的第一章已经写完,就是本书的第一章——"教育的生命原义",用了十几个小文章,几十个诺贝尔奖获得者的成长历程的小故事,最后力图还原出创新培养中的教育原义。原本这些东西与信息化教育不太相干,之所以写这些内容,是发现在我参与推波助澜的在线教育热潮中,技术官僚们已经在技术工具代替教师之路中走得太远了。我在反思,教育中的信息(而不是计算机),是如何影响人们的学习的,如果这个事情搞清楚了,技术与教育的关系也就搞清楚了。按照这个思路想下去,我们眼中见的、耳中听的、皮肤接触的等五官所能感受的都是信息的话、如果都能用技术收集的话,这种全息的信息大数据,是能够更加准确反映教育全貌的。正好,信息技术的发展给了我们这种可能:云、大数据、物联网、生命信息等的发展,给教育工作者一种云梯,于是写着写着,书又写回了教育技术领域。紧接着,我们要考虑,由于技术的发展,社会思维模式也会对教育和学习产生巨大的影响:云与互联网思维、大数据与用户思维、物联网与跨界思维、生命信息与生态思维,这些思维模式与技术连接时代,造就了创新时代的新的教育和学习模式。下面的问题又要回答:在大数据时代,我们改造世界,什么是我们的信息模板呢?是创新?还是技术?还是国际教育?这些问题一直在困扰着我,我也试图回答一些。最后,感谢庚商公司多年来给予的支持,我在上海海事大学电子商务专业和管理科学专业学生中做实验,最近又在一些中学、小学、职校做实验,在100多所大学做实验。最后一章,用知识、技能、体验,给出了这些年这些案例中的一般规律:一体化三段式;教育之真、教育之趣、教育之美,这些实践,也印证了前面章节的思维理念,更加务实地深入思考并进行了实践探索。

  对于一个微观而具体的教师而言,很多东西大家不一定看到、看到不一定想到、想到很少人写到、写到又很难有公司做到、看到别人做到了背后的东西又未必悟到。这本书不是一本教育技术的书,也不是一本教育理论的书,由于多年跨界教育和公司之间、跨界技术和管理之间,十年间每年会见几百位教师、院长、校长、处长、公司老总,均和教育技术有关,书中的每句话,我总能想到自己所创立的公司每年100多个案例,也总能想到自己从教十年每一次教育实践和别人的案例,将自己所悟整合起来以飨读者。

  特别感谢庚商智能教育科技、上海海事大学经济管理学院、沪江网、厚仁教育给予的大力支持,感谢"今日教育"、"新校长"、"教师教研"、"中国教育信息技术"、"中小学信息技术"等杂志给予的专栏机会,感谢凌宗伟、邝红军博士、魏来、陈航、李斌、张磊、张筠、刘彦芳、张晓彦、嵇宏宇在稿件写作过程中给予的帮助,尤其还要感谢四川师范大学管理学院薛丹老师在成书的过程中给予的帮助。感谢中山大学、暨南大学、东华大学、上海外国语大学、上海中医药大学、苏州职业大学、西安欧亚学院,书中的案例和灵感多来自这些大学的实践。

第一章

教育的生命原义

为什么说信息化支撑下的教育是一场革命,教育又怎样变成一种实证科学,教育将死、学习永生?在信息充分的情况下,未来的教育应该顺从哪些天性、宽容什么偏执、缺陷怎么又成了完美、创意者为什么到处惹祸?大数据时代什么是教育的原始变量、什么又是隐含变量、什么是默会知识、什么又是深度学习?为什么明明在理性角度显而易见的结果,人们学习过程中却又一再犯错、终身学习为什么又迎来辍学创业热潮?

来自烟草的财富没有能够让杜克家族后人获得幸福,从1892年到1925年杜克父子捐给杜克大学的4 000多万美金却帮助杜克大学传播智慧,传递支持,解决匮乏,他们做到了帮助他人幸福。

如何再造一个赫伯特·西蒙

——顺应天性

人工智能之父:赫伯特·西蒙与纽厄尔

如果说我提以下一个"奇"人,在教育学上也许具有很典型的意义,作为多数的教育工作者,会有什么反思呢?

这个人,不知道什么原因或者关系,上了一个不错的大学,无论在高中还是大学,他都算不得什么优秀的学生,说他中等偏上是给他点面子了,大学拿到的一个优就是拳击。他毕业以后无所事事,学的是政治,却对于画画、弹钢琴、爬山、旅行、学习各种外国语乐此不疲,在毕业以后似乎毫无志向的他去了一个游乐场管理处帮忙,依靠自己的花言巧语追到了一个姑娘。他依靠成为妻子的这个姑娘的关系拿到了芝加哥大学的兼职政治学博士,也因此有机会在加州伯克利做项目研究,2年以后却到了一个排名后100位的大学当老师,又过了10

年,沦落到排名又后将近100位的学校当教授。这个人对什么都有兴趣,但似乎什么都不是他的专业,在他职业生涯的65年时间里,研究过政治学、管理学、心理学、信息科学、应用数学、统计学、运筹学、经济学,除了"混出来的一个博士"外还来者不拒地拿过另外8所大学的政治学、科学、法学、哲学、经济学博士。晚年的他似乎又想起了自己原本的专业是政治学,1972年跟随美国一个代表团来到中国,之后对中国乐此不疲,9次来到中国,2001年逝世。

如果我告诉你,这个人叫赫伯特·西蒙,你还不太了解的话,我还可以多说几句:就是他,拿到了计算机的最高奖图灵奖、心理学美国心理学会三个最高奖;他还是人工智能之父、决策理论之父、行为理论的先驱、心理学量表之父;他还开发了世界上第一个表处理软件AI、开发了世界上第一个棋牌游戏、世界上第一个语义网络软件、世界上第一个能够运行的人工智能软件。60岁那年,已经获得计算机最高奖图灵奖的西蒙听说还有一个奖全世界更感兴趣,叫诺贝尔奖,询问获奖标准,别人告诉他不太可能,因为作为管理专家和计算机专家的西蒙,在诺贝尔奖体系里是没有可能的,然而在62岁这年,西蒙狡黠地对他的学生笑了笑说我可以得奖了,这年他的管理学、社会学、心理学和信息学杂交出来的理论获得了诺贝尔经济学奖。

卡内基梅隆大学校园

在卡内基梅隆大学,至今还有一个楼叫做赫伯特纽厄尔楼,是为了纪念在这里工作的包括西蒙在内的两位人工智能之父。在还没有逝世的时候,西蒙又得到了另外一个卡内基梅隆大学全体师生和校友乃至全世界教育者心目中至高称号"著名教育家",

原因始于1967年的一次谈话。1967年,钢铁大王卡内基办的学校卡内基技术学院与美国前财政部长梅隆办的一个戏剧学院(梅隆学院)决定合并,合并的原因很简单:两个学校财力相当,相隔也近,但是学校基本情况不咋样。合并后的校长也是管理学院的教授觉得西蒙的管理决策理论很有名,就半开玩笑半认真地希望西蒙能够用"决策理论"决策一个不可能的任务:用30年的时间,让这所名不见经传的大学成为世界一流名校。西蒙想了想,用一句话说出了自己的决策,校长信了。不到30年,卡内基梅隆大学稳稳地在美国和世界高校排行榜上前30位立足,成为世界高等教育史上的一个奇迹。西蒙当初告诉校长:"你只搞计算机!"于是,今天的卡内基梅隆大学成了一个基本上只搞计算机的大学:科学学院的计算机叫计算机科学专业、管理学院的计算机叫信息管理和公共管理专业、金融学院的计算机叫数字金融专业、戏剧专业的计算机叫数字媒体专业、工程学院的计算机叫计算机工程专业。不搞一门专业的西蒙,帮助学校创造了一个只搞一个专业的大学,今天这件事看起来也是匪夷所思,放到1967年计算机刚刚进入民用和个人电脑的时代,是多么不可思议,事实证明,西蒙的决策理论不是忽悠,是实战,不仅仅是对于他的大学,还对于他的人生,以及教育学都有着启示。

从西蒙的经历来看,我们不得不对教育、教育的理念、教育的内容和实质进行深刻的反思。我们今天争论的:应用型还是研究型、实战性还是创新型、培养人还是培养知识、培养技巧还是培养能力、职业学校还是本科学校、通识教育还是实用主义教育,在西蒙身上得到了充分的一致甚至重合。更加让人不可思议的是,西蒙本人并不是像传说中的冯诺依曼和爱因斯坦,与他们相比,西蒙的智商并不足够高,即使与芝加哥大学的优秀生相比西蒙也没有出彩之处。然而今天和未来的世界,人们是会越来越记住西蒙的,不仅仅因为他无人望其项背的奖项,更是由于他所带来的人工智能时代刚刚开始,只是西蒙的名气落后于他的时代而已。

研究教育学,看西蒙的成长历史,一定比研究爱因斯坦和冯诺依曼的更有启示,三个人都是犹太人不能说明什么,爱因斯坦和冯诺依曼的超高智商也缺乏普适性,西蒙不但让自己并不算太高的智商走到了所有学科的顶峰,还让他所在的原本资质平平的卡内基梅隆大学也走向了顶峰,其方法是具有一致性的。我有幸在卡内基梅隆大学访学不到两年时间,更有幸我的导师是西蒙生前还非常熟悉的人,西蒙经常说的一句话是:learn or creative,也就是学习还是创造。研究人工智能的西蒙认为创造是生命的原义,也是教育的原义。

如果我们希望还原西蒙的成长经历,看看我们如何把一个孩子培养成能够创造出一个获得世界三大奖项（诺贝尔、图灵、美国心理学奖）并且还会创造程序的创客，我们就要设想这样一个并不难但却不好再生的场景：你得让西蒙的爸爸是著名的电气工程师、律师、学术界和社会事务界的活跃的领导人，这样西蒙才有可能对计算机、社会学、心理学和学术以至于政治有那么多兴趣；你还得让西蒙的妈妈是一个著名的钢琴家，以至于西蒙对音乐、美术、戏剧、社会学、心理学有天然的感知；你还得让西蒙生活在一个没有功利色彩的中产阶级家庭甚至爸妈也不要求他回到故乡，以至于他毕业无所事事、随遇而安以及在职业最初20年几乎越混越差也丝毫不伤害他的信心和自尊心；你还得让西蒙拥有一个好太太，这个太太还得是今后对西蒙影响巨大的芝加哥大学社会学系的秘书，她不但成功地为西蒙建立社交关系，还顺道为西蒙找关系托路子并且很乐于忍受一个天马行空的丈夫，事实上世界上第一个人工智能的会议，就诞生在这样的一个派对。除此之外，教育工作者要想再造一个西蒙，西蒙身边还一定要有宽松的环境，还有不强求专业的社会舆论，还得有不把教育天天挂在嘴上说为了你好的老师，还有一切一切。以上这些，在教育学上有意义在于，它们并不难，但是并不是我们能做到的：顺应生命的天性。西蒙在晚年谈到他的经历的时候说："我诚然是一个科学家，是许多学科的科学家。我曾经在许多科学迷宫中探索，这些迷宫并未连成一体。我的抱负未能扩大到如此程度，使我的一生有连贯性。我扮演了许多不同角色，角色之间有时难免互相借用。但我对我所扮演的每一种角色都是尽了力的，从而是有信誉的，这也就足够了。"历史已经忘记了西蒙的中学老师和小学老师，幸运的是，他们没有在西蒙的迷宫里画满了指路的路标。

以西蒙为荣耀的美国卡内基梅隆大学，继承了很多西蒙时代还具有的"兴趣是最大的专业"的风格：小小的600亩土地，诞生了多位图灵奖和诺贝尔奖获得者、诞生了《海底总动员》、诞生了"兰迪教授的最后一课"、诞生了李开复和位数众多的职业经理人和创新者；我选上的一门嵌入式系统本科课程，一个英特尔公司出来的经理，每年带几万美金让学生做出作品来考核；校园狂欢节，美术系教授们脱光了衣服扮作印第安人来激发学生的创意；我们还可以看到，计算机学院里面的一个教授是学心理学的，而社会学系的一个教授是学计算机的，工程学院的教授却是研究社交网络的；自从2000年以来，这个大学诞生了300多家公司，培养了几十位国际大公司总裁，每个学生人均获得的赞助超过25万美金。如果我们粗浅地理解，以上这些就是发挥交叉学科的优势转变的胜势；再往深一步理解，教育成功就是生命的张扬，就是顺从甚至发挥生命的潜力，就是教育让位于学习和创造。每一个人也许资质不同，但是如果顺应天性，能够发挥潜能,那么个人的能力就会在一个阶段后得到充分的发挥。

我拿西蒙作为"教育的生命原义"这个专题的开篇,是为了要再回到西蒙的专业:人工智能。1956年夏天,数十名来自数学、心理学、神经学、计算机科学与电气工程等各种领域的学者开了一个派对,讨论如何用计算机模拟人的智能,并根据麦卡锡的建议,正式把这一学科领域命名为"人工智能"。卡内基梅隆大学的西蒙和纽厄尔带到派对会议上去的"逻辑理论家"是当时唯一可以工作的人工智能软件,引起了与会代表的极大兴趣与关注。因此,那次派对会议的西蒙、纽厄尔、麦卡锡和明斯基被公认为是人工智能的奠基人,被称为"人工智能之父"。那次会议的一个学派西蒙的符号逻辑派引领了人工智能40年,而今天的另外一个学派"人脑反向工程"在生物技术和计算机信息技术方向也取得巨大进展,从研究人脑开始进行计算机的模拟和开发,甚至按照猴子和残疾人的脑电波执行思维的指令去驱动一个机械手已经成为现实。

《奇点贴近》一书中所提到的未来的宇宙经过了物理化学、DNA、脑、工具、人与技术共同进步,最后会走向智慧宇宙,虽然被专业人士认为是天方夜谭,但作为一个未来学家的看法也并不是天方夜谭。随着人工智能的发展,也许关于教育的工具性和技术性、通识性和实用性的探讨将显得荒谬无比,而由冯诺依曼提出、西蒙开创的奇点(机器全面超过人脑)就要贴近,人机混合时代(利用机器甚至植入机器让人的智商提高1 000倍)就要到来,未来的教育者,如何培养未来人类,这个系列,从西蒙开始,是再合适不过的了。

技术上,奇点到达后或者之前,再造一个西蒙是非常容易的事情,但是在教育上,却并不容易。

从教育者的角度上看教育,每个人都振振有词,但从生命的原义看学习,往往可能不是那么回事。

杨振宁的闹与李政道的道

——宽容偏执

合作中的杨振宁和李政道

有一个女人,在国家动乱的时候离开祖国,两三年以后嫁给了一个外国人,借着这个人的光进入学术界,有幸与丈夫一起工作的时候就做出了世界级的成果。然而,丈夫车祸去世,没几年就当上了丈夫博士学生的情人,虽然她的科学成果惊人,但这件事让她所在的国家以浪漫著称的国民愤怒至极,自己也在院士选举的时候被大家排除在外,大家都希望这个"荡妇"离开这个伟大的国家,他们认为是她丈夫做的成果本不应她得到。正巧此时前后,她的母国复国,母国以她为荣,而这个天天念叨母国的人,最终还是忍受谩骂和屈辱待在了那个骂她的国度,继续她后面22年的学术生涯,直到逝世。

如果我说这个人的名字,大家很容易联想起在中国饱受争议的杨振宁,可是不是,这个人有一个屈辱的名字:居里夫人,在法文的原义带点"居里出轨前妻"的意思,这个人正式的名字叫:玛利亚·居里。居里夫人不仅获得两次诺贝尔奖,甚至后面的证据还表明就连第一次诺贝尔奖的成果——镭,其实也是她独立完成的,她丈夫只是仪器助手。她还培养了两个伟大的科学家女儿,其中一个也得到了诺贝尔奖,不仅如此,居里夫人的这个女儿,还对中国的核工业贡献巨大,她的一个学生叫钱三强。爱国的居里夫人将分离出来的一个元素,以她本人祖国波兰命名——钋(Po)。与居里夫人颠沛流离的人生相似的,20世纪40年代,有两个中国的年轻人先后来到美国,他们毕业于同一所大学,在中国有同一批导师,到达美国有着同样赫赫有名的导师大科学家费米和氢弹之父泰勒,然后又被同一所名校普林斯顿大学招聘,与奥本海默与爱因斯坦成为同事,在30岁出头的时候,两个人的一篇文章,获得了第二年的诺贝尔物理学奖,然而,5年以后,合作发表了30多篇论文的两个人却因为论文排名问题在以后的50多年不说一句话。这两个人,大家猜出来了,是的,是杨振宁和李政道。

  在谈论教育的本义的时候,哪一个教师都不能忘记把学生的道德培养放在重要的位置,在评论一个名人和楷模的时候,评论者都会以更加挑剔的眼光来看待那些取得成功的人:难道居里夫人就不能克制自己的冲动破坏别人的家庭?即使她爱上了她的学生郎之万,难道就不能不写那些充满情欲的情书?杨振宁和李政道难道就不能克制自己的个人好恶和排名,去一起为祖国做贡献?难道杨振宁就不能娶一个相差小于50岁的妻子让人少点非议?当大众这样评论自己的偶像的时候也许无可厚非,但当一个老师这样要求自己的学生、大众以这样的标准要求一个天才的科学家的时候,却是出了大问题。也许面对沸沸扬扬的争论,爱因斯坦当年写给居里夫人的信,最能代表创新者应有的宽容:"他们这些事,和你没关系。"

  爱伦坡曾经说过:"凡是成功者,都是偏执狂。"能做出巨大成就的人,一定具有充分个性和个人坚持的人,这些坚持和个性体现在学术上,往往是出色的成就,而体现在生活上,往往是让人大吃一惊,但如果这种大吃一惊和你没关系,就不要大张旗鼓地讨论,因为"和你没关系"。1912年,法国的报纸将郎之万的太太找到的情书全文刊登,让法国的大众出了一口恶气,他们认为这事和他们有关系:"这样的一个不守妇道的女人,连续两次获得诺贝尔奖奖金的波兰人,原本的学术成果都是这样'偷人'偷来的!"正如这些年网上饱受争议的对杨振宁和翁帆的恋情看法一样,1912年的评论者和2012年的评论者基本是看不懂半页物理学论文的,他们忘记了居里夫人就是靠的这种偏执还坚持了几十年高质量的学术,最后也是实验伤害了她的身体;杨振宁还有两项诺贝尔奖级别的成果被《自然》称为唯一在世的20世纪最伟大的物理学家,从2008年开始,杨振宁还有10多篇的高水平论文发表,然而这些,对于看不懂的人,"和你没关系"。

作为教育学者,我们有必要还原一下杨振宁和李政道的成长道路,看看有什么共同之处。要想重新制造一个杨振宁和李政道,我们要复制一下这样的环境才行:要让他们出生在几代贵族的家庭,要让他们从小接受优质的基础教育,要让他们的国家经受战乱而恰巧这个时候他们有机会出国留学,要让他们一出国就碰到世界上几百年才出一个的著名科学家当博士导师,还要他们出国以后突然国家经历内战,然后再有的是国内的家人遭受牢狱之灾,还要他们毕业以后都能到世界一流的研究院与世界一流的科学家为伍,并且他们两个又碰巧在同一间实验室、做同一个项目。以上这些所有,造就了杨振宁和李政道,造就了有史以来最快的诺贝尔科学奖,但也注定他们这种友谊不能持续:因为他们两个人太像了!两个青少年时期偏执又极度缺乏安全感的人在一起并取得成就,然后分开也许是最好的结局,懂点心理学的人应该明白这一点。

整个20世纪50年代奥本海默最愿意看到的场景:杨李一边闹,一边走过这条小道。分手以后的杨振宁和李政道,开始了不同的道路:杨振宁的闹、李政道的道。

杨振宁从此厌倦了高能物理,开始了他学术和理论以及生活的"闹":首先是回到了自己太太所在的大学当了教授,然后是对自己父亲临死之前不原谅自己的加入美国国籍做出弥补,在美国成立华人群体,为中美建立学术桥梁,学术上转向与更多的人合作,从此一般不再当第一作者,频繁出现在中国和美国之间,为引进美国科学家不遗余力,频繁发表中国教育不错的言论,娶一个比自己小54岁的太太,为清华大学捐款

1 000万美金。外行看热闹内行看门道,实际上杨振宁在后面的50年还取得了巨大的成就的,只不过这些媒体看不懂,大家看到的是杨振宁的"闹"。

分手以后的李政道,走了一条完全和杨振宁不同的道路:多次回到中国,为中国引进博士后制度、少年班制度,建立了北京正负电子对撞机,承担美国大量课题的基础研究,领导哥伦比亚大学物理系多年,直到今天还每天工作十几小时,为青年学生去美国深造创造条件,捐款30万美金建立基金,从此论文基本上都是第一作者,坚持着自己多元的爱好和严谨的学问态度。比起杨振宁的"闹",李政道的"道"远远看来更加符合普世的价值、更加务实、更少让人诟病,也更加得到大众的欢迎。然而外行看热闹,内行看门道,如果看得懂的人会发现,勤奋的李政道失去了闹腾的合作伙伴,所研究的学问并不成功、所领导的团队并不团结、所做的决策具有巨大争议;如果仅仅看杨振宁和李政道的论文和合作期间的事情,很多人会得出李政道出力最多的结论,然而离开了闹腾的基因,李政道更像一个悲情英雄,让人敬佩和扼腕。在物理界,杨振宁更像一个具有仙骨的侠客,他当年的被认为漏洞百出的 Yang-Baxter 方程和 Yang-Mills 方程足以再得两次诺贝尔奖,被称为与爱因斯坦、费米比肩的20世纪仅有的物理学全才;而李政道更像一个职业的剑客,相比起杨振宁的"知",李政道后面50年的"行"更具有悲情英雄的色彩。

按照中国文化语境,很容易想到很多如果:如果他们还合作、如果他们不那么偏执、如果他们以大局为重等等。然而,这些是不可能的,那是因为,他们颠沛流离的童年和被人歧视的少年以及国破家亡的青年时代,注定了他们只有偏执才能走到今天,两个偏执的人,在下一盘旷古没有的棋:比谁活得长!谁活得更长,就代表谁的生命力更强,这就是生命。于是我们见到:92岁的杨振宁还在宣读学术论文,并且暗示自己还能得两次诺贝尔物理学奖;88岁的李政道还坚持在实验室十多个小时。这就是生命的原义:偏执。没有这股劲头,当年国破家亡的两个毛头小伙子走不到科学的顶峰;没有这股劲头,两个耄耋的老人不会还有昂扬的斗志,谁都不服谁。这就是生命的张力。

82岁的时候,杨振宁娶了28岁的翁帆,这件事和18岁的杨振宁临高考几周决定报考从来没学过的物理学代替学得很好的化学专业一样不职业,但却有他独特的逻辑。那个时候杨振宁说,82岁的人平均还能活4年,于是在未来的4年,杨振宁带着翁帆认识国家领导人、认识文化艺术界人士,似乎翁帆琴棋书画能力大长;86岁的时候,杨振宁说,86岁的人平均还能活6年,于是在之后的6年,杨振宁又开始写学术论文,他的太太翁帆读了清华的建筑美学博士;92岁的今天,杨振宁说他要活到108岁"茶寿",这个时候他才揭开谜底,原来,美国有一张大数据的研究资料,到108岁开始没有寿命预期了。而108岁的杨振宁,和103岁的李政道不知能不能握手言和,杨振宁在被问到和李政道的争论的时候总是说,"现在揭秘不是时候",但是有一点是肯定了,翁帆那年应该只有54岁,未来50年谁是杨振宁和李政道的权威发言人?只有翁帆。可爱的老头,这就是生命,这就是偏执,他们和我们没关系,他们也没有做错任何事情。

杨振宁和李政道对中国教育贡献良多,他们本人都直接和间接以饱满的热情不断努力,当写这篇文章的时候,我查询他们两个人这么多年为中国教育做的一切,深为感动。无论是杨振宁的"知"还是李政道的"行",都是中国教育需要的;无论是剑客还是侠客,都是百年中少有的高度;无论是杨振宁的闹、还是李政道的道,都是以自己擅长的方式、中国需要的方式和力所能及的情怀,在做。而我们都在看、在笑,一不小心被两个老头当了棋子。在中国文化中,"中庸"是对个人修养的要求,然而中庸后往往是平庸;而在西方文化中,"制衡"往往是对制度的要求,个性化和偏执只要有制衡就不会出大乱子。杨李分手50年,两个人都很快乐,也都很个性。在教育学上,偏执往往是生命的原义,只要在一定度的范围内,应该容忍偏执,应该保护偏执。小时候,淘气偏执的我和我的小伙伴们,经常被勤奋和具有正义感的老师满怀忧虑地说,"再不改,你们将来要吃亏的",而事实上,社会本身就有矫正作用,30年、40年过去,吃亏的恰恰不是这些偏执淘气的孩子,能够创新和取得成绩的却往往是具有个性和勇于探索的人。

比起李政道的博士后制度和少年班制度,杨振宁似乎从来不在制度层面为中国教育出谋划策,但是下面对于教育的几条不断重复的建议,却是能够给学习者提出更大启示的:

- 直觉和书本知识有冲突,是最好的学习机会;
- 和同学讨论是极好的深入学习的机会;
- 注重新现象、新方法,少注重书本上的知识;
- 自己找理论题目;
- 研究生找题目感到沮丧是极普遍的现象;
- 兴趣——准备——突破;
- 有好想法不要轻易放弃;
- 要解决基本问题。

杨振宁总结的以上经验,恰恰是他和李政道共同的看法,这也正应了最近清华大学钱颖一教授所主张的:创新其实和老师没关系。

宽容偏执,有些事也许真的和你没关系。

假妮儿们的春天

——病者生存

FACEBOOK 创始人休斯，两次帮助奥巴马问鼎总统宝座。

公元前 245 年的秋天，魏国的廉颇府邸，迎来了一拨特殊的客人。这是现年 65 岁的廉颇叛国的第二年，赵国的国王赵悼襄王专门派人向他认错，一个国王向叛国者认错也是迫不得已，因为廉颇母国赵国，已经被秦军围困得不成样子了。自从赵王没有任用廉颇，赵王的父亲也没有任用廉颇，这些年不是夸夸其谈的人领军，就是小人领军，被战败坑杀数十万的赵军已经没有什么战斗力了，更加可怕的是赵国的男人也剩下不多了。宦官唐玖除了表达国王的歉意，还委婉地表达了对廉颇战斗力的担忧。于是廉颇连吃一斗米、十斤肉，结束的时候还没有忘记披甲上马，表示能为国家所用。受人指使的唐玖回国以后，如实向赵王禀报了情况，但是省略了廉颇披甲上马的事实，向赵王说，"廉颇能吃好几碗饭，很快能拉屎"，于是廉颇被赵王弃用。

公元 1205 年的春天，也是 65 岁的宋朝名将辛弃疾，写下了《永遇乐·京口北固亭怀古》,在诗中,辛弃疾写道:"凭谁问,廉颇老矣,尚能饭否?"65岁的辛弃疾没有廉颇的幸运,没人向他传送皇帝启用之意,更加让诗人悲观的是,同样走入人生暮年的战士,辛弃疾已经吃不下几碗饭了,年后去世。

45岁以上的人基本上有这样的生活常识,那就是饭量伴随着消化能力的下降急剧下降,像廉颇65岁那样还能吃很多碗饭、还能吃不好消化的10斤肉,证明生命力十分了得,事实上廉颇至少还活了20多年。赵悼襄王接到真实的假消息的那年,他的年龄无从考证,但是应该不到45岁,因为到了45岁的男人应该知道65岁能吃那么多意味着什么,事实上他的爷爷赵惠文王如果活着应该75岁,从这点考证应该没有什么问题。

对于吃饭饭量这件事,不同的人都会有不同的解读,甚至由此酿成亡国的悲剧,人类科学史和教育史上,由于误解和没有科学知识带来的悲剧,就更多了,令人扼腕的是,同时代的绝大多数人不仅大义凛然,而且乐当帮凶。

2013年12月24日,英国女王伊丽莎白二世宣布赦免艾伦·图灵(Alan Turing)。但是,这个迟到的赦免,已经晚了61年。在1952年的5月,年仅44岁的图灵、热爱体育运动的图灵、世界人工智能之父图灵、计算机之父图灵、二战破译德军密码功臣图灵,受到英国法律判决——化学阉割。图灵因为自己长出了女性的乳房而自杀。自杀之前很多科学家为图灵请愿,但英国的法律和大众坚持认为只有让图灵失去性能力才能让无辜的男性不受侵犯。

这个门,不仅承载了同性恋的图灵,还承载了疯子纳什,它才能成为普林斯顿。

如果我们要想重新制造一个图灵,我们必须重新还原一下图灵生长的环境:你得让图灵出生在一个英国公务员的家庭,你得让图灵家里有3个英国皇家学会会员,你得让图灵3岁就能独立读书,你得让图灵6岁就能写科学短文,你还得让他11岁酷爱足球,16岁就能用相对论推导力学定律,21岁就当研究员(教授),24岁博士毕业于普林斯顿,27岁参军并担任英美密码翻译部门总顾问,不到40岁就当了人工智能之父、计算机之父和二战功臣。

当我们惊讶于图灵的智商和天才的时候,与当年赵王忘记了饭量和战斗力直接相关一样,忘记了这样一个事实:同性恋者往往拥有超细腻的思维和情感、超强的艺术感受力,再加上传统上人们对于同性恋的歧视和偏见,使得他们(她们)更多的沉浸于科学实验室,科学和艺术也许是女同性恋、男同性恋、双性恋和跨性别者的避难所,使得出色的科学家和艺术家中比例更高、成就更大。著名画家陈丹青说:"我非常希望自己成为同性恋,那样我就会拥有更加细腻的艺术天分,可惜我不是。"

2012年,奥巴马竞选连任的时候,专门走到一对夫妇面前,夸奖了他们的儿子休斯,说:"你们有一个好儿子。"这是休斯与奥巴马4年前的约定,休斯的父母也不再逼休斯找女朋友了。休斯两次帮助奥巴马登上总统宝座,因为他在哈佛大学与同学一手创办的FACEBOOK,能够迅速为奥巴马聚集人气和资金。与此前后,苹果公司总裁库克、PayPal的创始人彼得·泰尔、谷歌商业发展副总裁梅根·史密斯等等都公布了自己的LGBT,事实证明,"假妮儿们的春天"来了。

从小我就是左撇子,小时候给我带来很多伤害和很多不便:体育运动时总是学不会按照右手设定的规则、与同桌在写字的时候总是胳膊相碰、敬礼的时候总是用错手、站队的时候总是走不齐队伍,于是非常丢人的我在老师3年的辛苦卓绝的努力下,终于学会右手写字,这也是今天我唯一用右手比左手方便的地方,但是也使得我的一手字写得堪比毛新宇的书法。在后来的时候,我发现受歧视的我还有很多优点:比如反应比较快、记忆力超强、数学程度非常好。后来才知道,左撇子不是病,原先的老师做了一件很大的错事。曾经一度在西方被认为是残疾人的左撇子,诞生了包括达·芬奇、卓别林、玛丽莲·梦露、爱因斯坦、比尔·盖茨那样的名人。关于左撇子和同性恋的研究,至今没有非常清晰和一致的结论,总体来讲和遗传相关,和后天环境也可能有相关性,但越来越多的宽容使得他们的天性得到充分的发展。但是有一件事情让人百思不得其解,那就是下面的一个事实引起的。

法国当初殖民加拿大的时候,移民了大概5 000名一定姓氏比例的人口,后来殖民结束，不再有法国人移民加拿大。200年过去后，当初5 000人的姓氏比例由于各种姓氏之间微妙的生育选项，使得今天的加拿大法裔人口的姓氏减少到只有原先五分之一不到，姓氏比例与法国也完全不同。我们知道，姓氏遗传严格按照父亲的Y染色体进行，也就是说，200年时间，筛选掉了大多数的法国姓氏。

既然200年时间能够筛选掉那么多姓氏，再复杂的人类基因，为什么很多病症，例如糖尿病、豌豆病，以及很多曾经被认为的病症，比如左撇子、同性恋，在人类历史600万年的进化，没有被筛选掉而保留下来了呢？

《病者生存》一书的作者沙伦·莫勒姆，系统地研究和总结了20年来的生理学发展，提出了一个很具影响力的观点：那是因为他们具备某种遗传优势，甚至帮助人类在某个阶段渡过劫难。例如糖尿病可能是帮助人类度过短暂的冰期，豌豆病的人对豌豆过敏然而却不容易感染疟疾，使得非洲以豌豆为食的"残疾人"能够躲过一次一次的流行病。人类中10%左右的左撇子、3%左右的LGBT，是少数人群，然而如果我们把很多不影响正常生存、不影响他人的少数病名全部列出来，那么100%的人几乎都有不同于他人的"病症"，这些病症随着科学的发展，会逐渐证明不一定是病，说不定是天才，这就是生命。甚至已经出生的唐氏病患者、精神病患者、痴呆患者，某种情况下也会展现出天才的一面，越来越多的研究者在研究这些事情，也正是体现了对生命的尊重。我们熟知的舟舟、诺贝尔奖获得者纳什，就是这样的例子。

有迹象表明，人类的教育，正在从过去的面向标准化、大批量、正常人的培养，转向个性化的培养，那么，尊重每一个生命原先带来的东西——顺应天性、宽容、病者生存，才是教育应该持有的观念。当我们不知道一件事情原委的时候，少用一些道德的大棒，就会少酿造一些悲剧。李银河说过，她研究社会学秉承着两个原则：一是是什么？二是为什么？我想，教育学研究也应如此。

隔壁班的女生，怎么还没经过我的窗前

——适时学习

2014 年 12 月 9 日，奥巴马亲自编程 1 小时。

2014 年 12 月 9 日，美国总统奥巴马来到一所中学，像模像样地学习编了一段代码，成为有史以来第一位会编程序的美国总统。奥巴马宣称，在未来的世界所有的人都应该学习编程。响应奥巴马呼应的，包括纽约、洛杉矶、芝加哥、迈阿密、拉斯维加斯、休斯敦和劳德尔代堡、佛罗里达在内的学区承诺要向初高中生提供计算机课程，这种承诺使得计算机科学在这些学区范围内成为一门标准课程。

美国这一轮经济的起步，远远地领先于全世界其他国家，一是以页岩气为代表的能源革命，另外一个是以计算机、互联网为代表的新经济。而新经济的领头是谁，人们这些年不断以自己的经历在告诉奥巴马：电脑要从娃娃抓起，相比起数学、语言、批判性思维和科学课程，计算机学科的天才们有更明确的成功之路，那就是早早地开始学计算机:比尔·盖茨14岁,保罗·艾伦16岁,乔布斯10岁,苹果的另外一位创始人沃茨尼亚克5岁,世界上第一个蠕虫病毒发明人莫里斯15岁,脸谱创始人扎克伯格16岁,麦克戴尔12岁,谷歌的两位创始人谢尔盖·布林和佩奇分别是9岁和6岁。也许科学学习的年龄还有很多例外,计算机学习的年龄几乎没有什么例外。

2000年,诺贝尔生理和医学奖获得者坎德尔写过一本书《追寻记忆的痕迹》,书中系统介绍了自己成长的经历以及人类脑科学和神经科学演进的历史。坎德尔对于生理学的贡献也恰恰在大脑记忆方面。坎德尔通过对海兔的长达几十年的研究,发现了生物的短期记忆和神经的突触有关,而长期记忆与突触的生理变化和新的蛋白质有关。坎德尔进而认为,人具有某种特殊的技能和知识,其脑结构与不具有这种技能和知识的人相比会发生物理性的改变,比如小提琴家的脑结构在某种区域完全不同于没有练过小提琴的人。进而坎德尔还认为,在由短期记忆形成长期记忆的过程中,某种需要的蛋白质扮演了关键性的作用,而随着年龄的增长,这种蛋白质是衰减的。

坎德尔的发现,由此揭开了人类记忆的秘密,从他开始,脑神经科学进入到一个新的发展阶段,坎德尔的理论似乎也使我们看到了人类学习中原先积累的千百年来的经验的缘由:

游泳和音乐学习越早越好,3岁以后就应该学习戏剧、外语和体操,国际象棋、围棋应在4岁就开始学习,4—5岁学习钢琴和舞蹈,5—6岁可以学小提琴,珠算应在9岁。

我本人从事计算机行业25年,当高管也超过20年,面试过的员工超过10 000人,

乔布斯车库。这里他和他的小伙伴沃茨诞生了苹果电脑,这个地方距离硅谷真的很近很近。

管理过的下属也超过 1 500 人,一个非常值得关注的事情就是,在我所见的视野内,5%最优秀的工程师和他本人的学历、专业、年龄毫无关系,有一点却非常明显,那就是他们开始学习计算机的年龄都不超过 17 岁。这和本文前面提到的电脑天才的初始学习电脑的年龄的结论完全一致,那就是:从人发育的角度上看,计算机语言与外语一样,是应该成人之前就开始学习的。

  除了上述提到的学习时间外,还有什么需要未成年的时候尽早学习呢？说来可笑,但教育工作者尤其是中国的教育工作者却做了全世界的反面典型,不但做了反面典型,还创造了一个西方不存在的词汇:早恋。近年来,我不断注意到中国大规模出现"剩女"现象,学历越高的女性越存在这个问题。而与此同时另外一个现象也引起我注意:我所在的学校和城市普遍存在的大学生甚至中学生在公共场合甚至课堂上有过分亲昵的举止,在美国我根本看不到。以上我得出了一个结论:我们的孩子,在该学习谈恋爱的年龄,性心理和性取向被严重压抑,也就是,年轻人尤其是女性,失去了学习谈恋爱的最佳年龄。我有几个很好的朋友,他们的女儿都 30 多了,成为剩斗士,我不断问他们一句话:如果让你孩子当初在早恋和集中精力学习考上好大学之间重新作出选择,你会怎样？他们都给出了叹息的回答。这些年在一切分数说了算的指导下,我们的年轻人没有学会的东西太多了。而按照坎德尔的理论,到了成年以后"蛋白质衰减",就再也学不会一些东西了。在我初中毕业的时候一些同学由于武侠小说上瘾而耽误学习、在我高中的时候一些同学由于谈恋爱而耽误学习的例子非常常见,然而长时间地跟踪他们,短期的失误并没能影响他们的人生,影响学校的升学率倒是真的,而南通的校长凌宗伟说的更为直接:"早恋死不了人,反对早恋经常死人。"确是经验之谈。

  当初我高中的时候,流行的一首台湾罗大佑的歌《童年》,多少年后才发现,有一句歌词当初被删掉了,那句歌词是:"隔壁班的女生,怎么还没经过我的窗前。"学过几十年材料、管理、计算机之后,我终于与文字打起了交道,一直以为这一句最美,最代表我当初的心态。当初的歌词如果没被删减,没准我能走向文学的道路。人的大脑最敏感和最细腻的年龄,我也和大多数孩子一样,被指挥着去做一件当初很重要,今天看来未必重要的事情,却耽误了再也回不来的敏锐感知。

  有些学习要趁早的另外一面,就是有些学习纯粹是过度学习和过早学习,毫无用途。例如,国际通行的管理学、新闻学、医学、法律主要是研究生专业而不是本科生专业,而学习拳击、长跑要 14 岁以后,就不是每个中国人都能够相信的了。任正非 43 岁创业、宋美龄60岁以后学画背后有更多的复杂因素。而最让我受到启迪的，是金庸80岁读书的故事。

作为出身于书香世家的金庸是徐志摩的表弟，从小受到很好的历史、文学和文字的启蒙，很小就有很好的文章名噪一时。学习外交和国际法的金庸，除了在香港基本法起草过程中偶尔发挥自己的专业外，在政治上并无建树，然而他在文学、历史和商业、新闻方面却收获颇丰。此后，金庸任浙江大学人文学院院长、博士生导师。80岁的金庸的人生本可以这样结束，然而南京大学文学院院长一篇讨伐金庸不够博导和院长资格的文章，使得金庸在后面的10年带有更大的武侠特色。金庸以耄耋高龄，先后正式拿到了剑桥大学历史学硕士、博士和北京大学的文学博士。

我在想，金庸如果像讨伐他的那个南京大学的教授那样，在风华正茂的时候，读出了一个硕士和两个博士，也许浙江大学多了一个合格的教授，世间可确确实实少了一大批侠客哦：郭靖、小龙女、令狐冲等等。金庸给如今的教育工作者以启示，也许，在不太远的将来，年轻人会随时就业、创业，没准22岁成为知名上市公司总裁，80岁去读一个博士成为主流呢？

隔壁班的女生，怎么还没经过我的窗前？中年的我如果少年可以重来一次，我是否会再谈场恋爱？

人生就像巧克力,你永远不知道下一颗的味道

——泡利效应

物理学家泡利

1994年8月19日,著名的科学家鲍林走完了自己的人生历程。这位两次获得诺贝尔奖的美国学者,第一次在科学史上提出了以下概念:电负度、共振理论、价键理论、杂化轨道理论、蛋白质二级结构;鲍林还是积极推动消减核武器运动的创始人,因此于1964年第二次获得诺贝尔奖。就是这样一个化学史上少有的顶尖学者,还涉足脑神经、医学、健康医疗,不但没有得到尊重,还搞得自己声名狼藉,在晚年被多所大学拒之门外。记得我上大学时候的1988年,鲍林还在世好好的,我大学的物理化学老师正好是鲍林的学生,谈到这位师爷的时候,我的老师告诉我,最近这位大侠在研究营养学,不搞化学了。万万

没有想到的是，在这后面的几年，90多岁的鲍林除了宣传伪科学，甚至还参与进行非法行医。最让专业的医学工作者反感的是他以自己化学家的身份对医学指手画脚，他推荐的维生素C的用量是医学安全用量的100倍以上。

鲍林长期工作的地方，加州理工学院。

鲍林去世后，似乎盖棺定论，记得中国一个著名的研究自然辩证法的刊物还发表了一篇著名的批判鲍林的论文。然而令人没有想到的是，18年过去了，权威医学组织对于维生素C的用量上限，越来越接近鲍林的高限用量，从每天60毫克，增加到每天1克以上。与鲍林有的一比的，是另外一个诺贝尔奖获得者——美国的物理学家泡利。1945年，泡利以他的泡利不相容原理获得了诺贝尔物理学奖。然而就是这样一位物理学家，在晚年却越来越相信自己身上发生的一系列奇特事件。泡利周边的科学家和朋友以及实验室研究人员，发现泡利与杨振宁有一样的奇特功能，那就是"哪里有爆炸哪里有他"，后来以至于朋友们还发现，泡利不在场的时候发生的一些奇特事情，泡利也偶然经过或打来电话。这就是科学界著名的"泡利效应"。泡利开始研究"泡利效应"，最后深信不疑，到后来甚至相信很多伪科学的东西，走火入魔。泡利被称为20世纪最聪明的物理学家，然而也正是由于泡利的个性特质，错过了一个又一个重大发明，其中就包括他莫名其妙反对杨振宁和李政道的宇宙不守恒。然而，随着时间的流逝，泡利的心理学贡献逐渐被人们从伪科学中剥离出来，泡利作为外行对于心理学的贡献，直接影响了荣格。荣格的"非因果联系原理"、"因果平行性"，在心理学上是很大的贡献，这是后话。

如果我们还原这两位很伟大的科学家的成长历程，就先要还原一个这样的场景：我们需要他们从小受到非理工科很强的影响（泡利教父就是著名哲学家，鲍林小时候结识著名生理学家），在大学的时候进入严谨的科学研究，在很年轻的时候就取得了令人瞩目的成绩，然后在后面的岁月里面，小时候的人文素养开始起作用，帮助他们取得科学成就的同时也帮助他们在管理、人文和其他学科迅速找到感觉，但也正是不同于一般科学家的交叉学科，使得他们或多或少走火入魔。然而正当我们批判他们走火入魔的时候，很可能，过世多年的他们，还会给我们开一个巨大的玩笑。

泡利效应，爆炸就是这么任性，因为，他们就是科学家，科学家有自己的逻辑。

千百年来，在工业化时代，人们总是将科学归纳为严谨的学问，在教育界，也总是希望培养一批又一批训练有素的科学家去解决一个又一个难题，似乎创造性的人总是应该这样培养出来的。然而，按照这种模式，发现在创造性人才培养中，适得其反，以至于钱颖一教授提出创造性人才不是培养出来的。创造性的人才不仅仅需要严谨的科学训练，更需要多学科的交叉、情商和直觉，而恰恰严谨和直觉又是天生矛盾的。泡利、鲍林，既有严谨的一面，又有直觉的一面，在教育历程中还有非常特殊的情商训练的经历，然而即便如此，有时候直觉和严谨杂交出来的是创造，有时候出来的是魔鬼。问题在于，有时候我们认为是魔鬼的时候，却又能体现出超越人们想象的一面。正如电影《阿甘正传》中阿甘所说："人生就像巧克力，你永远不知道下一颗是什么味道。"

阿甘在这张凳子上说："人生就像巧克力，你永远不知道下一颗是什么味道。"

大家都知道人的大脑有左脑和右脑，大脑的不同分区支配着人不同的神经功能。最新的神经科学发现，在右脑有一个很小的叫做前岛页的区域，有一种特殊的梭形细胞，控制着人的直觉、音乐、道德和决策高级情感。比较奇特的是，梭形细胞几乎只有在人和类人猿中存在，也只在生物进化的最近1 500万年才出现。前岛页的神经细胞只有8万个，而人的小脑有500亿个细胞，人的大脑皮层有数十亿个神经细胞。正因为如此，人的高级感受能力：直觉、音乐、道德和决策，并不是理性的，因为理性思维是由数十亿其他细胞完成的。按照我们的教育学常识就能够得到结论，那就是直觉、音乐、道德、决策这些对于创造力至关重要的能力，不是理性的产物。

著名的教育学者Ken Robinson曾经有一个很有争议的观点：学校扼杀创造力。按照上述的分析，传统的学校，按照标准化的模式，一再加强理性思维，压抑与创造力相关的梭形细胞，因此很难培养出来真正具有创造力的人，偶尔出现的一些人，往往是和他们偶然接受的直觉训练有关。我们可以想象，现有的教育，可以将鲍林和泡利训练得不那么"伪科学"，但也许就没有他们后面的贡献了。

创造力、科学家的培养，并不是培养完美的政治家。我们看到，鲍林的伪科学并没有得到社会的普遍效仿，泡利效应也不会引起社会倒退。科学家就是科学家，创造和试错就是他们的本分。而可怕的不是他们犯错，而是"不犯错"，往往一个犯错的科学家，可以提出一个超越同时代几十年、一百年甚至数百年的创造，这些也许生命科学逐渐会解释。

上帝派来的天使

——格物致知

莎莉文与海伦·凯勒

1887年3月3日，一个刚毕业的家庭女教师经过长途颠簸，来到了亚拉巴马州的小镇塔斯甘比亚，见到了一个比自己小14岁的小姑娘。这是她的第一份工作，并不是这位教师喜欢这份工作，要不是她没有其他选择，她绝不会接受这样一份工作的。那一年，这位半盲的女教师21岁，小姑娘7岁。

这注定是一个了不起的开始，女教师是著名的残疾教育家莎莉文，小姑娘叫海伦·凯勒。从小经受失明痛苦并奇迹复明的莎莉文，知道一个不到两岁就聋、哑、盲一体的海伦·凯勒面对的一切；而生性敏感的莎莉文更知道，一个轻生、暴戾的坏孩子，背后是一个多么强大的生命力。也许,只有莎莉文才能还原出一个失明坏女孩的生命力吧。在莎莉文14岁那年在调查组临走的最后一刻她追上调查组,说想上学;在莎莉文16岁那年,打扫卫生的莎莉文硬是从房客口中得到了复明的全部机会。于是,莎莉文从让海伦·凯勒接受自己开始到在小海伦手上写第一个水的单词并将水浇到海伦的手上,再让小海伦用指尖感触自己的嘴唇的变动体会什么叫说话和声音,再到海伦上学的一路陪伴,一直到海伦哈佛大学毕业并学会了英、法、德、拉丁、希腊多国语言,最后海伦·凯勒成为著名的作家,写下了包括《假如给我三天光明》在内的14部著作。在今天,我们读到海伦·凯勒的文章,惊艳于作者那么细腻、丰富和多彩表达的语言,只有我们正常人可感知但却被遗忘的细腻。

1936年,再次失明的莎莉文66岁去世,她用一生的时间培养了唯一的学生海伦·凯勒。1968年,88岁的海伦·凯勒去世,不仅创造了人类盲聋哑长寿的奇迹,更是成为一代美国文学大师和美国精神的偶像。如果说莎莉文和海伦·凯勒对于教育学还有什么另外的贡献外,海伦·凯勒总结自己学习的经验,也许是一个健全人所总结不出来的以下几点:

1. 每天用三个小时自学。
2. 用两个小时默记所学的知识。
3. 再用一个小时的时间将自己用三个小时所学的知识默写下来。
4. 剩下的时间运用学过的知识练习写作。

美国匹兹堡最大的慈善组织"圣家"的负责人LINDA博士,在介绍"圣家"的历史。

时间进入到21世纪,在线教育所带来的冲击,不仅证实和验证了海伦·凯勒的学习方法,她和莎莉文共同创造的学习方法,在信息化时代比学校教育更加能够抽象出学习的本义。两个盲人海伦·凯勒与莎莉文用一生还原了一个简单的教育模型,而这种模型却是千百年来正常的学生和正常的教育家们的盲点。

海伦·凯勒对于莎莉文来讲,是上帝送来的礼物;莎莉文和海伦·凯勒对于教育界来说,也是上帝送来的礼物。

近年来,不少美国人到中国的孤儿院收养孤儿,我总是很奇怪。为什么这些具有爱心的人士,明知道孤儿院里被收养的都是身体有残疾的人,也不去其他国家收养孤儿?在匹兹堡,我见证了好几个家里有痴呆儿和收养中国残疾人的美国家庭,其对孩子之好让我汗颜。在匹兹堡最大的公益机构"圣家",一些家长上班的时候将痴呆、聋哑的孩子送到这里,这个在"一战"期间成立起来的最初收养波兰孤儿的学校,如今每年有数千万美金的慈善捐款用于定向的慈善项目,此外有几十个中国小留学生收费项目也补充部分的经费。在"圣家"吃饭时,我看到了薪水很低的教师和没有薪水的志愿者,已然将这些病人当作了自己的亲人,一对一地为他们进行训练和生活辅助。

回到如何看待用爱心对待残疾儿童的问题上,古巴比伦有一种残酷的习惯,就是扔掉身体弱的新生儿以保证战斗力,而中国古代有一种不好的习惯,就是将无力抚养的和残疾的婴儿溺死。人类进化到了高级阶段,慈善和同情之心是高级功能,之所以一代一代遗传甚至加强,是遗传优势选择的结果。爱心,拯救了别人的时候,往往就是拯救人类自己。而人类就是在一次一次的危机中对于美好生活的向往,才让上帝对于基因不是掷骰子。当然,西方与中国的国情和文化不同,这些现象和爱心的背后,有很大的宗教成分在,而他们是"上帝派来的天使"却已经超越宗教,成为一种普世的价值。

莎莉文和海伦·凯勒证明"上帝的礼物"不仅考验人类的爱心,还给予人类想象不到的回报:这么些年美国的在线教育热潮、在家上学热潮,你能说没有海伦·凯勒学习模型的还原论模型吗?

比海伦·凯勒模型更具有强证据的,是一种叫做亚斯伯格综合征的自闭症,这种患者大都智商正常甚或是高智商,但其

当代数学的天才佩雷尔曼

心智发展"异常"。主要表现为社交不成熟或推理能力滞后，交友交际困难，说话的语音节奏常令人不快，不善控制感情，在日常生活中多依赖家人。测试表明，数学专业学生较其他专业学生的患病几率高3—7倍。想一想，著名数学家陈景润是不是有点像？事实上，历史上著名数学家有这种毛病或者这种倾向的特别多。

2006年，佩雷尔曼得到了数学最高奖菲尔兹奖，2010年他又获得了千禧年百年教育大奖，然而无论是俄罗斯还是他所在的研究所，还是授予他奖的人都找不到他了。从1994年他在试图解一个世纪难题的时候遇到挫败后，只和妈妈联系。偶尔有人试图联系到他并试图把100万美金奖金颁发给他时，他却说自己早就不在数学圈子了，而他公布发明的方式更加奇特，他公布到网上，只说关键步骤，然后消失再也不见。

佩雷尔曼的爸爸是犹太人，妈妈是数学老师。在苏联解体后，爸爸和姐姐移民以色列，而他却跟随着不是犹太人的妈妈留在了俄罗斯。佩雷尔曼从小就表现出与众不同的天赋和性格特点，他妈妈采用了奇特的教育方法，让佩雷尔曼成为数学家。小佩雷尔曼生活在一个母亲帮助下建立起来的想象世界中。如何向孩子讲述生活的残酷，是常常令家长头疼的问题。佩雷尔曼的母亲选择了一种特别的方式——她把自己头脑中的正确世界当作真实的世界告诉年幼的佩雷尔曼。所以，在佩雷尔曼的世界里，反犹太主义是不存在的。这样的世界至少持续到了他的大学阶段。在任何普通人看来都再明显不过的反犹太主义却在佩雷尔曼那里不成立，这与佩雷尔曼数学式的思维方式有很大关系。举一个例子来说，列宁格勒大学每年只招收两名犹太学生，这很容易被认为是种族歧视的典型表现。但是在佩雷尔曼入学那年，由于佩雷尔曼在国际数学奥林匹克竞赛上拿了奖牌，他被获准面试入学，与另外两名考进来的犹太学生一起，这一年列宁格勒大学就招收了三名犹太学生。如果说每年只招收两名犹太学生是反犹太主义存在的证明的话，那么也许在佩雷尔曼看来，这一年招收了三名学生就是这一命题的反例。佩雷尔曼天冷的时候无论在室内还是室外都带着耳套，他说不然的话妈妈会杀了他，因为妈妈说了，不要解开绳子，不然就会感冒。佩雷尔曼读书种类很少，基本上只读数学书。

对于佩雷尔曼的妈妈来说，佩雷尔曼是上帝送来的礼物。对于整个数学界甚至科学界来说，佩雷尔曼是上帝送给人类的礼物。而对于教育学者来说，佩雷尔曼会打我们一记耳光，因为按照常识，进行人文科学的训练对于数学是有好处的，对于绝大多数数学家和学生这条都有效，但在少数天才面前，绝对无效。

2000年，著名的美国生物学家坎德尔等三人获得了诺贝尔生理学或医学奖。在他们以前和以后,先后有十几位这样的科学家获奖,而他们之所以获奖,是研究人脑和神经的关系,但是他们没有用人脑进行研究,用坎德尔的话:"研究的对象越简单、神经细胞越少越好,我选择了海兔,研究了几十年。"瑞典诺贝尔奖颁奖典礼上,就用他的海兔作为巨大的背景。而谈到海兔,坎德尔说:"这是上帝送来的礼物:神经细胞很少、实验很好做、成本很低,最重要的是,排除了其他变量,我喜欢还原论,系统论模糊了变量的关系,还原论使我搞清楚了科学。"

中国的教育工作者,深受中国系统论思维的影响。这种思维,非常容易将事情"摆平"和"处理掉",但却很难在一定扎实的基础和原理上有所进展,最后成了诡辩。而还原论的好处在于,在极其特例和变量单一的情况下,能够找到原理的基础。

相比起西方的教育家所研究的儿童、弱智、残疾、少数民族和妇女教育,中国的教育家更愿意在"教育家"层面进行系统的探讨,他们更喜欢研究天才少年班、研究尖子生、研究"状元"。事实却是,几十年后,回到原点,连变量是什么都搞不清楚。

文章写到这里,我想起了在中国儒家争论2 000多年的《大学》中关于"格物致知"的真正含义。比较遗憾的是,在孔子学生的原著中,对于"格物致知"没有说明。著名的物理学家李政道说:"我觉得真正的格物致知精神,不但是在研究学术中不可缺少的,而且在应付今天的世界环境中也是不可少的。在今天一般的教育里,我们需要培养实验的精神。"我非常认同李政道的理解。坎德尔的话说得更加明确:"还原论是科学精神的基础。"我们这一代人接受了太多的自然辩证法的洗脑,浑然不觉。在现代科学中,还原论是系统论的基础。对于坎德尔来说,海兔的神经细胞,是研究复杂人脑的基础。

没有还原论的教育研究,就如没有数学符号的数学研究一样。我们可以早西方1000年发现勾股定理,但永远发明不了数学;我们可以培养千万个高考状元,却培养不出一个领军人才。

问题来了,创新教育的"海兔"是什么呢?

千里马常有,而罗素不常有

——隐含变量

前排右起:罗素、勃拉克女士、蒋百里
后排右起:孙伏园、王赓、赵元任、瞿世英

一个剑桥大学的数学高才生,毕业后参与筹办德国共产党并积极参加第二国际运动,在此期间却写成了举世瞩目的数学著作;在与别人写数学著作的时候,一不小心成了20世纪著名的哲学家;宣扬哲学的时候,又一不小心成为最有影响力的社会学家和心理学家并因此入狱;出狱后访问苏联,却成为最著名的冷战理论创始人;名声很大但争议更大的他在此后的30年不断地在牛津、哈佛、芝加哥大学、加州洛杉矶、纽约市大学和费城的一个基金会打工,并不断被开除,开除的原因也往往和他提出的堕胎、同性恋等出格言论相关。72岁回到故乡英国,在剑桥大学过了几年安生日子,没想到却成了著名的反战和反核人士。对，这个人，不是骗子，就是罗素，被称为 20 世纪最有影响的社会活动家。如果过 500 年评论他，在过去 2 000 年如果有一个学者还能和苏格拉底齐名的话，也就是罗素了。1961 年，英国政府对于反战反核的罗素再也忍无可忍，终于将 90 高龄的罗素关进监狱，然而正如当年雅典保守派将苏格拉底关进监狱一样，从上到下没人认为自己是对的，因为罗素太成功了：数学家、哲学家、社会活动家、教育家、诺贝尔文学奖获得者、历史学家、逻辑学家，被逐渐认可超越时代的无神论、堕胎、同性恋的出格理论。如果勉强算起来，罗素一生只有三个失败，一个是他曾经自己办了个学校，后转交他人，因为他认为学费太贵；一个是他 20 世纪 20 年代来到中国，对听讲座的梁启超、丁文江、陈独秀、毛泽东、张东荪等人大力鞭挞苏联的社会制度，给满怀期待的中国人吃了酸葡萄；最后一个是罗素一辈子结了四次婚，情人孩子数不过来。除此之外，时间总是能证明罗素的成功，包括岁数，1970 年罗素以 98 岁高龄去世。

维特根斯坦，是著名的语言哲学奠基人。1911 年，成绩平平，一事无成，先后修过物理学、工程学、航空学的维特根斯坦被罗素收归门下。18 年后，在之前期间打过仗、当过乡村教师的维特根斯坦拿着罗素为他写序言的博士论文去答辩，对当时世界上三位著名的答辩导师魏茨曼、摩尔、罗素说，"你们是永远看不懂我的论文的"，通过了博士论文答辩。

1921 年，在美国的徐志摩，追随罗素来到了剑桥大学，从此与罗素建立了不解的缘分。从他和罗素 7 封通信和徐志摩所组织 idea 活动来看，罗素深刻地影响了徐志摩。徐志摩原本读博士的心，也逐渐改为做诗人的心，他成为中国新诗的奠基人和创始人，而罗素对于婚姻的态度显然也影响了徐志摩。

罗素去世 40 年后，当不同学科的科学家、哲学家、思想家在反思 20 世纪本学科最伟大的 100 个人的时候，又有了一个惊人的发现，那就是：如果这个人三杆子打不到罗素，那真是一件不可能的事情。我们今天谈到的控制论的创始人维纳、获得诺贝尔和平奖的物理学家鲍林、早期的女权运动多拉（本身就是罗素第二任妻子），此外反核、反冷战、反越战、反苏联等等运动的创始人，几乎都将罗素封为领袖。

罗素发现的天才是不拘一格的，直到 1997 年，美国的一部电影《心灵捕手》写 MIT 的一个打扫卫生的学生解出了数学教授最难的题目，而故事的原型恰恰就是一直与罗素保持通信，初中毕业想上大学追随罗素，然而因签证和钱存在问题后留在了美国打工的穷困初中生皮茨。罗素在芝加哥大学期间，为皮茨介绍了打扫卫生的工作并使他走向研究之路，成为神经网络的奠基人。

在这里(MIT),扫地工人创造了神经网络的历史。

如果我们还原罗素的成长道路,几乎就像还原历史上著名教育家"伯乐"的成长道路一样不可复制:你得让罗素出身时代贵族;你得让罗素的爷爷就是英国首相;你得让罗素从小父母双亡祖母带大;你还得让罗素有一个思维活跃创新但道德要求极高的祖母在家里让罗素读书;你还得让罗素从小喜欢数学,从而喜欢哲学,从而喜欢社会学和心理学,从而喜欢写作,从而积极参与社会活动,从而被到处驱除却拜访了20世纪20年代包括中国在内的世界几乎所有名人,从而有兴趣办过一所学校,从而当了诺贝尔文学奖获得者,从而……

千里马常有,而伯乐不常有,如果我们想复制一个罗素,要比复制千万个原本就有的天才难多了。中国教育的问题,本质上是教师的问题,而中小学教师乃至于大学教师精英空心化,是不容忽视的问题。从20世纪20年代到50年代,罗素到处被驱逐,具备创意和争议的人在全世界不受欢迎是常态,但罗素毕竟还能东方不亮西方亮,而高度结构化的中国教育,却根本无法容纳一个罗素的存在。事实上,20世纪20年代初饱含感情来到中国的罗素在中国所受的期待与失望,恰恰反映了中国哲学精神的缺乏。

20世纪的中国和中国的精英们,容纳不了一个罗素,至少还能容纳一个蔡元培,这样一个创造了新北京大学,创始了中央大学、中国科学院、中央音乐学院,发掘了鲁迅、徐悲鸿、胡适、李大钊、钱玄同等名人,更是爱好广泛,精通多种文化:哲学、文学、美学、心理学和文化史的人。

如果我们希望复制一个蔡元培,其实也不容易:你得让蔡元培从小生活在金融世家,父亲就是钱庄老板,他11岁父亲去世后寄居在不同的亲戚家接受私塾教育;你还得让蔡元培考上进士后在南洋公学做教务长8年,拜师马相伯从而集结了一批民国建国精英,由于参加革命为避风头留学德国,后来担任北洋政府总理的4个孩子的家庭教师;你还得让蔡元培在"二次革命"失败后再次留学法国、英国;你还得为蔡元培积累当时清政府、国民党、共产党、北洋军阀的所有人脉并受到所有人的忌惮,这才能成就蔡元培、成就北大。

因此,要想发现天才,你得复制伯乐,要想复制伯乐,你得做什么呢?

文章写到这里,让我们回到前面那位被罗素发现的神经网络创始人皮茨。目前神经网络的发展已经进展到深度学习的概念,而皮茨开创性的贡献恰恰在于建立了一种基础性的神经网络的数学模型。神经网络的研究包括三个层面:生物学原型、输入输出模型、算法。用通俗的话讲,当我们发现一个现象的时候,是做不出判断的,需要很多显性知识和隐性知识,但是如何由一些隐性知识得到判断输出,却是传统的符号逻辑无法解决的难题,就需要对生理学、心理学、解剖学、脑科学、病理学等方面研究神经细胞、神经网络、神经系统的生物原型结构及其功能机理进行模拟,根据这些模拟和发现,建立输入和输出模型,再根据需要建立数学算法提高精确性,这被称为"人脑反向工程"。

倒回来我们分析为什么罗素能够在那么多领域取得巨大的成就,甚至发现没有被发现的天才呢?用简单的神经网络输入输出来通俗地分析,可能是我们原本以为学习物理学、化学、数学、哲学、教育学以及文学,需要一些结构化的知识积累,这些积累到了一定程度,就掌握了一些结构化的方法,可以解决一些学科问题。然而这些解决,都是浅层面的,所清洗掉的隐含变量,有可能恰恰是创新所需要的关键变量。而罗素,由于在不同学科都有很多隐含的知识,一些问题到了他那里,经过大脑神经的深层次判断,与一般不具备隐含知识的人结果完全不一样,虽饱受争议,但总被历史证明。

什么专业一般没有本科?

——深度学习

2012 年 10 月,纽约哥伦比亚大学。

2013 年 2 月 5 日,从南京医科大学传出消息,经过核实,原南医大二附院免疫治疗中心主任王志梁,博士学历故意造假,遭到解聘。这位回国后一心扑在工作上,在美国也不忘劝说我回国的匹兹堡大学助理教授,就这样匆匆走完了海归之路。就在距此事 3 个月前,他还和我一起在纽约哥伦比亚大学参加会议,我感觉到他热情、热爱工作、沟通力极强。和此事发生半年前遭到方舟子举报而被厦门大学解除职位的傅瑾一样,王志梁的问题出在 MD 的翻译上面的中美巨大差异,两个学者确实太心急和捣糨糊了,害了自己,也让人扼腕叹息。其实,读者如果有兴趣去查一下 100 多年前孙中山是如何拿到医学"博士学位"的,就知道这种伎俩已经有很长的"革命传统"了。

直到今天，在很多的权威翻译网站上，还是将 MD(Doctor Medicinae) 翻译成医学博士，其实准确的翻译应该是医学专业学位。而美国是没有医学本科的，美国的医学学位（欧洲也基本相同）需要相关专业的本科（例如生物、化学、心理学、医学预科）毕业后，再申请医学学位，经过 4 年的学习拿到 MD，再经过医学实践环节，才能当医生，一般来讲 30 岁能够拿到执照算不错了。而很多人拿到 MD 后，不去当医生，直接做研究，也可以去医学院去做博士后。这个漏洞，被几个中国来的学生掌握，在国内是医学本科和硕士，直接就到美国做博士后研究，并自称博士。这就是前面风波的部分原委。来到美国考察几十所著名的大学，我发现不但医学专业美国没有本科，管理学也没有本科。这件事促使我一直思考其中的教育逻辑。

中文词汇本科，绝对是英文词汇 bachelors 这个词的直接音译，其原义是未交配的雄海豹，后来引申为单身男性，再后来引申为爵士的最低等级。按照英文的逻辑和语义，雄性海豹本科毕业就应该可以交配了，而人类大学本科毕业也就可以去从事一个行业的工作了，然而管理学、医学不行，那是因为这两个专业不是学学就可以的，需要具有很多非显性的知识才可以，因此没有本科学位。与医学有的一拼并在美国不存在的本科专业是法律，逻辑几乎和医学一模一样。

那么，管理学需要哪些非显性的知识和技能呢？美国的大量管理学学位，是本科中各行业毕业的人，经过 4 年的行业训练，才允许攻读硕士。这种学位起源于 20 世纪 40 年代，MBA 毕业以后，就算拿到了职场经理的入门证，这才真正进入管理领域，算下来与拿到医生执照一样，差不多都是 30 岁。

美国虽然有本科教育学，却没有本科专门的师范大学，也没有本科专门的新闻大学，这点和中国有很大的不同，其逻辑和管理与医学类似。大家熟知的电影《美丽心灵》讲诺贝尔经济学奖获得者纳什的故事，其编剧作者本人就拿到过经济学博士。相对于中国大学一毕业经过考试就能当记者，美国并没有什么记者国家认证，只有某些特殊部门允许采访的记者证，然而虽然高中毕业就可以自称记者，乱说却要吃官司的，因此记者的门槛并不低，大家也不会趋之若鹜去读新闻本科，更为普遍的现象是先读一个专业学位例如化学，然后再做化学记者。这点和中国众多的文科背景的记者发表转基因论调有很大区别。同样，美国各州的教师资格考试是教师资格的入门条件，而教师本科需要在各种专业里找到自己的定位，因此也没有师范学院。各名牌大学的教育学院更多的是以培养研究生为主，本科来源很多是文理学院的学生。通过以上分析，我们可以得出基本的结论，那些没有或者本科不吃香的专业往往是后面资格要求很高、相关背景专业性很强、需要更多实践,尤其是隐性知识多于显性知识的行业。例如医生,不仅需要背会一些医学词汇,更需要耐心、果断、声誉和经验等不可考核的内容,因此放在本科毕业再进行更为合适。

教育学是一个更为特殊的学科。自古至今,研究教育学的都有一个很大的困惑,那就是教育大师和教育理论的提出者,往往本人都不是学教育出身的。这种结论,随着被教育者的年龄增长更加明显:幼教、K12、大学教育,大学教育家更少是学教育学科出身的。

那么,教育学,是一门什么样的学问呢?要搞清楚这一点,就要搞清楚人类是怎么样学习的才行。

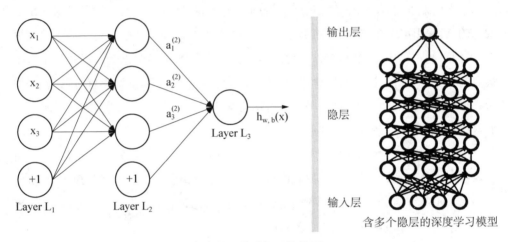

深度学习的神经网络模型

含多个隐层的深度学习模型

自从1957年在达特茅斯召开了人工智能开创大会后,人工智能就被分成两派。一派是符号逻辑派,试图通过符号和逻辑的分析和计算机语言和算法的突破,进行人工智能的突破。在计算机高速发展的前面40年,符号逻辑派显然是优势学派。通俗地说,符号逻辑派不太关心人脑是什么样的,更关心计算机如何高速准确地按照逻辑和符号通过计算机语言计算出结论,于是电脑虽然叫电脑,启示电脑的逻辑和结构与人脑没有丝毫相似之处。

另外一派可以称为人脑反向工程派,试图利用大脑神经科学的结果和数学相联系,发现人脑计算的规律,然后再"造一个像人脑的电脑"。这个学派的创始人就是前文说过的那个芝加哥大学的扫地工和芝加哥一位神经学家,今天我们叫神经网络。

符号逻辑学有很大的问题,问题在于计算机只能计算那些被高度结构化的人类已有的知识推断,而且遇到逻辑混乱和物理损伤就毫无办法,这不符合人脑科学。对于人脑来说,并不是知道你面前走过来的一个人的每一个细节才能判断出对方是谁的。而人脑反向工程遇到了更大的问题,自从神经网络理论被提出后,科学家们发现通过浅层的隐性知识并不能推断出类似人脑的智慧判断。

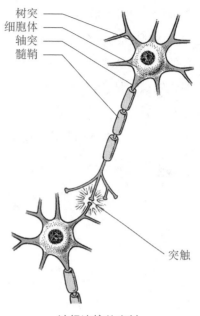

神经连接的突触

好在生理和医学专家的不断进步,改变了这一切。最开始,人们发现大脑并不是将所有的信息都一股脑儿交给大脑的分区进行处理的,神经元经过突触进行传导的过程既有数字信号又有模拟信号,而且在传导过程中是分层进行的,形成一个一个的概念集,并行且多层地调用隐性知识才能达到容错和判断。基于这些进展,数学家们开创了一个又一个模型和算法,在 2000 年后取得重大进展,2006 年提出深度学习概念,2010 年就有非常多的成果出现。2014 年 3 月 26 日,Facebook 宣布以 20 亿美元收购沉浸式虚拟现实技术公司 Oculus VR 和 2013 年 3 月谷歌公司巨资收购一个只有 3 个人的加拿大多伦多大学计算机系 DNNResearch 团队,其核心技术都是深度学习技术。

现在,我回到本文的论题:为什么本科有些专业不能学?按照深度学习的理论和实践,人脑的判断和决策主要来源于两个方面:一是显性知识,二是隐性知识,创造力的学习与隐性知识更加相关。从外界信号的输入量进入人脑,大脑皮层开始进行分层判断,这个时候显性知识和隐性知识会并行和多层进行处理,并形成了人类的智慧。如果将物理、化学、生物、数学、文学等知识当作显性知识的话,这些知识还是非常有用的,而坎德尔提出的人类长期记忆和短期记忆的关系,在于突触不但进行密度和形态的改变,甚至还有蛋白质介入形成物理形态的改变才行,这种物理形态的改变最佳年龄是在青少年,因此记忆在青少年比较合适,在适当的时候死记硬背是符合生物学规律的。而如果需要智慧和理解力,就需要隐性知识,隐性知识和人的经验和实践相关,随着年龄的增长,人的神经网络的层数的处理会变强,如果没有生理病变,理解力就会更强、头脑更聪明。

本科,作为一个走入职场的基础学科,并不是每个学科都具有本科原义:雄性交配权的。要么这个学科具有经得起时间考验的显性知识,要么具有时间历练才能学会的隐性知识,而显然医学专业、法学专业和管理学专业是不具备这样的条件的,因此不发本科文凭。

千万不要有人因此认为医学不需要学,恰恰是医学不好学,你没发现医生和博士,是一个词吗?

数一数当年那些你曾高攀不起的女学霸

——默会知识

亨利的大脑标本吸引了世界脑科学家的目光。

2008年12月2日，82岁的老人因为呼吸衰竭，在老人院去世。围绕着这位老人，已经有数十位神经和脑科学研究者研究了54年。他叫亨利，在医学中有一个专用名词H.M，在几乎每一个脑神经专家和行为科学的书中，几乎都少不了他的存在，他也成为有史以来被研究最多的病体样本。

亨利一去世，他的脑组织立刻遵照生前遗嘱被制作成标本，2009年还通过计算机三维保存。亨利如此有名和重要，以至于如果没有亨利，整个人类脑科学的历史可能会被改写，主要原因在于20世纪50年代一个医疗错误。1949年，葡萄牙籍医学专家莫尼斯靠发明一种大脑脑组织切除术获得诺贝尔医学奖，在此前后的很长时间，这种脑组织切除手术成为抑郁症患者、癫痫病患者和其他一些精神病患者的

第一章 教育的生命原义

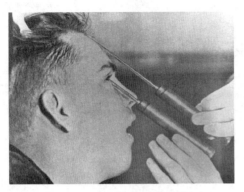

星星之火，差点燎原。

救命希望。在整个20世纪30年代到50年代，超过2万例的病人曾经接受过脑组织切除术。然而，受当初的医疗条件和科学条件所限，每个医生掌握的方法和分寸不同，在奇迹般地治愈一些病人的同时，也出现了很多的负面效果：性格改变、自杀、迟钝、记忆力丧失甚至死亡，而亨利就是一位大胆的美国医生创造性的产物。

饱受多年癫痫病困扰的亨利被大胆的外科医生威廉·斯科维尔切掉了部分海马体组织，术后癫痫病奇迹般痊愈的同时，出现了一些完全没有想到的后遗症，最突出的就是亨利的智力和理解力以及记忆力毫无变化，所伴随的是记不住任何新的东西了。例如，亨利可以跟你侃侃而谈饶有兴趣，但转眼就忘记了你是谁而只记得他自己的妈妈，而当妈妈去世以后，每次听说妈妈去世都如新去世一样痛心而永远不会记住妈妈去世这件事情。

这一医疗事故，不仅让绝大多数脑神经手术停顿，更重要的是帮助人类建立了大脑分区的生理学基础。前后有超过50位研究者研究亨利，亨利也乐于配合支持这种研究。他不厌其烦地配合研究，因为他记不住前面的研究，每次都是过去的不留记忆的重新开始。受亨利的影响在大脑科学领域产生十多位诺贝尔奖获得者，其中最开创的贡献就是坎德尔，前文我不断提到的犹太科学家。坎德尔利用海兔作为研究对象，发现了人类短期记忆和长期记忆的秘密：人类的短期记忆和长期记忆分属不同的脑区，当短期记忆形成长期记忆后会将记忆转移至长期记忆的专门存储区，而短期记忆的形成和长期记忆的形成机理是不同的，需要很多的生物激素参与才能完成。而亨利本人之所以记不住短期的事情，是因为亨利短期记忆的载体——海马体，在大胆的美国医生的手术中，给摘除了。

坎德尔从研究自己儿童时候受纳粹伤害的记忆的困扰开始，逐步进入到科学领域，在取得巨大的医学成就以后，他还成立了一家生物医学公司，生产能够提高人记忆力的药物和让人遗忘的药物并取得巨大成功，我姑且称之为"好记星"和"忘情水"，在老鼠的试验中，老鼠的记忆力能够增强百倍。与坎德尔一起获得诺贝尔生理学奖的一位科学家，也是利用类似原理，为老年痴呆等药物的开发做出了巨大的贡献。人类从大脑手术开始，到失败的手术搞清楚人脑的工作分区，再到发明药物解决大脑的特定病症，用了整整60年。

研究者在接力研究亨利的大脑病症样本的时候，也发现一些奇特的现象。无论亨

亨利天天路过这里,但永远记不住这是哪里——查尔斯河。

利路过一个街道几百遍,根本没有办法记住道路和道路的名字,也无法知道自己是否来过这个街道,然而奇特的是,亨利能够骑着自行车不受意识控制穿过街道回到家中。这证明,除了短期记忆和长期记忆以外,还有一些东西不是知识那么简单。2014年诺贝尔生理学或医学奖揭示了人脑中的一种特殊的定位细胞能够定位,部分解决了这个疑问,然而仅靠定位细胞没有记忆力的话,也无法完全解释亨利是怎么回到家的。随着人们对大脑的逐步了解,对分区越来越清楚:有些管情绪的,有些管定位的,有些管平衡的,有些管决策和直觉的。在人脑中,并不是长期记忆力和短期记忆力两种知识类型,还有很多种类的人类神经结构主导了我们的学习模式。

例如,取得突出效果的,是有科学家发现,当雌性大猩猩的屁股透亮透红的时候,正是排卵期,这个时期雄性大猩猩就会非常容易发情。行为学家研究青年男性绝技爱好者,当有女性在场的时候,其创造和危险要高几倍;进而又研究年轻女性如果处于排卵期的话,男性的同比也高很多。被测试的男性并不知道女性的排卵期,也就是说这件事和知识无关,后来推断是激素比例要高得多的原因。

我从小到大,在小学、初中、高中甚至大学,总是不那么好的学生,然而总是在最后一学期能够冲上去;而我的太太,是典型的女学霸,在每一次考试中,几乎都是最高分,从小学保持到高中,然而最后的大学和研究生阶段也没比我高多少。当过多年教师的都有这种类似的经验,这也是男女生普遍的差距。在目前的以知识为主要考核和筛选并且知识考核已经工具化的如今高考制度中,国内一本的男生比例明显越来越低,但是毕业10年以后,成为经理的人,男性明显占优。

也许,有很多社会和认知的问题,如果我们不用还原论,就无法搞清楚最后的真正原因，就会成为一笔教育学的糊涂账。然而，我们如果再仔细地分析男生和女生的学习方法，就会发现，男生更多的靠理解记忆，也就是男生形成短期记忆更加困难，但长期记忆更加容易；女生形成短期记忆相对比较容易，而形成长期记忆并不容易。对于我本人来说，是一个极端的例子，从小到大，在课堂上背单词，从来都是班级最差的，但是当20年后我问我当年同桌的太太的时候，能够清晰地记着当时的单词以及我的窘状，但当年考100分的太太，望着我一脸无辜，似乎此事和她完全无关。

也许短期记忆和长期记忆之谜在不久的将来就会被完全破解，到那时候，中小学老师再也不会对我这种死活短期记不住东西的孩子以学习不聚精会神的单一理由来批评了。像我这种记忆力不好的人固然不好，记忆力太好情况会更糟。在精神病学文献中有过一个人，只要他看过的书和报纸，时隔多年，仍然历历在目，不仅记得文章的原文，甚至标点符号和文章的位置都丝毫无误，然而可悲的是，这个人虽然在几分钟内能够对一篇长篇小说过目不忘，但是却丝毫不能理解其中的含义，理解力也奇差。著名的生理学家坎德尔还发现一种叫做钙调神经磷酸酶的酵素可以让人忘记以往一些东西，用来治疗记忆力过强所造成的问题，也就是我所说的"忘情水"。

在脑科学还没有进展到今天的1958年，著名的行为科学家波兰尼在其名著《个体知识》中提出的默会知识这个概念。相对于固定化和程式化的知识，例如物理、化学、数学、语言等知识，人类还有一种知识依赖于个体才能够发挥作用。今天我们经常称前者为显性知识，后者为隐性知识。人脑反向工程学派的几十年进展发现隐性知识是多层的，这就是神经网络的深度学习理论。而脑科学的研究不断发现，很多隐性知识，往往可能和我们没有发现的特殊传导的生物学机制有关，也就是说随着我们对大脑的思维机制的逐步深入了解，隐性逐步会变成显性。如果说短期记忆和长期记忆是两种不同的知识的话，隐性知识我们可能不能称为知识了，因为随着生理学的逐渐清晰，人类千百年的模糊的概念，已经变得不科学了，正如古代我们称鲸鱼为鱼。

中国改革开放30多年，教育经过了大规模的普及和提高，然而今天我们反思过去35年的教育，事实上只强调了知识，甚至短期知识，而筛选掉了很多优秀的基因，使得他们或她们无缘进一步深造，这也是我们创造力丧失的原因之一。

在高校10年的教书生涯，我总是在观察一些小组作业中的男生和女生的表现。非常奇特的一个规律就是，往往全部由学霸组成的女生团队的最后作业结果，还不如中等生的男女搭配的团队，而往往一些最优秀的团队，恰恰是女学霸和男学渣组成的队伍，而男学霸和女学渣组成的队伍很少有优异的结果。本人并没有大男子主义，但是注意到个体和群体的差异，还是比较好奇请诸位数一数，高中时代、大学时代，那些让我们高攀不起的女学霸们，她们在哪里？她们怎么样了？

爱情的缓释胶囊

——沉浸学习

2014年12月17日,沪江网创始人阿诺与魏忠探讨在线教育。

  2014年的12月20日,刚刚取得了中国在线教育奇迹的阿诺,与我一起去浙江某学校考察。在车上阿诺与我分享沪江网双12一天取得超过100万美金在线教育销售后与新东方俞敏洪会面的情况。这个世界真是变化快,当俞敏洪的粉丝刚刚看过《中国合伙人》电影热情还没有消退的时候,今天的俞敏洪却要面对上市后数万员工和所要面对的在线教育的冲击。谈到这里,我半挤兑地对阿诺说:"对于我一个45岁的老男人来说,现代社会最可怕的不是我45岁公司还没上市,而是一个小伙子22岁创业、25岁拿到第一笔融资、30岁上市、35岁公司破产,从此人生惨淡无比总在回忆过去的快乐!"听完我的高论,

第一章 教育的生命原义

阿诺哈哈大笑的同时表示同意,并说,像俞敏洪和阿诺本人这样经过了十多年创业理念和艰辛的人一般不容易被打败,恰恰我说的那样的情况确实是个大问题,因为突然辉煌一定程度上比较容易,但是保持辉煌却是难上加难。

阿诺和他的团队创造的沪江网想不燃烧都不大可能了,我和我所创立的公司保持缓慢的燃烧却是企业的常态,大家还要考虑的是不是燃烧,而是激情过后如何永葆青春。其实,如果用2000年诺贝尔奖获得者瑞典医学家的技术,用不着上市,也不用吸毒,只要调整一种也对帕金森有效的人体内部化学物质多巴胺,人也许就会和上市一样的快乐。2000年的诺贝尔生理学奖获得者瑞典人阿尔维德·卡尔森,至少在之后的20年会成为人类最重要的生理学科学家,正是他发现了多巴胺,并且发现正是这种神经递质,对多种人类认识起到了关键的作用,我们熟知的酒瘾、毒瘾、爱情瘾、性瘾、网瘾,都和某种情形下大量分泌多巴胺有关,而帕金森病和多巴胺含量较少有关。

关于成瘾原理,尽管引来无数的科学家持续的研究,至今仍然是很大的热点。是什么情形下人类会分泌多巴胺并产生不同的瘾,又为什么会产生大量的多巴胺,事实上还是没有非常清晰一致的看法,但是产生和作用于多巴胺的机制已经很清楚了,拿毒品来说,可卡因、安非他明、海洛因,其作用于多巴胺的机制是不同的,海洛因直接刺激多巴胺所在的神经游走细胞因此快乐最直接,而前面的几种是占位挤出多巴胺来实现的。针对多巴胺的机制和过量以及不足,人们研究出不少治疗瘾的药物和帕金森的药物。

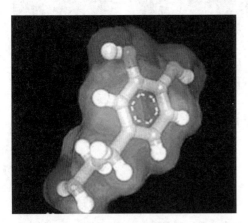

多巴胺这种很简单的化学物质,会产生奇特的效果。

不仅各种毒瘾和多巴胺相关,有科学家研究性瘾和强奸犯中,多巴胺多半超过正常人10%的水平。在对于田鼠的实验中,科学家发现一旦雄鼠与雌鼠交配,雄鼠大脑中会分泌大量的多巴胺,从此忠于雌鼠一生一世。但是当男性遇到自己所爱的女性后,其多巴胺水平会维持2年到4年,这也是我们所说的"七年之痒"吧。

在心理学中有一种很流行的观点,那就是成瘾往往是因为小时候得不到父母的爱,长大以后人就会在某种物品的爱中得到补偿性的反弹,而多巴胺恰恰就是能够支持反弹的重要载体。由于成瘾过程中会造成大量的多巴胺释放及神经系统短路所引起的快感,这种快感是人们在日常生活中所体会不到的,因此瘾很难戒。最近有一种观点反向而行并取得一定成效,那就是用"缓释"的多巴胺来代替传统的戒毒疗法,也就是用不太强烈的但却更持续产生多巴胺的行为例如学习、爱、友情等来缓释。

人的学习过程也会上瘾,只不过这种上瘾往往很慢很微弱,这也能够解释为什么往往很多清心寡欲和敏感的人学习成绩也不错。在社会学中,一个人成熟的标志是能够将巨大的热情缓释和保持到人生的整个过程,而不像青年人那么冲动,而学习正好具备这种特点。然而,学习过程中产生的多巴胺太微弱了,而学习过程中所产生的困难和失落足以抵消这种微量的快乐元素,因此学习中断是教育工作者遇到的最大的问题。杜威就认为教育的目的就是让教育进行下去(教育即生长),而巧妙地布置学习过程的难度、场景,就会让学生不断地持续地产生让学习继续下去的化学激素。

人类对于学习的研究也是逐步深入的。传统的学习都是很快乐和刺激的,如美国最大的教师学习组织 NMD 就认为,人类最早的学习和现在的学习有以下几种:社会网络学习、移动性学习、讲座学习、可视化学习、游戏学习。随着人类文明的进步,要求人类学习的知识越来越多了,学习的任务越来越大,学习逐渐成为一种负担。教育工作者们发现,可以从简单到复杂地将学习切分成若干难度,就会减轻学习者的困难。人们逐渐又发现,在一定情景下学习,比单独地学习知识更容易建立知识的建构,例如英国一些大学最近所进行的用汉语教物理学,比直接教汉语要效果好。

情景教育的发展,诞生了一个专门的名词:"沉浸式学习"。最早的沉浸式学习主要指将学习知识的过程融会于学习的场景之中。这中间,除了我们讲的知识外,很多需要学习的东西很难抽象出知识,那么还原成场景更能把握学习的本质。例如,我们传统的学习——网络知识,将网络的基础切成七层架构,每种架构有很多协议,学生学习这些非常困难,也少有快乐。更重要的是,经过一学期的学习,也得不到正向的诱导和快乐。而进入实验室学习,让

沉浸式技术的乡下祖父:万花筒与西洋镜

学生通过动手知道每一层的设备及其形态,不但帮助理解知识,还会感知"水晶头做的不好会带来网络不通一半以上的问题"这样只有情景才能感知并造成的多巴胺分泌。

虽然学习所带来的多巴胺比较微弱,但是由于是持续的和可控的,一旦人养成学习的习惯,就会持续和可控地希望继续学习,也不依赖于外界物质,因此不但对身体无害,还会延年益寿。有人做过一个有趣但不完整的统计,一般的男性比太太寿命短8岁左右,而诺贝尔奖获得者却长于太太的寿命8岁,中国的院士也是如此,其中原因不言自明。快乐是好东西,但即便是好东西也要适可而止,而学习就是爱情的缓释胶囊。

最新的沉浸式学习,是一种以三维立体成像所展现的高度场景化的学习眼镜技术,学习者带上这种虚拟现实的学习眼镜,不但能够感受身临其境的真实感,还能够与视频对象进行互动,产品设计公司将适当的支架和难度以及通过类似SCORM标准的学习行为记录系统,控制学习的进度和难度。

大数据学习时代就要来临。

令狐冲的多股真气

——大数悖论

丹尼尔·卡内曼

  2002 年斯德哥尔摩当地时间 10 月 8 日 15 时 30 分,瑞典皇家科学院宣布,由美国普林斯顿大学的以色列教授丹尼尔·卡内曼和美国乔治梅森大学教授 Vernon L. Smith 分享 2002 年诺贝尔经济学奖。

  丹尼尔·卡内曼是一个具有批判思维的人,在获奖之前之后,忙于反驳让自己获奖的理由,他还不断把自己的新著作匿名寄给别人评审,当评审人发出一致赞美和得到 2 000 美金评阅费后大家才知道自己评阅了一位全球思想家的新著作。这又是一个犹太人,从小生活在恐怖和奇遇之中的丹尼尔·卡内曼,一心想破解战争和童年的影响是否像心理学家所说的那么大,又像经济学家所说的那么小。当了几十年心理学家后,他成为了诺贝尔经济学获得者。诺贝尔评奖委员会之所以把经济学奖颁给这样一个根本不是经济学的人,是因为他开创了心理学和经济学的融合之旅。今天我们知道,丹尼尔·卡内曼的学说已经成为一门非常重要的经济学分支:实验经济学。

传统的经济学认为,人类的行为是由外在环境所决定的,人都是理性自私的判断;而传统的行为心理学家都认为人的行为都来自内心的动力。而丹尼尔·卡内曼提出了有限理性假说,并进行了大量有趣的实验。下面这个实验,让我们可以对他的理论进行初步的说明。

假设有一种亚洲传染病,预计会夺去600人的性命。美军有两个方案,一个保守,一个激进。保守治疗会有200人获救,而激进治疗会只有1/3的可能性全部600人获救,但如果失败,无人获救。

以上题目是一道简单的行为倾向题,然而丹尼尔·卡内曼同样问了另外一个问题,逻辑上完全一样,但是结论完全不一样。

假设有一种亚洲传染病,预计会夺去600人的性命。美军有两个方案,一个保守,一个激进。保守治疗会有1/3无人死亡,而激进治疗会只有2/3的可能性全部600人死亡。

前后两种问法,逻辑是一样的情况下,前面的问题72%人选择A,而后面的问题78%选择了B。

更加惊奇的是,美籍华人教授王晓田将以上两道题的600人,换成60人,无论怎么做实验,结果不会产生偏差。

前面丹尼尔·卡内曼的问题,被《理性动物》一书作者道格拉斯发展成为人的七个次级自我理论,而后面王晓田的实验被进化心理学解释为人类祖先习惯于在100个人的社交网络和数字内进化对小数理性的默然。

按照道格拉斯的说法,世界上根本不存在所谓的伟人和心灵高尚的人,关键在于人的七个次级自我什么时候合适地起作用。按照人成长规律,先后表现出来的自我依次为自我保护自我、避免疾病自我、社会地位自我、择偶型自我、留住配偶型自我、育儿型自我。每个人的成长环境和基因,决定了什么自我什么时候占主导作用。丹尼尔·卡内曼用死亡和受救,分别激发出来人们的两种不同思维模式的自我,人们的理性思维就会受限。而王晓田的实验,由于将人类的思维模式拉回进化生活史中的"小数常识",人又会回归理性,避免"大数悖论"。

教育学，在心理学和社会学已经进入到一个新的历史发展阶段后，仍然保留着几百年上千年的内生和外生动力的争论上，在内生和外生动力对于教育学的影响很少达成共识。按照生理学家的定义，环境就是学习，而基因就是天分。那么，到底在教育上，是先天作用大，还是后天作用大呢？它们的作用又如何发挥的呢？

丹尼尔·卡内曼在获得诺贝尔奖后，并没有停止脚步，在 2008 年他通过对 45 万份调查问卷的分析，得出 5 万美金的年收入家庭幸福感最强。从对单个实验的实验经济学研究，到对大数据的分析研究，丹尼尔·卡内曼改变了幸福调查的方式，转向大数据分析，并获得 2014 年影响全球的十大思想家。在 2012 年起步的在线教育热潮到 2014 年已经到达很热的程度，其原因也在于，在线教育所带来的大数据，不再需要仅仅将教书当作节操的教师，更需要数学家的加入，教育正在变成一门实证科学而不是人文科学。

从小我就喜欢金庸的武侠小说和琼瑶的言情小说，在 18 岁高考完的一个暑假看完了金庸和琼瑶的所有小说。这 20 多年，金庸和琼瑶和我一起成长，又使我从另外一个角度观察到了金庸和琼瑶小说中的遗传密码。

先说金庸的小说主人公。很少有一个作者，能够写几十本书，而书中的人物主人公却有着完全不同的个性特点。

- 自我保护型的郭靖：郭靖出生在变乱的年代，不断的家庭和国家变乱和不断的毫无理由的恩爱，使自我保护的次级自我在他身上得到集中体现：表现愚钝但重情重义，行动迟缓但武术高强，可惜李亚鹏版的郭靖把金庸笔下的郭靖演砸了。
- 避免疾病型的杨过：杨过也是从小生活在变动和国破家亡中，然而与郭靖不同的是，杨过没有郭靖那么幸运感受到爱，因此杨过体现出叛逆和重情的双重人格，这种人格恰恰是他避免疾病的次级自我成为主流表现出来。
- 社交型自我的韦小宝：韦小宝毫无武功，也无长相，更无品行，然而并不坏的内心再加上他上蹿下跳的本事，使得他成为社交型自我。
- 社会地位型次级自我的萧峰：萧峰行侠仗义，豪迈飒爽，如沧海横流般尽显英雄本色，是金庸笔下少有的阳刚男子，比起郭靖少了一份装呆、比起杨过少了一分叛逆、比起令狐冲少了一份乖巧。萧峰不但女性爱慕，更获得了男性的尊重。
- 择偶型自我的令狐冲：令狐冲除了社交能力不如韦小宝，但令狐冲不拘于常理热爱自由，不受束缚，重情重义同时又爱憎分明，心中自有对事物衡量的尺度，是个真正可以做到笑傲江湖的人，获得了女性的暗恋。
- ◆ 留住配偶的次级自我的张无忌：同样是少年丧亲，张无忌的选择却是家庭，这和张无忌从小受到了来自对手、敌人、家人的爱以及缺少这种爱相关。相比起令狐冲，张无忌对女性少了一份激情，多了一份责任和关爱，体现出一个好丈夫的平和心。
- ◆ 育儿型次级自我的段誉：作为国王的儿子的段誉，与金庸笔下的其他孤儿们有很大不同，不但对择偶没有激情，甚至对留住配偶也没有需求，对权力也没有追求，然而段誉自小受到良好教育，知书达礼，温文儒雅，老实谦逊，善良，也替他人着想，这是他成为好父亲、好国王、好哥哥、好兄弟的基础。

为什么基本上都是孤儿的以上主角，所受到的都是武侠少年班到EMBA的教育，所表现出来的性格特点和成长道路完全不同呢？生理学家说是他们的父母的基因不同，当然也对。所有的主人公，韦小宝的父亲不是武侠中人，因此韦小宝没什么武功，韦小宝的妈妈是妓女，韦小宝也水性杨花。然而，即使出身类似的几个武侠至尊，孤儿各有孤儿的苦，成长经历不同，教师不同，教学教案不同，教育也不同，表现出来的后天志趣也完全不同。

事实上，金庸能够写出如此绚丽多彩的主人公形象，也是由于金庸本人的多面性所带来的。在道格拉斯的《理性动物》一书中，作者认为，即使同一个人，在不同环境中，也会表现出完全不同的次级自我。在大众面前是民主非暴力社会地位自我的马丁·路德·金，在个人生活方面却是情人无数毫无责任心的丈夫。作者认为，什么次级自我表现出来，微妙发端于所处的环境和所受到的经历，这我们也可以理解为制度和教育的作用。

与金庸笔下的大侠一样，金庸本人就是孤儿：母亲13岁去世，父亲在自己青年时被镇压，但是金庸的家族和教育有相当基础的。事实上，在金庸身上，典型体现了自我保护，当有人诋毁他的人文学院院长没有学历的时候，他辞去院长以80高龄读了一个硕士两个博士；金庸本人的3次离婚、7个角色（企业家、作家、教育家、新闻家、翻译家、政治家）的转变，体现出他避免疾病型自我；金庸积极参与政治，起草基本法也充分体现出他社会地位的次级自我；金庸撰写的武侠小说主人公美女环绕，而本人也乐于打扮成各种偶像和侠客形象，体现出他择偶型的次级自我；晚年的金庸娶了一个年龄差非常大的太太，不断追求卓越和体现出生命力的作为，是留住配偶型次级自我；功成名就的金庸晚年伤心于儿子的自杀，建立金庸图书馆、"云松书舍"，体现出他的育儿型次级自我的繁殖和持续性的努力。

相对于人性的七个次级自我的"小数",人类基因的"大数"显然是大数据了。近年来,生理和医学专家对人体的基因系列进行了大量的研究,逐步发现了人类基因的一些奥秘。例如,原先我们认为的只有 DNA 能够遗传,现在发现 RNA 在遗传中也起到很重要的作用;原先认为人体的基因与猴子95%以上都一样,后来发现原先认为的垃圾基因在遗传中不起作用被忽略的,猴子和人大部分不一样。有科学家还做了很惊奇的实验,两种胖的棕黄的田鼠交配后,如果给雌性老鼠喂养合适的维生素,就会生下灰色的和瘦身版的小老鼠。科学家将这种环境影响下带遗传表征的现象称为遗传开关。遗传开关的重要性在于,环境和教育因素的控制将可以成为遗传表征的决定性作用。

在教育界,人类总是将教育现象习惯抽象出几种小数据的"模式",正如上文所述的七种模式,而人类由于进化的原因,所能够理性思考的"小数据"和社交网络,一般也就100左右,因此面临我们不能和不好理解的大数就会表现弱智和受到情绪和环境影响,而面对繁复的不好理解的东西,就很愿意抽象出"概念"和"理论",以便于理解和记忆。然而,人体是一个大数据,环境也是大数据,人的认知也只能是有限理性,大数悖论人的非理性背后,往往是在一定假设条件下异常理性的选择,只不过环境变了,人的心智模式并没有变。这一点,对于教育学非常重要。

在传统的教育学,人们更愿意关注二八原则里面,非常具有统计学意义的"多数人"现象,这也是传统的教育学的基础,然而学习本身却是个性化和特质化的(天才甚至是长尾的),针对学习者的基因、学习环境、有限理性的思维模式,教育者将来会根据大数据更加针对性地进行教育的实施,那么,教育将进入到一个崭新的阶段。

2013年,我在美国匹兹堡访问的时候,注意到两个现象,一个是美国的70%新招的博士后是医学生理学的,而这70%的岗位当中又有70%的方向是医学信息、医学统计和医学数字化方向;另外一个现象是美国几乎最大的医疗机构匹兹堡大学医学中心,在各种公交车上和路牌广告上招聘一些特殊的病者:吸毒者、精神疾病者、药物依赖者、少女妈妈,这些人被招聘到医学院进行行为实验并被给予工资,医学的研究已经成为一种跨越医学、药学和行为学的大数据实验科学。

大数时代和小数时代,人类进化不可能突飞猛进,但技术和教育会马上革命。在不远的未来,也许我们的教育工作者应该可以搞清楚并可以适当地控制这些开关,让金庸笔下的令狐冲不那么费劲地炼易筋经,就能让自己所修的八股真气互不冲撞。

知识地图，心中宇宙

——地图时代的教育

黄家驹、黄家强："谁人定我去或留，定我心中宇宙？"

1991年，Beyond乐队的《不再犹豫》单曲和他们的《犹豫》专辑热遍中华，其中的"谁人定我去或留，定我心中宇宙？只想靠两手，向理想挥手"，特别感动我。在那个年代，只带200元钱独闯深圳的我，听到这首歌不仅仅是感动，心弦也像被拨动了一般，大脑中的一些脑细胞在其他的细胞已经睡去时，却总也不愿休息，也许这就是心灵感应。

这首单曲，是Beyond乐队考察非洲难民区后有感而发创作的一首脍炙人口的歌曲。现在想来，歌曲之所以能写这么好与他们成长的环境密切关联。黄氏兄弟从小也生长在那样的类似环境，从小7个兄弟姐妹的黄家驹和黄家强生长在劳工家庭，当看到非洲的难民区后，大脑中的艺术细胞空前活跃，于是铸就了这首不朽的歌曲。黄氏兄弟能写这么好的一首曲子，是因为他们从小与非洲难民有类似的成长经历,而我之所以听到黄家驹和黄家强这首歌泪流满面,是因为我那时正巧经历了初闯深圳到处躲避城管和到处寻找免费住处的切实感受。用皮亚杰教育学原理来讲,我们具有共同的"图式",用建构主义理论来解释,我们头脑中有了相同的建构。

只是,1991年的时候,大家都还认为,人之所以具有类似的情感和类似的经验,是因为大脑经过训练而已,都没有想过其实这和大脑的结构还有密切的关系。

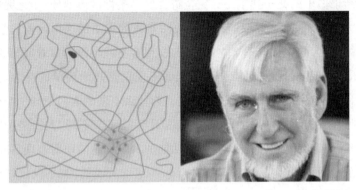

约翰·奥基弗在1971年发现老鼠的大脑活跃区与迷宫的位置有关。

2014年,诺贝尔奖评定委员会宣布,将当年的诺贝尔生理学或医学奖授予三位科学家:约翰·奥基弗、梅-布里特·莫泽和爱德华·莫泽,以表彰他们对大脑定位系统机理的突破性研究。

我们如何知道我们在哪儿?我们如何从一个地方找到另一个地方?我们如何存储此类信息,以便于下次能够迅速找到同一条道路?本年度(2014年)的诺贝尔奖得主发现了一种大脑定位系统——内部GPS,可以指导我们的空间定位,为更高级的认知功能提供了细胞基础。

约翰·奥基弗的贡献在于,他早在1971年就发现,当经过训练的老鼠经过一个特定的迷宫时,老鼠大脑不同部分的神经细胞活跃度与迷宫的地图位置有确定的关联关系;而梅-布里特和爱德华·莫泽在20年后的实验中,找到了这种活跃的神经细胞:网格细胞。也就是,动物的定位原理在于,人脑中这种处于不同大脑位置的网格细胞映射了人们接收到的地理位置系统,鸽子之所以不迷路,因为鸽子大脑中还有一条由网格细胞组成的路。

约翰·奥基弗,梅-布里特·莫泽和爱德华·莫泽的发现解决了哲学家和科学家几个世纪来一直争论不休的一个问题,即大脑如何对我们周围空间产生地图,以及如何通过这个系统在复杂的环境中导航的,如果想象力再丰富一些,他们的发现还解决了所谓建构主义理论中的图式以及再往深一些研究的"思维模式",人们之所以能够学会一些东西,对于聪明程度完全一样的人学习一样东西效果迥异,那是因为他们原先大脑中的图式是否能够映射到新知识的原因。

春秋时有一位相马大师名叫伯乐,伯乐将相马经写成书,通过几个特别的特征来识别好马。结果伯乐的儿子找了一只完全符合好马条件的癞蛤蟆,于是哭笑不得的伯乐说:"这马太爱跳了,不好驾驭。"这就是按图索骥的成语的来由。人们学习知识,如果不经过训练,在大脑中形成不了立体的图式,很容易就事论事拿着概念套,这就是书呆子。很早的人们就发现,如果有一张图纸而不仅仅是几个简单的概念,就不会有更大的偏差,因此找马一定要用图来防止偏差。为什么不同的人对于同一个概念有完全不同的理解呢?生物学家们揭示,人的大脑和计算机完全不同,人们是按照自己大脑中的历史经验(神经突触)的回路以及不同功能的大脑细胞的映射来理解问题的,如果加入图这个东西,就非常容易矫正人脑的概念。这里所说的图,不仅仅是地理意义上的图,人类的思维模式,都可以以逻辑的形式画成图,映射到头脑中,而所谓的逻辑,就是图,而生物体最本能的图,就是地理信息系统的图了。

以一定的数学(Math)法则(即模式化)、符号化、抽象化反映客观实际的形象符号模型或者称为图形数学模型。地图是最简单的从出发点到目标点的路径。宋代的《禹迹图》清晰地记载了大禹治理水的华夏版图,可惜的是,事实上大禹年代并没有发明横纵直角坐标的地图(图是宋代的),大禹时代是通过河流流域的线坐标(例如《山海经》中往东往西几百里的表述),以及制作九鼎的方位坐标来定位的,这样就造就了后世的一个遗憾,那就是《山海经》中的地理位置与现实中国版图很难匹配。但马王堆汉墓中出土的中国目前最早的地图,由于标注了河流和横纵的山脉,历史地理学家很快发现

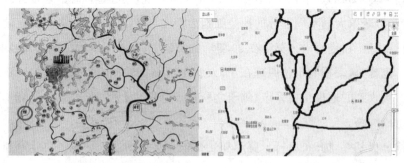

根据马王堆汉墓,网友们可以很快找到这个地方。

平南王府就在湖南蓝天县。

《尚书·禹贡》里一句话十二个字,后世有不同的理解:"禹傅土,堕山,刊木,奠高山大川。"联系历史,有学者给出了现代的解释:大禹视察了全部国土,治理了洪水,勘定了九州疆界,命名了高山大川。用现代的一个词汇表达,就是大禹画出了中国第一个地理信息系统。

中国古代有句俗语,"画猫画虎难画骨,知人知面不知心",因此,图的至高境界就是逻辑,《左传》说,"画计难者,谋之而苦其难也",因此人们说奋斗叫"图强"、思想叫"图谋"。事实上,地图和大脑中的逻辑图一样,都是现实的逻辑投射到大脑不同位置的网格细胞而已,没有任何不同。古人鼓励人们学习有两种方式:读万卷书、走万里路,其实就是在书和路之间做灵魂的旅行,最后找到人脑中的"心中的宇宙"。

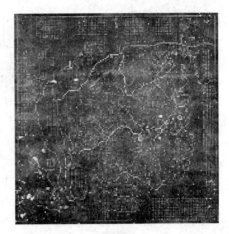

禹迹图

各种各样的图,在信息社会逐渐成为大家沟通的语言和数据科学展现的最重要的方式。古代的克里米亚战争,著名的统计学家和护士南丁格尔给司令官画了一张著名的极地图,很快说服了司令官建立战地医院。而2014年匹兹堡大学的一位教授,将美国200多年的所有传染病画成一张图,能够极有力地说明疫苗在传染病中的作用,并能查询到几百年来美国任何一个流行病细节的数据。

由于人的聪明程度不同,建构不同,要想说服别人,语言、文字是最蹩脚的使者,图形才是最忠实的使者。洋洋洒洒几万字的语言和文字,很容易忽悠人,但一张简单的图,即使一字不识的老太太,也能马上发现问题。因此,随着时代的发展和制图技术的发展,地理信息系统会逐渐成为信息系统最重要的工具。

教育就是构建和建构学生头脑中的信息模板,但是我们的教育远不如现实能够吸引学生。中国的微信用户已经超过6.5亿,手机用户也大致在同一个数量级。智能手机中的地理信息系统和位置传感器大量普及,使得摇一摇就能发现附近的美女,摇一摇就能找到附近的美食,教育很快就会进入到一个地图时代。

在暨南大学药学院、上海中医药大学,已经进行的知识地图的建设,能够让学生通过智能手机很快发现校园中的实验仪器、设备和楼层。事实上,只要经费允许,我设

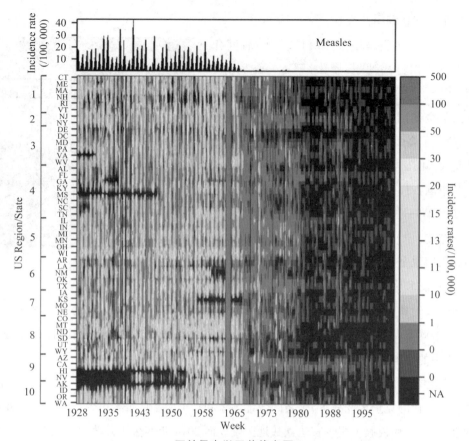

匹兹堡大学天花信息图

美国卫生部防毒可视化地图

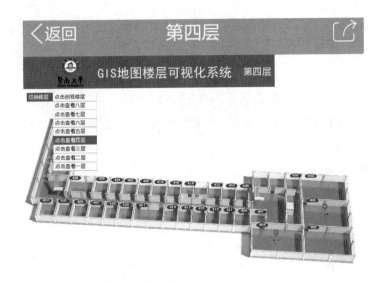

暨南大学药学院的知识地图

想的最终场景是摇一摇就能发现周边的教授、知识点、历史文化和路书。如果我们将社会的历史、地理、文化和科技数据叠加在地图上，可以设想随便发现附近的中考成绩、名师、历史文化名人、历史故事，这些地理信息系统的建设，可以将图书馆堆积成山的书、文化馆死去的文字、博物馆藏在地窖中的文物、教育考试院躺在库房的学生成绩、以及学校利用率很低的实验设备快速链接，为学习者提供一个心中宇宙与历史地理科技的链接。

从1998年开始，互联网进入了搜索模式，而之后的十多年的今天，逐步进入了地

东华大学实验室使用率图

图模式。人类的学习,除了功利化的学习得到的畸形学习技巧外,主动性学习越来越得到一致的认可,而各种信息叠加在不同的地理信息图层,逐渐成为热点。最初的叠加是现实社会的地理位置、地名、距离、评价等现实信息,随着应用的深入,原先低价值低密度的历史知识、专业知识,会逐步得到更广阔的应用,呈现出大数据应用的优势,而基于地理信息系统和信息图的学习和教育系统,必将成为一个热点和重要的学习手段。

教育很快就要进入一个地图时代。

碎片化与浅学习

2009年11月26日,我从上海的临港新城坐班车回市区。在车上看到了一个试图让司机尽快停车的人,这个小伙子是法学院的辅导员,刚刚得到消息,一个研究生在学校自杀,他要紧急赶回去。后来我知道这个自杀的研究生叫杨元元,而这个自杀事件,将上海海事大学推向了风口浪尖。

在之后的一个月时间,铺天盖地的网友的评论指向上海海事大学,指向中国教育,带母上学、蚁居、毕业即失业、读书无用、知识难改变命运、大学生自杀……不难想见,透过这些关键词,网民自然而然就能拼凑事件的经过。在这里,杨元元事件被"碎片化"了,不追求深度的读者完全可以在这里停止阅读。

2009年,正是我研究电子商务舆情起劲的时候,常识告诉我,这件事没有这么简单。稍作调查,我发表了一篇博文,不认同多数网民的观点。没想到一时间,我成了靶子,直到今天,谷歌和百度的搜索,还把我当成杨元元的导师,因为当初有网站贴出:"上海海事大学研究生导师认为……"结果在网络上我就一直成为了杨元元的导师,不仅收到长篇的质问邮件,我的博客也一天之内达到10万访问量,吓得我很快关闭了评论和访问。

事情过去6年,我再分析这件事情,在更加清楚的事实情况下可以告诉网民几个非常简单的结论:这根本不是一个关于贫困生的故事,事情也和蚁居毫无关系,也根本不是带母上学,还与失业毫无关系,读书在上海海事大学也很有前途。网民们铺天盖地的舆情所表现的,只是他们自己的碎片化的情绪,与事实毫无关系,我更和杨元元毫无交集。那些愿意写几千字发邮件反驳和辱骂我的网友,根本不愿意花 3 分钟调查一下我的背景。事实上,在这件事上,碎片化的网民表达的情绪是他们自己的感觉,和杨元元毫无关系。

这就是很典型的、网络世界的"碎片化"。

对碎片化的研究最早见于 20 世纪 80 年代"后现代主义"研究文献中。随着互联网时代的到来,数字技术、网络技术、传输技术的大量应用,大大强化了受众作为传播个体处理信息的能力,碎片化现象不但让受众群体细分呈现为碎片化现象,也引发受众个性化的信息需求,整个网络传播呈现为碎片化语境。碎片化已成为社会发展的趋势,影响到社会的方方面面,碎片化是受众追求自我、追求个性的必然发展,是传播者从事传播活动的主要依据。

杨元元这件事能够迅速发酵,除了网民自己追求个性的自我感觉外,杨元元事件背后的推手非常会借用网络语境的力量,达到了专业的水准,其关键词的使用,多写短句、断句、增强现场感、减少描述性的语句、过程性的句子。非常多的评论者,可以说绝大多数的评论者仅凭几个关键词就发散性地进行分析,不仅很少甚至根本没几个人到上海海事大学进行实地调查,甚至网民参与讨论的时候,也根本不会去看前面的报道,对于网民来说,"中断阅读、发表评论"是典型的事件特征。我收到了几封数千字的声讨文章,一直在质问我作为杨元元的导师为什么不对杨元元进行施救。文章很长,作者花了很长时间进行写作,但却根本没有搞清楚一个很容易搞清楚的事实:我和杨元元在毫无关系的两个学科、两个学院。

这也就是网络学习以及云学习过程中非常重要的一个问题:碎片化、浅学习的问题。

1998 年,谷歌的两个创始人决定做一个新型的搜索引擎。在他们之前的搜索引擎,例如雅虎的搜索,是按照人工和严密的学科门类的逻辑进行搜索的。这种搜索就像调查杨元元事件通过上海教委,再通过上海海事大学,再通过法学院去调查一样,虽然严密具有逻辑,然而却不符合网络世界的行为特征,效率还很慢。斯坦佛大学的两位博士,在老师的 10 万美金的资助下,用了 100 多块硬盘拼接起来一个云文件系统,分布式和按照爬虫方式去收集变化了的动态网页,很快就能得到搜索结论,形成了第二代的搜索技术。在第二代的搜索技术中,谷歌公司极大地满足了普通网民碎片化知识搜索的瘾,用户随便想到什么关键词,就会有相关的和不相关的网页跳到用户面前。谷歌根本不会对这些搜索结果的真伪负责,搜索者也根据自己历史知识的判断来接受碎片知识。

谷歌的巨大进步，使得全世界不需要老师的学生，按照自己的想象收集知识；也带来一个负面问题，在信息非常发达的网络世界，碎片化和浅学习根本无法纠正原本就存在搜索者头脑中的偏见，从这个角度上讲，信息加大了偏见。这些年我们看到，没有深度学习的指导，关于转基因、关于 PX、关于养生、关于历史，朋友圈中的谣言和知识，比 20 年前更加荒谬和离谱，人们长篇累牍地写、长篇累牍地读，和知识和科学无关，人们只选择自己愿意相信的知识。信息过载，负面作用越来越显示出来。

与此同时，大量的碎片化的信息开始渗透人们碎片化的时间，从好的方面，过去浪费的垃圾时间，例如上厕所的几分钟，能够通过微信得到几分钟的沟通与知识，从坏的方面，人类正处于一个"充满中断的时代"，随时被打断，时间的碎片化越来越强。科学家发现，处于这种多任务切换状态的人，其智商的下降比吸大麻还厉害。

在 2004 年，美国加州大学欧文分校的信息学教授格洛里亚·马克（Gloria Mark）带着她的研究生在美国的两个科技公司对那里的员工做了 1 千小时的观察。他们发现，办公室里的员工平均每 11 分钟就会被电话、电子邮件或同事打扰一次，而他们的注意力重新回到早先的任务上则需要 25 分钟之久。

斯坦福大学的神经科学家拉斯·波德瑞克（Russ Poldrack）在实验中发现，人们在做多任务时所吸收的新信息会被储存到错误的脑区。比如边看电视边学习，学业上的信息会被储存到大脑的纹状体，而不是通常的海马体。前者主要负责记忆人的行动技巧，后者才是记忆事实和想法的脑区。记忆在海马体中的信息更容易被回忆起来。

公元前 361 年，在外漂泊了 20 年的鬼谷子回到了河南的云梦山。他发现通晓天下事并不能使他决策千里之外，他累了，他不再需要知道外面的世界，他要用自己头脑好好做一个深度的模型。这个模型能够指导通用的事件，他开始了反信息化的旅程。在之后的 40 年，他收了 4 个徒弟：孙膑、庞涓、张仪、苏秦，那个时候，兵家和纵横家开始知道有一种美丽，叫做：静静。

人类对世界的信号加工后的信息，大家认为是知识。我在大专院校教课时发现学生们加工信息的模型是 Hao123，本科院校的学生加工模型是百度，研究生的加工模型是学术知网，博士生的加工模型是 EI、SCI。信息社会，是头脑被高度格式化

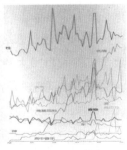

谷歌一年中的搜索引擎关键词排名：性、色情、天气等永远排在前面，没有学习。

的社会,只不过以上的模型有深有浅,我发现只要让大家进化一种模式,思维水平就能进步一个层次,搜索,改变了思维。

建构理论认为,学生学习的不是知识,而是一种建构。正如鬼谷子教会孙膑和苏秦的不是现实社会,而是被高度抽象的分析现实社会的模型。从这个角度,这种模型比现实社会更加真实就像人的骨骼,比皮肤更接近人体。

那么,深入骨髓的学习,在网络和云的世界,又如何进行教育和指导呢?

记得 7 年以前,刚刚进入大学的一个博士后同事王君,由于考评全院倒数,我们成了一对一的互助小组。王君哑巴吃饺子,心中有数,就是说不出来。更为可怕的是,这位王君总是控制不好上课的节奏,有时候 50 分钟的课上了 35 分钟,待在那里不知如何是好。那个时候,我就教他将与课程相关的案例准备几十个,时间从 5 分钟到 15 分钟不等。王君从此不怕上课没东西讲了,看时间还富裕不少,总是挑选我给他准备的不少有趣的片子,却也能引起学生下课前的惊喜。

就是那一年,我受到这个启发,将我一门《网络工程管理》课程的视频,让研究生切成数十个小操作指南。当初是为了避免备课的麻烦,放到实验室的 36 台电脑中,学生在进行实验的时候,有不会的东西,就查这些短小的视频,以至于一个班 36 个实验工位,确实省了我不少劲。再往后来,我把实验仪器和设备贴上二维码,将所有的仪器使用指南拍成视频,给学生们布置一个"寻宝"游戏,让学生用手机看完 35 个视频并回答完问题,紧密地将实验场景和知识点结合在一起,取得了不错的效果。如今这种模式还有一个意外的成果,那就是原先博物馆的导航仪市场随着二维码＋手机的普及而寿终正寝了。

这两年在线教育和教育信息技术革新深入人心,我发现主流的微课应用还真的不像我这些年做的,我发现绝大多数学校和老师,拿微课干什么呢?比赛!于是,就有了很多为了技术而技术的探讨,也就是这篇文章比较典型的探讨。可贵之处在于,老师很认真,非常想做好这件事,然而,刨去了围绕教学的应用,这种围绕技术方式的应用,就像前些年 PPT 大赛一样,其实和教学没有什么关系。大赛的获奖者与 PPT 大赛的获奖者一样,和教师的教学水平也没有什么大的关系。

一堂课 45 分钟,如果说教师认为有自己精彩的教学实践片段,"偷取"或者裁剪给学生使用,这在西方的教学中是惯常的做法,也是微课应用的常态。然而,教学之所以需要老师,是因为人的学习行为是情景化的,是需要社交和人指导的,更是需要体系化的,这也是学校和课程存在的意义,指望学生能够在公交车上打开手机学习 8 分钟课程,上帝也会笑的。

倒是去年,我在美国读高中的女儿在英国文学课上,老师要求每组3个学生做8分钟的视频、音乐、戏剧、演讲录像,以上方式选择一种,模块教学"了不起的盖茨比"的结业作业中,要求学生用微课形式,说明"什么是美国梦"。美国的课堂,倒是老师不做什么微课,学生没少做。

如果这算给微课泼盆冷水的话,从碎片化学习的角度,我确实觉得单纯的微课应该降降温了。

建构、意向与深度学习

德布罗伊在家里装满了这样的摄像头,来看孩子的行进路线。

德布罗伊,是美国麻省理工学院媒体实验室的终身教授,在2011年他公布了自己的一项研究成果。他把自己家里的客厅、厨房、卧室的角角落落都装满了录音机和录像机,把自己的孩子从出生到3岁的所有的行为24小时记录下来,只为了做一件事情,"孩子是怎么样开始说'水'这个单词的"。在一般人眼里面,单词是孩子在父母无数遍的教育下学会的,但是德布罗伊不这样认为,现代的教育观念也不这样认为。建构主义认为:人是学会的,不是教会的。这回,德布罗伊偏偏就较起了这个真:"人是怎么学会的呢?"于是,德布罗伊就研究他拍摄自己的孩子的9万小时的视频和14万小时的音频,从中检视出和水有关的变量和孩子学习水过程中的发音变化,构建了一个大数据的模型,来研究这样一个看似简单的问题。

麻省理工学院媒体实验室,是互联网之父尼古拉庞蒂发起成立的一个世界顶级的创新实验室,如今已经发展成为每年科研经费超过3 000万美金的综合各种学科的实验室,拥有世界顶级的各类教授50多名。这个实验室挂在建筑学院,来学习的硕士生和博士生却遍布计算机、生物、物理、哲学、心理学各种专业背景。尼古拉庞蒂在建设这个实验室的时候就发现,按照原先的学科划分,即使在美国顶级的工科院校麻省理工学院,跨学科的交流也非常困难,于是这个实验室在1980年诞生了,并不断升级成为今天的样子。上面这个小孩子学"水"这个单词的例子,就是这个实验室非常重要的一个研究方向:人工智能。而人工智能的发展得益于人脑科学的研究进展。原本我们认为让机器进行学习是理所当然的事情,如果逻辑搞不清楚,程序根本没法学习,这些年对于大脑的研究发现,恰恰能够解释和指导机器学习。人脑是一个按照功能分区的分布式处理系统,而大脑收集来自眼、耳、鼻等信号系统分别投射到人脑不同的分区,甚至人眼看到的东西也是分布式投射到大脑不同部位进行处理的。然而,大脑处理这些分布式的数据得出结论,并不是直接得出的,而是再将处理的几个中间结论(隐含层)分布处理,最后才得到最终的结论。这就是最近最热的神经网络或深度学习的理论。目前,深度学习理论已经成功地用于视频识别、声音识别、情感计算等领域。在教

德布罗伊所在的MIT媒体实验室,不仅研究思维,还引领创造。

育学中,我们也早就知道,学生不是被教会的,而是学会的。然而,一个孩子如何从浩瀚复杂的9万小时视频、14万小时音频中,分布处理,最后分布式地学会"水"这个单词的呢?也许能够为我们揭秘"高效学习的深度模型"。

Kathy是华盛顿大学西雅图分校的一年级新生。说她是一年级新生,实际上她还没有入学,只是得到了这所大学计算机学院的录取通知书并决定上这所大学。在入学前的这个暑假,Kathy需要在网上选修网络远程的预科课程,并根据要求进行新生的上课选课。华盛顿大学西雅图分校的计算机专业在全美排名前五,教授科研任务很重,因此课程也很难选。让Kathy惊奇的是,她发现她每周上课的时间非常少、也非常短:每天两次课,每次只有50分钟,按照这个节奏,4年肯定毕业。可是,华盛顿大学西雅图分校可没有这么容易毕业,按照官网的统计资料,5年毕业率只有65%。为什么这么点课,那么不容易毕业呢?仔细研究华大的课程会发现,即使这样很少的课,也分别被不同的老师上:教授只讲课,还有大量的考试课、实验课、实验理论课、作品课。与中国的大学教育制度有很大的区别,美国的大学老师讲得少、考得多、作业多。教授呢,只会讲授课程知识,每学期会有8次到10次的考试由助教主持,而实验室会有专门的老师指导实验课或者实验理论课,在实验课中还会有助研来帮助学生答疑。也就是说,在华盛顿大学,你要想拿到计算机学位,不是上课上出来的,是实验室自己做出来的。我在卡内基梅隆大学也发现这个特点,我上厕所前隔壁实验室帮老师做助研的学生还在做实验,我从洗手间出来去看了一下校园的风景,他上课就结束回来了继续帮助教授做科研。

在传统的知识学习中,学会"水"这个词汇,我们的老师认为是自己的功劳。对于现代教育来讲,是学生自己掌握了学习的方法并通过努力学会的"水",而现代的信息技术会进一步告诉我们学生是怎么学会"水"的。科技和教育发达的美国早已经明白,不要逼着学生一遍一遍地背单词"水",学生学习是有一定的深度学习规律的,这也是西方科学学习逐渐积累下来的惯例。在信息化时代,更加解放了这种学习方式:由于有了在线的网络选课系统、排课系统、在线考试系统、题库、助教系统等等,某一门课并不是由一门老师来教授,学生学习更多的可以从网络上得到知识,于是课时量越来越少,作业量越来越大,越好的学校,这种学习方法越会支持创新和学习,以至于像麻省理工学院媒体实验室这样的机构,每年会得到数千万美金的资助,从全球百里挑一来寻找高学费的学生为他们一边打工一边创新,研究性学习应运而生。

我在软件公司做高管将近20年,发现一个有趣的现象,那就是无论我们计算机学院的软件工程的课程多么好,计算机学院和软件学院的学生开发的软件,总是软件工程做得很差。偶尔招到几个机械、材料、电子和自动化喜欢软件的学生，发现他们的软件工程做得都非常好，再跟踪他们的职业人生，发现今后在软件公司的发展也较为顺利。后来我就仔细研究了这个事情，发现自动化、机械、电子等专业的大学生，虽然本科期间软件工程课程没有上，但是工程和制图训练却是非常严谨的，这非常有利于他们今后软件编程中的子程序的逻辑和代码的规范性。这就使我想到了一件事情，我们往往一个学科的知识和训练，就如同德布罗伊教授看待孩子的水一样，是有内在的深度学习的规律的，而不在于一遍一遍的简单训练。这就如同建构主义所谈的建构，知识本身并不重要，知识背后的建构如何建设，要找到规律才行。

《韩非子·解老》中说道："人希见生象也，而得死象之骨，案其图以想其生也，故诸人之所以意想者皆谓之象也。"我们今天的"想象"一词和"意象"一词，都来自于春秋这个中原已经没有象的地区的"想象"。既然牛死了剩下骨头可以"想牛"，马死了剩下骨头可以"想马"，那么，见到了一副大象的骨头当然就能"想象"，一个见到了太多动物骨头的人，其"想象"能力一定大于没有见过动物骨头人的能力。既然能够"想象"，看见星空中星星斑点的连接线，就能有想象力想"星象"，人具有想象力，不是由于见到的星星多和大象多，而是前期的习惯让人有了想象的"建构"，而这种建构，是比原本大象的肉身碎片更能显示大象真实的东西。

由于信息化的发展，我们今天的孩子，拥有了更多的观察"肉身"的机会，是不是就一定建构更好呢？答案恰恰是否定的。随着朋友圈的东西越来越多，浅层次的东西越来越多，事物的联系可能越来越少。事实越多，很可能我们深度思维的能力越弱，大脑形成隐性知识和分布形成概念的能力越差，反而有碍于我们形成良好的分析世界的能力。碎片化信息通常具备这样的特征：

- 它们往往是一些事实的集合而非逻辑；
- 它们往往大量简化了推演过程；
- 它们往往将多路径简化为单一路径；
- 它们往往不够严谨、全面。

据说爱因斯坦说过，教育就是过了很多年你忘记后剩下的东西，其实也是指建构和学习逻辑。2000年诺贝尔生理学奖获得者坎贝尔说，人的短期记忆和神经突触有关，而长期记忆和蛋白质参与并转运的大脑分区的物理相关。人脑的逻辑还没有完全揭秘，但是有一点人脑只有1%的能力被利用的说法证明是错了，人脑的能力已经被充分利用了，选择性吸收和建立适应环境的建构，将部分记忆转为计算机和外部储存而不是大脑什么都记下，是越来越被认可的共识。

1596年，伟大的天文学家第谷发现了一位年轻的教授写的一本天文学著作。这本著作的结论错得离谱，但是第谷却从错得离谱的著作中看到了一个年轻人的创见性的思想和天才的数学能力。于是第谷邀请这个年轻人参加自己的研究团队并最终在自己去世后让他接替了自己圣罗马天文学家的职位。第谷为什么让一个结论错得离谱的教授接替自己的职位呢？那是因为第谷发现，要想在没有望远镜（第谷之后发明，第谷也被称为没有望远镜年代最后一位伟大的科学家）时代的天文研究取得突破，"观察天文得到正确的路"这条路已经走不通了，创造力和数学推演能力是作为今后的天文学家更加重要的东西。第谷的这位接替者，是比第谷更加伟大的一位科学家，名字叫开普勒，就是他发现了行星运行的椭圆规律，第谷做了40年的观测并写下了大量观测记录，开普勒并没有干这些事情，他只是总结第谷的资料并运算，得出了比第谷伟大得多的结论。

著名的管理学大师德鲁克在自己所写的《旁观者》一书中，记录了影响自己管理思维的一件小事。在他小时候的一次游行，他被安排在队伍的最前面，举着游行的大旗，被队伍簇拥着走在通往市政中心的大道上。那是一个雨过天晴的早上，道路上有些小水坑。在路过一个水坑时，他被簇拥着踏过水坑。在平时这很平常，可是他却调头把旗子交给了身后的一个人，然后自己返身回家了。在那样的情境下，他发现自己要跳出来，从第三者的角度才能更好地看清事情的原来模样，而不是在队伍里面，被逼着前进。德鲁克认为自己管理学上之所以有成就，和小时候这种突然经历的醒悟有很大的关系。不仅如此，德鲁克在书中还不断提示读者，要成为一个管理者，学习管理者技能和其他的都不重要，"戏剧和写作"最能提高管理素养。

在信息化的今天，知识无处不在，过去那种知识存在自己老师身上的垄断现象基本不再出现，相反碎片化甚至成为灾难，那么什么是在本文开头所提到的德布罗伊所研究的未来学生的学习之"水"呢？什么又是德鲁克所提到的"戏剧和写作"呢？我们的大学在一遍一遍将过时的知识塞进学生的大脑的时候，什么又是第谷所看到的开普勒错误著作身上的"创意和天才"的建构呢？当屠宰场里充满了猪狗牛的肉身的时候，什么又是韩非所提到的"意象"呢？在知识广泛得到普及的今天，技术又如何不让知识成为负担，解放学生的头脑呢？

也许，从华盛顿大学网上课程和实际课程的缩短，以及中国消失了的助教、助研、助管和大学作业来看，结论应该有了一些。

要问学生的时间去哪儿了，我们更应该问20年来，中国消失的助教去哪儿了？

第二章

创造时代的教育

当今社会有哪些前沿问题,这些前沿问题带来了怎样的未来产业、未来城市和未来人种?数据革命带来了怎样的云与互联网思维、物联网与跨界思维、大数据与用户思维、生命科学与生态思维?引导美国大学生辍学创业的彼得·蒂尔将通过教育革新带来怎样的"人类文明新高度"?为什么蓝翔模式和新东方模式不再是教育?未来的世界需要我们为学生提供一个什么样的改造世界的信息模板?创客空间背后为什么是STEAM?为什么说文艺复兴400年后我们才迎来教育复兴?

1884年,富翁农场主斯坦福当上了州长之后,16岁的儿子去世,斯坦福夫妇将自己的5 000万美金和3 500英亩土地全部捐出来办了斯坦福大学。可是校园太大了,1952年工程学院院长建议拿出1 000英亩土地几乎免费提供给企业开公司,以便学生能够创新和实习,由于符合老斯坦福夫妇"全加州的孩子都是斯坦福的孩子"的理念而被接受了。后来这片地方发展出了硅谷。

未来产业、未来城市、未来人种

在电子商务界有一种说法，1985年是个时代的分界点，1985年以后出生的人是另外一个物种。马云前面很多年一直努力一直没有成功，易趣的邵逸波也没成功，而到了2010年撑下来的做电商的公司很多一下子成功了，为什么？很多人研究认为，1985年出生的那拨人工作后有了购买力，这非常重要。六七十年代人去网上买个东西，分个红包一人一分钱还行，然而1985年以后网络世界出生的一代，一万多元的网络交易也心静如水，他们没有经过我们小时候那样的情况，他们从懂事起见到的就是虚拟世界。那么，1985年之后20年出生的人，又给我们带来什么样的未来产业、未来城市、未来人种？这个世界又即将发生什么变化呢？

1. 未来产业

我们先说开源软件带来的变化：黑客和创客引领了大量非专业低门槛的IT爆发，引起了软件开源时代所带来的人人可以创业。过去创业是要有门槛的，比尔·盖茨创业是因为他爸爸是著名律师，妈妈认识IBM公司董事，第一笔业务是为IBM编写程序。比尔·盖茨编写的程序是在IBM专业的机器上进行的，这种计算机即使美国著名大学也很少具有，更为重要的是比尔·盖茨在高中的时候，他的那个贵族高中就有类似的机器。那个年代，要想学会那种编程，需要在美国前30位的计算机相关专业博士毕业、再经过IBM严格筛选才行。现在每个人会编程序，往往还是考不上大学的人编程序编得好，为什么？因为开源软件行业改变了这一切，开源的免费软件公布给全世界，没有上大学的人天天在家里的电脑中编程序，没有在课堂上学，也没有听并不一定擅长编程的大学计算机教授授课。

第二个硬件开源时代,山寨和极客引领制造业"新乡村运动"。开源软件出来了,但是软硬一体的电子产品还是很贵,不是一般的创客和黑客玩得起的,那个时候玩这些东西的人需要很有钱才行。有一个现在不大经常使用的词汇叫"发烧友",即使很有钱的发烧友,也只能被硬件厂商绑架,在一定的硬件的基础上做微改进。如果你想另起炉灶至少说要开模,一个模具要十几万、二十万块钱。后来,制造工厂集中在中国,制造业过剩使得大量已经成型的模具和零散的样品可以在网友之间通过淘宝买卖,将大家开模具的钱大幅度降低,买一个与苹果一样的手机壳只需要几块钱而不需要几十万开模。更加重要的是,从金融危机破产解放出来的工程师,有人免费设计芯片和板卡,将图纸公布给全世界。这样一来,原本过剩的电子厂再也不用被知名电子品牌的知识产权绑架,可以大规模制造标准的开源硬件。当技术汇集到这种程度,产业就形成产业链了。2005年前后,山寨手机空前发展,与此同时进入手机领域的创业门槛越来越低:搞软件的小米、搞培训的罗永浩都可以进行手机开发,低门槛的整合解放了原本被大厂商垄断的创造力,也打击了无数这样的品牌企业:索尼、爱立信、摩托罗拉、诺基亚等电子大树在一群蚂蚁的围攻中轰然倒下。不仅如此,在英国有人为配合玩具开发一个小板子,这个板子叫树莓派,开始驱动玩具、连接乐高,后来就逐渐代替 PLC 甚至计算机,以至于成为物联网的一个主流板卡。在传统工业企业开发,经过一次产品迭代需要董事会作决策克服多大后果,这种开源硬件的板子天天在迭代,一批创客天天将更新的电路板公布在网上,东莞的山寨工厂就可以不用什么代价生产一批,结果大家都知道微软都要妥协,新出的 Win10 可以装进树莓派这么小的一个卡片电脑里,还有很多厂商用温度传感器、湿度传感器、二氧化硫、二氧化碳、视频发布也可以物联相接。

2. 未来城市

由于交通和信息化的发达,人口高度聚集的超一类城市,比如北上广深,逐渐成为市场、商务、综合人才和解决方案中心;人口平衡的一类城市如苏州、天津、成都、武汉、重庆等,成为开发中心、生产中心、研发中心;最麻烦的是逐渐消失的三线城市,高铁时代,从上海到济南只要三个小时,所以之间的一千公里将没有超过 30 个人的独立的 IT 公司。这是中国未来的情况,在美国由于交通的发达和信息化,到了二三线城市就很少有超过 10 个人以上的独立的公司了。真正的乡村和小城镇最后成了休闲、旅游、在家办公、养老的基地。在美国我认识一个搞生物技术的工程师,他自己花了一万块钱弄了一套仪器设备,每星期坐地铁去纽约开一次会,下午回来,其他几天在新泽西自己家里做实验,第二周带到纽约。

2014年,苏州有一个制作手机按键的工厂,因为摩托罗拉破产了,那家公司一万多个人没有工作。目前很多城市加强创新驱动、引进人才和海归,这是因为上述的产业案例给原来的城市带来太多的问题:一个外地的打工妹在你这个城市干十年、十几年,在苏州把户口落实了,结果她会的是简单的技能,等到这个产业没了,你这个城市要养她二十年、三十年、四十年。所以在从产业链角度讲只有创造性城市人口才能够持续。创造力推动了社会前进,政府要密切关注创造力的人,尤其是原创的创造力。

3. 未来人种

  现在很多小孩都是拿手机的,现在学校让学生上课不准使用手机,而我上课让学生必须使用手机,上课点名的时候我发红包,班级五十个学生,微信上发五毛钱,等学生抢完了以后回去处理做个APP,谁上课了就一目了然,在上课的时候几秒钟点名就完了。到第二次课又开始点名了再发红包,我告诉现场课堂的学生不允许抢红包,结果,还是有3个学生抢了红包,证明这几个人没有来。信息社会,教师要适应未来人种的行为模式,这个模式玩好了,上课就火了,学生也有了精神。

  上述案例中的发红包只用了几毛钱,而西方的教师经常在课堂上用几百元配合课堂教学,美国的高中老师很多道具都是自己花钱的。这里面有一个理念问题:我作为一个40多岁的教师,人生壮年,马上盛年就要过去了,我为我自己上课,我曾经拿一百块钱做奖金,全班没人睡觉了,我说为了这一百块钱我值得,因为我的生命价值体现在这100元提高的效用上。在微信时代我发现五毛钱都能达到这个效果。

  科学家们经常观察鱼群、鸟群、羊群、蜂群、蚁群,鱼群为什么能成群?因为大家互相能看到;羊群也是一样,一只狼抓一只羊一抓一个准,但是要是几万只羊在一起,狼是抓不到羊的,它们会形成一种组织行为,狼一冲过去马上形成一条道,狼扑空了。那你仔细想一想,我们在网络世界上每一个人就是一条鱼。因此很多人在研究互联网中群体的涌现行为,而且这种流体力学非常厉害,未来的人类由于有了网络手机以后,会变成另外一个物种,也就是说手机会变成大脑的一部分。2000年的时候我介绍我的同学和我太太的同学,都比我小十几岁,介绍了一对成功了,我在观察现在的小孩怎么谈恋爱,后来发现他们每个人打开电脑,到咖啡厅里都打开QQ,在页面上谈。我们过去的教育是大机器时代配套的教育,它的主要特征是标准化,我们现在能够想象到课堂、教案、课桌、教学计划甚至45分钟一堂课,是工业社会需要这样,但是现在这个社会不是这样了,现在这个社会人都转向办公室了,你再用那样一种方式去教育那么问题就比较大了。

  未来产业、未来城市、未来人种给我们一些启示,第一瓶可乐没死,诺基亚死了。大家注意到这些年摩托罗拉死了、索尼死了、柯达死了、思科裁员了,你们仔细想想这个产业为什么会这样?是因为 IT 业变化太快,过去还保持一成不变的 IT 产业被这种开源软件、开源硬件打得一塌糊涂,小米是个创客。现在移动芯片公司 ARM 把英特尔打得一塌糊涂,因为 ARM 支持移动和开源芯片非常好,越开放的系统越有利于 ARM 公司,将来也许 ARM 哪一天被人干掉,一定是被现在哪个疯子的工程师说要把 ARM 的工具全实现,这些叫科技恐怖主义。开源软件、开源硬件所带来的信息科技模式,对于传统的企业、城市都是挑战,直接影响未来的人类、未来的社会组成,也必然影响到未来的教育模式。

我在大学的时候就知道物联网。物联网中一个重要的概念就是传感网,就是一个应变片,利用电阻的温度、压力变化产生电信号发生变化,25 年前,我在大学的时候就做这个实验,没什么神秘的。那么现在为什么爆发呢?它们的应用和普及又怎么样改变我们的生产、生活,这些技术的进步又怎样改变甚至颠覆今后的产业格局?那是因为,在信息技术发展的今天,这些技术和应用所带来的不仅仅是工具和应用的变革,更是被称为权力社会、金钱社会之后的创造性社会的最重要特征。人类社会最早应该是神权社会,后来发展为君权社会,紧接着到人权社会,按照这个说法,英国虽然是君主立宪制,实际上它现在是人权社会,因为君主没有实际权力。权力社会一个特点就是有权就能购买一切,权是一般等价物。权力社会可以把人聚在一起,快速的发展,比较适合农业社会,所以我们看到权力社会带来中华文明的最早强盛。在权力社会中人不是智慧的动物,人是一种工具,是一种能劳动的工具,他必须需要一种权力能够控制他们。例如大禹治水会盟天下,要根据现场情况查人口,所有人需会盟天下,到会稽山这个地方。

我们说全部进入金钱社会是第一次工业革命以后,随着新教的诞生,神权整个就没有了,君权也逐渐地衰弱,人类开始进入一个商业社会,大家知道资本主义和新教诞生基本上是一致的,资本主义思维的诞生和共产主义、社会主义思想诞生在同源头的。金钱社会,它的显著特征就是基本上有钱就能换一切,虽然我们不承认,但是作为一般等价物钱的诱惑实在太大。金钱社会发展这二百多年,人类发现很多时候它实际上随着人性的觉醒它买不了一切,比如感情和爱情,绝大多数人能买,但是少数得到解放的人,他买不着。

信息社会越来越发达了,人类开始进入另外一个阶段。信息技术和应用的迅速发展,带来今天我们互联网思维、大数据思维、后工业化思维、跨界思维、云地思维和生态思维,迅速改变金钱是一般等价物的标准,创造力成为大家关注的焦点。

云与互联网思维

在想到云和互联网思维这个话题的时候,我想起了一本书叫做《未来之路》。《未来之路》这本书写于 1995 年,作者是比尔·盖茨。我到美国访问的时候,打开电脑,微软的声音响起来,卡内基梅隆大学的很多教授就扭过头来看,新来一个家伙,一看是一个中国人就扭回去了,就是中国人还在用微软的东西。不知道什么时候,微软已经成为创新的公敌:他们穿着西装,打着领带,站台上训话。现在一提到创新就想到苹果、谷歌这种模式。然而 1995 年,比尔·盖茨写了一本书叫《未来之路》,推动了我们这个创新的 E 时代,我们看一下他提出了哪些观点。

第一个观点,他在说:"新闻的播放时间和播放时长都可以根据你的设定自动精确播放,同时你还可以设定新闻主题,也可自行设定,或

"网络就是计算机" —— John Gage,1984,Sun 公司的联合创始人

第二章 创造时代的教育

者由服务提供商根据你的口味进行选择。"在现场做演讲的时候,每次我都会做个小测验,让大家分别就以下问题举手:"自己家一周平均还能够开5个小时以上电视机(这个一般都和年龄相关,或者你家里有老人),家里开那个小米盒子的举手。"结果绝大多数人转向电脑,尤其是现在。

现在大家知道传统电视台不断地以各种理由在封杀网络电视,其实是没有用。我们知道还有一种现象就是,前一阶段著名的播音主持人很多已经跳槽到网站去了。中央电视台的著名主持人,号称25万、30万年薪,而像淘宝、阿里、乐视这种公司平均年薪就是32万。这个世界发生了很大的变化,作为一个过渡的网络人,我不再看电视节目了,而是买一个小米盒子。但是我女儿从小就不看电视,三四岁孩子就去网络上找她要看的白雪公主,她去找她要的东西,在几千个、上万个当中,找她要的水晶鞋。

《未来之路》中提到第二项是:如果你的孩子需要钱,或许你可以从钱包、PC里用数字化方式给他转5美金。现在大家知道支付宝、微信支付已经完全实现了,虽然说存在不少问题,但是我们回过头来想想,马上这些实体银行都将会成为一个负担。我知道沪江网,现在一共有700多员工,8千万用户。当俞敏洪还没有从那个粉丝盟主的感觉转过来的时候,就突然发现他4万名员工才有30万用户。现在这个世界发生了很大的不一样。不一样的是什么呢?说最可怕的还不是俞老先生这样的人,他毕竟已经过了大半辈子,已经辉煌过了,我觉得他还能够再坚持。最可怕的是一个22岁的小伙子,22岁就开始创业,24岁拿到风险投资,25岁就上市了,32岁公司破产,从此人生一蹶不振。这件事情确实可怕,现在人家要应付的是这件事情,所以他们天天跑马拉松。

《未来之路》中提到第三项:"电子邮件和分享屏幕将会消除人们对许多会议的需要。在进行面谈时,这些会议会因为与会者已经通过电子邮件交换过背景信息而变得更加高效。信息过载对于信息高速公路而言不再是一个问题,也不必是一个问题。"就是这样子了,那我们想象下面一个场景:"未来几年内,大家都可以将自己的身材尺寸进行电子登记,这样,很容易就能找到适合自己的衣服或者要求制衣商定制生产了。"这也许很快成为现实了。淘宝这么多年,最好卖的就是衣服,而且越来越便宜;凡客诚品,过去几千人在做,最近减到三百人,销售量还是那么大。尤其吸引了年轻女性,年轻女性都有一个心结,她们不说自己身材长得不好,而是觉得你这衣服不好。买完一件衣服一穿,非常激动,接下来穿几次以后,马上又上网去买另外一件,大家就发现了,就盼望着下一次去买了。

《未来之路》中提到第四项就是:"客户有望能通过电子化方式与律师、牙医、会计等专业人士安排会面日程及交换文件。"我们越来越发现,10年前投入到这种培训上的机会越来越多,大家更加渴望见到真的人讲真的东西。现在,离那些教授和著名的企业家越来越近,这个和很多在线教育想得有很大的不同,我们的教育不但没有消失,反而是越来越多。所以说我觉得什么东西不可替代?就是这个爱情不可替代、感觉不可替代、气场不可替代,这些事不能通过远程在线完成。

"由于信息高速公路能播放视频,你经常能够看到自己预定的东西。不必怀疑为母亲电话预定的鲜花是否真如希望中那样漂亮,因为你能在网上看到花束的安插情况,你可以改变主意,要求用新鲜的海葵代替枯萎的玫瑰。如果你想买一台冰箱,你可以去电子公告栏上查找正式资料和非正式评论。"大家想1995年,我用Windows95可以拨号上网。我们家那一年第一次拨号上网,吃年夜饭前就拨号上网,拨完了以后,我们家吃年夜饭。然后吃完年夜饭,我把一家老小七口人带到电脑旁边,一顿饭只出了一半页面。到1997年、1998年的时候,我有了第一封电子邮件,然后半夜两点钟总会被睡梦惊醒,打开电脑看,有没有人给我发一封电子邮件。说到这些我觉得恍如隔世。

第五项:"你可以用衣兜或钱包携带口袋电脑。它能展示信息和日程,你也可以通过它收发电邮和传真,监测天气状况和股市行情,玩或简易或复杂的游戏,如果无聊还可以浏览信息,或在几千张照片中挑选你孩子的照片,最终,电脑及屏幕技术的加速发展将产生轻便、通用的电子书。"这就是现在的智能手机,微软是智能手机、也是iPad最早的开发者,但是由于它使用的是工业化的思维去做这件事,最后败得一塌糊涂。这件事谁做成的呢?是安卓系统做成的。

我们再看下面:"一位中年企业高管和丈夫在'家居装饰'电视节目开头看到的广告是关于退休置业的,而隔壁年轻夫妇在同样节目的开头看到的则是家庭度假广告。"

"选民可以在家中的钱包PC上投票以避免错误和作弊。"大家看到美国总统选举,这边还没结束投票,那边结论已经出来了,事后和事前已经没什么区别,这是统计技术所带来的。

"即使处于另一个城市,你弄丢或者被偷的相机也可以发信息给你,告诉你它现在的位置。你还可以在办公室回复家里的对讲电话,或者在家中回复邮件。"

以上是比尔·盖茨在1995年的所有的预测,也是微软1995年想干的事,在一批又一批的企业家、工程师、科学家的推动下,走了20年了,20年来整个人类已经变成不可想象的样子。也许可能再过20年,再过30年,我们不会像过去的80岁老人希望走入坟墓,说不定很多人想像杨振宁一样再谈一场恋爱。John Gage这个人,Sun公司的联合创始人,他说了一个观念,说网络就是计算机,我们现在在家里台式机再也找不到了,计算机到哪里了呢?网络就是计算机。现在我们的移动,实际上你把计算的运算放在后台了,放在后边了,你的手机根本不用运算了,只是个显示屏,今后可能这个手机也不需要了,什么手机也不需要了,我们马上就能产生更大的变化。

事实上这代表了一种技术,叫云与未来技术。就是互联网的高速发展,它就跟我们过去把钱存在什么地方有类似之处。很多富翁存在自己家的柜子里面,挖一个坑埋起来,结果去世了,孩子不知道。孩子把房子卖了,卖到第五代的时候,有一个人想去种树,一挖出来,金元宝。后来就发现存在银行里面不存在问题,因为后来发现银行和家里头哪个更安全?其实把钱存在银行就相当于一个云,存在自己家里就相当于一个本机,属于这个道理。总体来说,我们说云有个重要的特点,叫软件即服务,主流的软件以志愿者创新+服务形式,而不是以收费软件形式存在;另外平台即服务,大量的知识以服务而不是交易形式存在;基础设施即服务,大量的信息载体以价值贡献而不是拥有为形式提供。

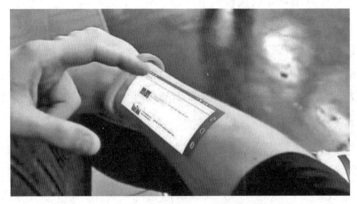

云的趋势使得硬件变得更为隐藏和便利。

什么叫云呢?云可能带来的变化是什么呢?我们一直在讲技术,由于技术所带来的思维变化更厉害。由于互联网,大家的思维方式和模式发生变化形成了互联网思维。那么什么是互联网思维模式呢?

● 用户思维:就是以前说有这么多原因,现在说你有没有用户。原来是二八原则,什么叫二八?80%的用户是没有用的,我只要20%的,现在可不是,现在就要屌丝，这个是不一样的。我们来看下面几个关键词，叫口碑、长尾、屌丝、参与、免售、体验，这些都是以客户为主的。

- 简约思维：简单、专注、清爽，所有的东西最好是一个东西。然后极致思维：速度、服务、尖叫。什么叫尖叫？你尽可能的便宜，尽可能的好。我们知道微博被打得一塌糊涂，阿里收购了新浪微博，阿里还刚刚上市就成为一个巨大无比的公司，它实际上也不行。阿里收购后最近几个周，很少有人还去微博。大家都在玩微信，同样微博、微信你发，结果微信比微博要快多少倍。
- 迭代思维：微、快、精、变。
- 流量思维：免费、临界点。
- 众筹思维：协作、社交、外包、用户参与。
- 大数据思维：信息、行为、关系。
- 平台思维：共赢、生态、员工。
- 跨界思维：携用户以令诸侯，你只要有用户，这个是很可怕的。世界上唯有一个产品除了空气之外，唯有一个产品，人类从零用户到五亿用户只用八个月时间，大家觉得微信这东西可怕吗？

我们可以回顾一下，小米是如何利用互联网思维成功的？

- 专注：专注于明确的客户群，聚焦客户需求，从产品设计、服务、生产制作等方面全方位帮助、支持、服务于客户；以客户体验不断优化的方法，专注于服务客户的全生命周期。小米就集中一种客户是它的，最后再扩展，这是什么客户？又不想买很破的过去的手机，又买不起iPhone，就这批客户。但是这批客户选得很精准，为什么呢？他们的年龄是28岁左右，26到28岁，等他们再长大五岁，苹果就彻底完蛋了，集中在这一个客户群，我们叫专注，而且是一年只有一款产品。讲互联网思维最重要的就是专注。我们举个例子——苹果，一年只出一两款产品，或者几年出一两款产品。如果核心功能没有活力，增加再多辅助功能都于事无补。新功能真的有助于提高用户活跃度吗？新功能会破坏产品架构吗？每增加一个功能，都带来了长期的产品维护成本。我们可以仔细想想微信比起微博，功能简单得不能再简单了，但是它就做得爆了。
- 极致：以社交媒体、移动终端、物联网新技术和客户的视角开发用户社交平台，尽可能减少用户的主动性；整合市场、渠道、销售、服务全部一体化的新型模式全方位地便利客户。到现在为止，小米一分钱广告费没有花。小米这个团队要花五千万广告费,全部砍掉,然后把五千万贴补用户,它每一台为什么叫限量版?那就是做一台亏一台,最后把市场拿下了。大家知道微信的那个开发者张小龙,还有一个产品开发得很好,就是(Foxmail),你只要上一个Foxmail,我有七八个月的项目,全部都放上去,然后把历史的电脑那些垃圾邮件全部导进去,回来之后,它还要把你的邮箱打回去。过去我认为很垃圾的邮件,比如说一个姑娘喜欢上我,我不喜欢她,当时很烦,把她所有的东西给删掉了。过了十年,你突然想,那也是一种美,然后你想恢复,就全部回去了。极致的意思就是:一个产品只有一个定位,一个定位只有一个主线功能,一个功能只做一件事情。

- 口碑:以超出预期的服务,以客户的细节体验,以细致专业的服务团队服务于客户,以三零预算(零广告、零市场费用、零客户关系管理)。乔布斯他从苹果公司离开以后,他办了两个公司,一个是NeXT公司,一个是PIX公司。PIX公司就是后来那个谁能够赚钱,迪士尼公司能够赚钱,海底总动员,什么总动员,玩具总动员,所有的东西都是乔布斯他们那个公司帮他赚的钱,那个公司就是生产这种东西,它的这个箱体叫非常直角,非常难。乔布斯就自己盯着那个工匠,就一直做,就是说混蛋细节。

- 快速:以倍数增长的,版本快速更迭,以客户支持努力服务。小米几乎几天一个版本,5亿用户最大的一个好处就是说,刚开始出了一个是狗屎,到了第5个用户就成金子了,每天都在改,所以软件工程也发生变化了。过去的软件工程叫什么登月计划,现在不是,有一个改一个,最后进化成这样的东西,这就是我们在讲的互联网思维。

互联网思维就是因为云所带来的,云能带来大量的用户,大量的用户能够从快速的大数据总结出来他们的行为,最后能挑选出来一个非常精准的客户群,围绕他们做一个非常简单的产品?我最近看了一个文章,说你如果没有一千个客户,你的产品一定是很垃圾的。但是教育一般的软件公式是做B2B的,积累一千个客户,要花10年到15年才行。而小米就是几亿用户这样叠加起来,它最后一定能找出来一个像样的东西。

物联网与跨界思维

最近一个词出现的特别多,那就是"跨界",物联网本身就是跨界的,原来是实体现在跨到思想这个境界。说到物联网,又要提到比尔·盖茨。比尔·盖茨1995年不是只写一本书,Windows95出来,同时他搬新家了,在西雅图海边上,他用这个新家做全新的技术体验。

我们来看一下比尔·盖茨1995年的新家的物联网技术:

1. 热水器手机控制:比尔·盖茨家里有游泳池,他经常会带着一帮客户来轮船上,介绍微软公司。用手机控制热水器开机,加热水。这个热水机控制,现在已经很容易了,成本可能一千块钱不到,可在当时确实罕见。

2. 第二个是自动气象感知适应。

比尔·盖茨西雅图的家

3. 还有门禁系统、音响系统:一进了门,通过声音可以控制门的开关、音箱音量的大小。上图是很漂亮的实景图,实现起来也很容易。在世博会上,大家可以看到带 RFID 的胸针自动开门技术。在比尔·盖茨家中,一出门,加长的汽车就自动开起来了,这和胸针自动开门的原理是相同的。

4. 位置服务:图片中我们可以看到他家的草坪,每个进入他家的人员都会佩戴一个牌子,可以定位所在位置,这样方便随时知道每个人的具体位置,这个技术现在我们的手机都可以实现了。这个技术在西方运用得很厉害,杜达耶夫,俄罗斯到最后不是请求英国,而是让西门子帮他一个忙,最后谁拿着那个装有定位功能的手机谁就被炸死了。

5. 个性化电子适应:当你走进大厅时,空调系统会将室温调整至你最感舒适的温度,音响系统也会针对你的喜好播放音乐,灯光系统同时投你所好增减明暗亮度,而这一切的环境变化都是完全自动的,不需要你或豪宅主人拿起遥控器来一一设定,而且无论你是在餐厅、客房、经适房等任何之处,这些空间都是为你量身打造的室内环境,随时依你的喜好而改变。

自适应画面:无论你走到哪里,这些画都是会变化的,感应到谁进入到这个空间,这些画都会换成这个人喜欢的画。要做到这个层次,在今天并不难,那个时候却是非常难的一件事情。

6. 自动烹饪设备,电脑自动感应温度、湿度。我在美国发现那个电饭煲很好用,具体的原理我也不清楚。那个电饭煲可能是米好还是其他什么原因,我们吃完一顿以后,第二顿那个米就干在那里,然后再放点水,把水和剩饭重新搅拌一下,重新一烧,又跟新的一模一样,而且通过温度、湿度的控制,从来烧不糊。

7. 自动足迹照明系统:地板上的传感器能在 6 英寸范围内跟踪你的足迹,而感应到人来的时候,自动打开照明系统,人离去时自动关闭,也许现在这样照明系统随处可见,无非就是利用声控、光控等技术,可是那会是 1995 年,这些东西都太少见了。

8. 智能安防系统:当主人需要时,只要按下休息开关,设置在四周的报警系统就开始工作。现在安防系统都成标配,小区的周边安防系统,一只猫也逃不过去。身体自动检查,大小便池,浴缸都可以自动检查身体指标。现在日本已经设计出来一个可以分析身体数据的系统,你在如厕后,系统自动就会出来你的理化指标;同样的你在洗澡时,你的所有的数据也都可以统计进去。据统计,人这一生医疗费用 80% 花在最后一个月,那么从现在就要开始发生变化了,这就是身体自动检查给我们带来的改变。

9. 最厉害的是比尔·盖茨在自己家养了一头鲸,这个还不可怕,可怕的是为了这头鲸,配备了两个世界上最著名的科学家当鲸的养育员。

其实比尔·盖茨在互联网发展以后,就想到另外一个词:物联网。他的家就是一个居住的主机,家中全部的东西都能够被控制,他自己家有52英里电缆(52英里相当于我们80多公里)。所有的电器设备构成一个标准的家庭网络。我们今天来看,物联网实际上也不复杂,云是三个特点:软件即服务,基础设施即服务,平台即服务。物联网也是三个:全面感知,可靠传递,智能处理。

全面感知能感知的一切,比尔·盖茨还写过一篇文章,说他想象人穿着一种薄膜,戴上一种眼镜,未来的人类就可以得到人的一切美好的感受。但是随着这个时代越来越进步,比尔·盖茨所想象的就是全面感知,世界由终端变成网络,跨企业,跨校什么合作更加灵活,边界企业高效,所有的边界模糊。可靠传递不仅是信息,还包括情景和感知的实现。智能处理,社会化网络和移动终端。智能中枢该给谁给谁,这个使世界完全变成一体。

我们可以回顾5年前温家宝总理在任的时候,就是非常支持无锡在做的这个物联网产业,当时有点炒作。但是任何一个产业,它都要经历这样一个起步期,快速发展期,到了炒作期的时候崩盘。崩盘以后再次起来就很厉害了,互联网崩盘是1999年,现在再一次起来的时候,已经不可抗拒。物联网也是一样,现在就是崩盘,崩完了以后,等物联网再度兴起的时候,那发展就不可想象。现在搞物联网的,好像一提物联网都没什么,但是事实上等它没什么了,大家都能做、成本又低的时候,那就非常的厉害了,这就是我们这个产业的发展。现在最新的、我们能够看到的可穿戴技术就是谷歌眼镜。戴上谷歌眼镜,你这个人走到哪,它会把你所看到的全部记载下来,这个还不是关键,那么出现一个新型的技术是这个:你眼前这个美女三围是多少? 是哭是笑? 喜欢你吗……这个是不是很可怕。美国有科学家在巴西做一个实验,巴西有很多人玩蹦极,玩很多危险的动作。实验内容是一帮男士在做危险动作的时候,放一位非常漂亮的妙龄美女,然后看他们的表现。一旦他们发现有一位穿着暴露的美女站在旁边的时候,动作难度上升到30%左右。关键的还在后面,这个科学家就开始记录这个女性,如果她是排卵期会发生什么变化,动作难度又是上升30%,但是这个男士,并不知道这个女性在排卵期,由此我们的生物信号是多种的,很多时候是不进我们脑子的。但是我们知道它,我们能感受到它,所以会出现上述行为。

如果我们将今后物物相连的技术都叫物联网技术,那么前景是很值得想象的。大家知道现在有一种生物灭虫剂,是将动物的雌性激素放在一个地方,所有的雄虫子全跑那个地方去,然后一网打尽。还有一种外在骨骼的物联网技术就将一些瘫痪的人骨骼外治,然后他能够走路了。物联网技术也不神秘,你会发现美国的轮椅非常厉害,有一些人手指头眼睛能动一点,手能动一点,他的话就能打出来,最著名的例子就是霍金。这种技术叫骨骼外治,让残疾人站起来。飞行器可以航拍,大家都清楚。然而现在有一个新技术在发展,就是美国正在建设的无人机快递,我们想象一下再过20年,上海的天空充满了这个送快递的无人机。你输出你的程序,就能反馈你太太抱着你的感觉;三维成像,3D,裸眼3D技术,你不戴眼镜,你看它这个东西只是一个平面的东西,戴上3D眼镜能够变成一个真的成像。是不是很可怕?

实际上每一项新的技术出现时,你会发现科学家的想象力是不够的,那谁的可以?所以需要培养孩子的想象力,孩子将来学什么,学戏剧、学艺术、学小说,这样他才能够想象。《阿凡达》里面表达自然之爱是很神奇的,以后可以不要语言了,我们能对牛弹琴。生物也是电,通过信号对接交流沟通。将来把信号接收器和自己的头发连起来,然后两个人思想就能沟通了;不用像过去一样骑马还要学习技术,跟马说一说就行了,只要想,马就能跑。两个人相爱,是怎么相爱的,大家可以看《阿凡达》电影里面人与自然之间是怎么相爱的,这些随着人类社会的发展都是可以实现的。

现在可穿戴设备发生了一个非常大的变化,有些不用刺痛式的,通过眼就可以看到血糖的技术已经开始出现了。大家知道穿戴式设备,利用人的斯德哥尔摩综合征,什么叫斯德哥尔摩综合征呢?一秒钟不看他就难受,所以说人是一样的。我自己戴了手环之后,我就发现每天要坚持走一万步。后来我发现我要讲两小时的课等于走一万步。慢慢地你会发现如果不到一万步,我就会再去运动直到走到一万步。人都是这样的,就是这种强迫症,由于他能够看到自己走多少步了,他就会强迫自己,手机也是一样的道理。

纳米机器人的发展是下一个热点。实际上就是能够控制非常小的 μ 级的这种东西,然后到人体的某一个器官里面去。现在大家知道的微创手术已经让人的痛苦减少非常多了。实际上微创还是从血管里进去,还没有到达纳米级别,甚至连毫米级都没到达。然后到纳米级了以后,就可以定向清除你所应该清除的东西,这个技术就非常厉害了。现在我们的靶向治疗也逐步在发展,纳米机器人的发展,预测也是到后面发展得非常快。

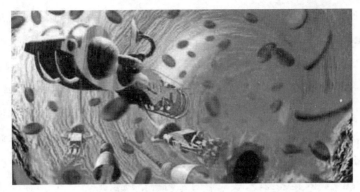

纳米机器人

物联网与跨界思维模式

物联网带来了另外一个场景就是跨界思维,因为物联网后边实际上所包含的学科太多,有物理学的、化学的、信息学的、生物学的,物联网还有包括行为学的、心理学的,包括我们机械的、电脑的,以及所有的。要想做好物联网这件事情,不是说什么东西做得多精,而是你要时刻注意到其他学科有什么东西发展更快。2014年的诺贝尔化学奖被两个物理学家拿到了,你会发现这种现象越来越多了。经济学奖被两个数学家拿了,经济学奖还被两个心理学家拿了……

1. 重新定义、产品和服务:我今天还没法解释星巴克所能取得成功的原因,我们的上岛咖啡为什么就不行?星巴克这些年越来越好实际上这是有它的原因,我们稍微把物联网的概念往上联想一下就知道了。因为星巴克卖的不是咖啡,它跨了界,美国的前十大畅销书,这些年基本上都是在星巴克写出来的,我自己写书也特别喜欢上星巴克,星巴克故意磨出非常浓重的味道刺激你,你在这里边不喝咖啡,喝杯水都有咖啡味儿,这里的感觉是不一样的。所以我们叫重新定义顾客、产品和服务。这种价格的咖啡,会吸引哪一类价格的受众群,而这类受众群,他恰恰集中了这个社交场所,他卖的是咖啡主义,卖的不是咖啡,大家知道这一点就不一样了,就是说你不能那样算账。

2. 改变提供产品服务的路径:有一个做PPT的公司在10年以前赚了很多钱,就是专门给世界五百强制作PPT。一次,一家公司很急的第二天要汇报做个PPT,下午5点的时候给这个公司要汇报的PPT内容,第二天早上8点的时候,加班给他们完成，客户很感动而且并不贵。怎么做出来的呢？你会发现这里面就是 call center 模式。它是在美国设一个公司，罗马尼亚设一个公司，中国设一个公司。美国接的活，中国干；中国接的活，罗马尼亚干；罗马尼亚接的活给美国干。然后每一个人都不加班。现在又有一个新业务出来，美国有很多仓库，由于人工很贵，让中国人远程在中国用摄像头看着。这样你会发现物联网技术所带来的全球化就改变了提供产品服务的路径，成本很快就能降下来，至少加班时间是没有了。你会发现全世界三班倒的人特别少了。

3. 改变收入模式：收入模式最明显的一个例子就是麦当劳，麦当劳为什么能做成？因为麦当劳本身，你到美国就知道了，麦当劳本身不是一个快餐公司，它是一个地产公司。它在高速公路站上，一般买很大一块地方，只要有麦当劳进来，然后旁边就一定会出来一个 (Subway)。为什么呢？就是说男士喜欢吃麦当劳，女士喜欢吃 Subway，它旁边一个什么 cooking，反正这一类东西特别多。麦当劳把这个地买完了以后建了一个麦当劳，然后再把其他的地分出去，收取租金，它实际上是一个地产公司。这是我说的收入方式不一样。

4. 物联网改变客户的支持体系：我们有时间可以去看看宜家，全世界的宜家都是一个模式，一个设计。从地下进去，有一个卖热狗的，卖热狗就适合我这样讲效率的人吃。一块五毛钱买个热狗，那个可乐可以无限制续杯，喝饱了以后上去，逛完了以后，等撤的时候再弄一杯。有了孩子以后不干这个事了，我发现孩子特别喜欢第三层的餐厅，他吃的那个肉丸子很便宜。很多人去宜家，就是因为想吃那个肉丸子。那卖肉丸子也亏不了多少钱，女人喜欢买东西，男人和小孩就在那里吃肉丸子，你看宜家是固定式的，每一层都不一样，全世界价格也都是一样，那叫批量定制模式，宜家跟你家完全不一样，宜家有个好处大家自己想，你不用说自己家多大多小，你只要用宜家这东西，就算很奇怪的尺寸，宜家总能拼出来。这叫批量订货，但是我们看到它的螺丝螺帽都是那几种，也就是那几种一装就装起来。最重要的是宜家自己还不送货，这个成本下降很多，这就是我们要改变顾客的支持体系，才能把成本降下来。

5. 发展独特价值网络：最明显的是乐购，它自己买一个房子，然后拿租金。只要它一来，其他的理发店也来了，餐饮店也来了，卖假货的也来了，然后中间还有一个 24 小时店，为什么呢？男士不想在上面逛，买个口香糖，弄个烟在旁边抽着，所以说那个小店它也有，你会发现，实际上最后是赚钱的，它赚的是什么钱？

它赚了招商引资的钱，独特的价值网络，它是靠这样来赚钱的。

6. 改变客户需要的实现方式：随时知道你这个货在哪，这是现在非常明显的，就是联邦快运的模式，但是美国邮局比它便宜十倍，寄一个东西5美金，它是50美金。但是它保证几天运到，随时知道到哪。现在的物流都是这种模式，其实就是利用人的这种心理。

7. 改变交易结构和价值分享形式：最明显的就是VISA Master Card，实际上它是一个信用体系。银联到国外就不行，我们中国的信用卡实际上不是信用卡。什么叫信用卡？比如说我订一个酒店，300块钱房费，房费完了以后，我应该把房卡交给他就可以离开了，为什么要结账？他怕你偷东西。你不有信用卡吗？中国的信用卡绝大多数没有起到信任的作用，所以说浪费了很多的时间，实际上它在做担保这件事情，你不敢违约。你违约了，你就要赔那个东西，你不行的话，你宁可说我拿了一把牙刷，也不应该拿着拖鞋走，你宁可赔钱你也别干这个事，那么双方的信任就是这样绑定的。

大数据与用户思维

一般大数据指的是大数据技术或者处理方法,在这里,我们看什么是大数据?大数据能带来什么?带来什么样的技术的变革?以及大数据本身能够带来什么样的思维模式。谈到大数据与未来的冲击,我想起了一本书,这本书是托夫勒1970年写的《未来的冲击》。托夫勒是戏剧学博士,后面又在1986年写了一本叫《第三次浪潮》。这本书说了什么呢?

1. 知识就是变动:他认为未来的知识不是知识,是变动,你要有变动你就有知识。

2. 信息过载:在这个数据世界里,人与人的关系将让位于人与技术共同进化,技术将不仅转变人类社会的经济形态,而是从更深远的意义上改变我们对自身存在的认识。

3. 混合时代:我这个人特别好事,我太太有一个同学,我有一个同学,结果我们介绍他们两个人谈恋爱,谈成了,就十几年以前。那时候还没有星巴克,他们去寒舍咖啡,然后我在观察他们两个怎么谈恋爱。突然发现这两个人很有意思,到了一个咖啡厅,说是把电脑打开,支起来,打开QQ,在QQ上谈恋爱。在卡内基梅隆大学我看了一本书,那本书研究现代信息社会对人的改变,说信息社会使得我们未来人种更加浪漫,为什么更加浪漫?他们会把很多东西拆开。在过去50年前,向一个心爱的姑娘表白,就是大学一二年级的时候,喜欢上一个姑娘。到了大学四年级送她喜欢的东西还没有给她送出去。然后大学四年级的时候,突然发现她跟一个男孩子好了,于是就死了心,又过了20年,这个女孩子离婚了,后来两个人一块喝咖啡,她原来是喜欢这个男孩子。恋爱信息成本非常高,现在不会出现这种情况。因为我们过去是把很多人绑在一起,让对方负责,所有的事情,生活,爱情,所有东西都绑在一起,这叫传统的爱情。这种事情的时候,人的表达就受困于很多未知的责任。但是现在不一样,实际上他可以用一系列试探行为来找到真爱。现在年轻人的状态,他们打情骂俏,QQ 来、QQ 去,我们这个年龄的人看不惯。实际上,他不断地在试探对方是不是真爱自己。等到谈恋爱了还要谈好几年,同居好几年,试一试合适不合适,到最后才发现真爱。这个过程,网络世界会把一瞬间的动作分散在十几年完成,人的情感会越来越细腻。过去我们把爱情概念化,现在把爱情细分化了。以后,我们说信息发生了变化,你仔细看看青年人之间的 QQ、微信,包括转一个什么段子,越转越随便,又成为隐私,又开始跟他的生活相关了,开始和两个人相关了。整个过程从学术的角度来看所有的事,你会发现,并不是我们原来想象的说现在年轻人随便。由于有了数字化时代,他们比我们感情更加细腻了。

4. **分众模式**:到底是艺术电影养活了商业电影还是商业电影养活了艺术电影?人类社会的发展到底是那些创新的人养活了我们这种芸芸众生,还是我们这些芸芸众生被创新者所养活,这是一个哲学命题。王小波写了一本书,里面讲了一个故事很好玩,有个直肠国,人的肠子全是直的,由于肠子是直的因此吃了什么东西马上就拉出来,直肠国的人吃了就拉,那食物就不够,拉下来的东西还没被消化,挺浪费的,还能吃一次。于是再吃一次,吃完以后,第二次还可以再吃一次,又没食物吃,再吃一次,吃了多次以后就臭了,不再吃了。后来呢,人又发现了新鲜的食物,又新吃一遍。上述例子中,吃臭的那些食物,像某些商业片,大家都不愿意看,都臭了。

5. **特组织**:"一群由兴趣、工作任务、项目等联系起来的暂时的工作小组,层级组织的崩溃。"暂时性组织更有意义,因为它是共同兴趣爱好弄在一起的。我身边有一个真实的故事发生在那时的车友会,十几年前我还有一对朋友谈恋爱的。男的是中国科技大学的数学博士,女的是这边网店的店主,结果他们在网上相知相恋。然后这个男的就放弃了大学讲师的职业,到上海来创业。他们结婚的时候没多少钱也没啥东西,买了一辆 QQ,家里面也不太容易。怎么办呢?在结婚的那一天,我们去参加这个婚礼。这个男的给所有 QQ 车友会发了一个帖子,说我这个 QQ 是黄色 QQ,今天所有黄色 QQ 的过来都一包糖,顺便把我的新娘娶回家。那天结婚一共来了 38 辆黄色 QQ,一人拿了一包糖。这个人个子特别高,1

米85的个子,只有120多斤,很瘦。然后从那个小的QQ车里面钻出来,就像从鸡蛋壳里面钻出来似的,然后碰到旁边,把自己的新娘抱出来,后面38辆QQ,过来领了38包糖就走了。这件事情在十几年前是非常传奇的,我们现在叫这个为特组织,现在越来越明显地存在我们的身边。我最近一年多所认识的人,158个全部都是网上认识的。有人加我微信我们就认识了,过去是组织安排,现在更像缘分,茫茫人海里谁知道谁喜欢谁啊,是这样的情况。

6. 混乱时间:"由于流动性日渐增加,我们与相识者的关系将迅速形成、迅速结束,因此我们建立友谊的机会将比过去大为增加,未来绝大多数的友谊形式将体现为大量的短期性关系。职业周转率的提高及雇用租赁化的流行,形势将加速既有人际关系的节奏。具有永久性、组织层级化和分工特征的层级组织正向一种变动性极高、情况信息充足、结构极具动态的特别组织转变。"这是混乱的时间。

7. 在家上学:这是托夫勒的原话,他说人类正在从"僵化封闭的学习"向"随时随地的学习"转变。家庭和个人都在重新收回教育的责任。美国1997年在家学习只有1.3%,到了2012年,已经达到5.6%。而且更可怕的,这些人的学习成绩普遍高于在学校学习,高多少呢?比美国的高考分数高30%。而且美国前十大富翁,现在能够看到的,几乎都是退学者。在家学习的这个趋势越来越明显,解放了很多天才。

8. 暂时性:"如果住在新英格兰的家庭主妇也定期到纽约做头发。人与其所处位置的关系频繁,脆弱,短暂。地理意味消失。这个是非常明显的一件事情,暂时性。"

9. 未来的友谊:"我们的朋友漂过来了,我们与他们打成一片,他们继续漂流下去,除非我们相信有关他们的道听途说的消息,否则我们得不到他们的一点消息,他们又漂回来了,我们必须重拾友谊,重新认识现在的他们,我们将怅然地发现,我们彼此已经十分陌生了。"倘若都市人对所接触的每一个人都投入感情,或每一个人尽其所知与他人倾心交谈,那么这个人将会"内心完全崩溃而陷入一种难以想象的心理混乱状况"。按照人类发展的进化和六度分隔理论,我们基本上只能熟悉146个人、人最多只能爱上7个人、长期只能爱上一个人,这是没有办法的事,但是这个又打乱了未来的友谊。2006年,我开车从上海到三亚,又从三亚开回来,耗时七天。平均一天开一千多公里,然后开到海口到湛江的一艘船上,停下来,大年初一,阳光明媚。我发现旁边有五对情侣非常高兴地在一起,我就与他们一起交谈了两三个小时,他们和我说再见,背着背包就上山去了。我说你看人家夫妻过得多好,突然一个人跟我说,我们才认识三天。你说这个世界就完全不一样了,他们在背着背包结束的时候,如果他们发生爱情就会在一起,不然就永远离开了。这是1970年托夫勒预测的未来的友谊,这个事情今天正在发生。

10. 新游牧族:"一种巨大的人类交换"。1967年,1.08亿美国人共旅行了3.6亿次。2009年,13亿中国人共旅行了18亿次,其中16亿次铁路,2亿次民航。每个人的相识者平均在500—2 500人之间。每个人稳定的联系147人。我们的手机纵然有两千多个电话号码,实际上你忘记了其中的绝大多数人。但是更为可怕的是,你就算知道他是谁,相识了多少年,你会突然发现,有一天你到一个陌生的城市,碰到一个陌生的人,在网络上相识的,突然发现他看你博客看了很久了,当你跟他聊天,就像30年没见的老朋友,他知道你的所有的一切,相见恨晚,这种现象会经常发生。然后就在你旁边的那个熟悉的陌生人对你不屑一顾,所以说这个世界就这样一个构成,你会发现很大的变化。

11. 熵加的社会:什么叫熵加的社会? 全世界,你的一举一动,全世界都知道。我们很多人不知道大数据这件事,李开复吹了一点牛,网上就有人马上把一切调查清楚,非常非常麻烦。

12. 超级工业:嘀嘀打车从司机极其喜欢的一个软件到司机极其厌恶的一个东西只经过一年时间。最早看到嘀嘀打车是在一辆出租车里,里面有Wi-Fi,还弄了很大的一个热点上Wi-Fi,我发现那个司机车上有六部手机:一个嘀嘀、一个快的、一个GPS、另外一个与家人联系、一个联系客户用的、还有一个专门弄Wi-Fi。我女儿在美国,她不满18岁,我找了一对华人夫妇照看她,她青春期总喜欢独自去一些地方,但她却不会开车。有一天女儿突然说,这些事我可以解决,我问你怎么解决啊? 她说爸爸,我知道打一次车要花100美金不合适,我现在减到8美金了,她找到优步了。我说你注意安全,她说没事了,上面我找了一个五星级的,都是别人点评过的,这个事他跑不掉了,这个就跟银行更安全是一样的。说他跑不掉的,为什么跑不掉的? 这个司机是有信誉的人,是因为他从事的是一种盈利模式,他肯定不肯干砸自己生意的事。

大数据有两个重要的定义。第一个定义是大量数据。别以为大量数据是这个数据的量特别大,价值密度很低,没啥价值,表面上看就跟你的垃圾邮件一样,没啥价值。然后种类也很低,很高速。但是事实上它到了有用的时候,它就有价值了。另外一种讲法叫全量数据,就是数据和背后的数据,强调可视化、过程、个性,不一定数据大,但是全量的,例如我们说讲座为什么听网上的感觉不好,为什么到现场听,那是因为需要感受到气息,感受到台上台下,甚至还感受到人生物体能知道、大脑并不知道的一些信息,能够感觉到这个活力。罗大佑的歌你让别人唱,总觉得那个嗓子好听,但味道不足,罗大佑来唱,怎么唱都好听。

当数据变成大数据以后呢,实际上有很大的变化。原来要数据挖掘,大数据需要的是专家,现在面对的是用户。专家和用户最大的一个区别是什么?原先的数据挖掘是通过代理商来挖掘数据,这件事很无趣,大数据是你直接给自己调了数据,那么用什么?就是用人的眼睛。上天给了我们一双非常好的眼睛,这双眼睛一般来说很难骗我们。我们说大数据时代实际上很重要的一点叫数据主权,谁有数据谁说了算。那么它带来的思维模式的变化有以下几个:

1. 用户决策代替专家决策;
2. 看得见代替想象;
3. 用户主权代替客户主导;
4. 屌丝代替白骨精;
5. 碎片化代替结构化;
6. 社会化代替单位化;
7. 粉丝代表群众;
8. 微创新代表结构化改进;
9. 每个人代替每类人。

用大数据这样的思维模式我们再看这个时代跟过去不一样了,过去我们要会数学,会英语,会语文,会唐诗宋词,需要会很多东西。现在这些东西都不关键了。大家知道印度电影《贫民窟的百万富翁》、《三傻大闹宝莱坞》非常好看,好看的原因是印度的教育学家对人类学观察了十几年、二十几年,就得出了一个哲学。印度人到美国很容易上管理层一个很重要的原因,是他们有基础。别看印度穷,但实际上出了一个很著名的教育学家,叫舒加特·米特拉。这个人就是电影《贫民窟的百万富翁》里面那些人的朋友,这是印度的哲学。他说在未来世界里,数学会变成一种体育运动,每个人都必须会,但是它不代表你什么。但是每个人必须会的三样技能是什么呢?如何阅读、如何搜索、如何辨别真伪。

互联网搜索这件事情,不是每个人都会的。方舟子和崔永元的水平差距就在崔永元永远用谷歌搜索、百度搜索引擎,方舟子永远用专业搜索引擎。第二个阅读,这是如何阅读,崔永元只能阅读中国人写的,而且中国人写的,他认为他写的最好。如何辨别真伪?这个方舟子他自己有严苛的科学性,所以被方舟子打假是一件很痛苦的事,很少打错。这里面说的是人今后就是需要这三样,如何阅读?如何搜索?如何辨别真伪?

我20年前做了阑尾手术,第一次是半夜去的,去肠胃科,第二次去内科,第三次去肛肠科,到最后去肠胃外科,专业的医生一诊断,阑尾炎,而其他科不知道。随着人类的专业越来越细,每个人只能知道某一点,这就是现代社会很麻烦的问题:要不你很专,很容易误诊。中国高中学生和美国学生最大的区别就是这三点。阅读,美国学生一本书几千页厚,阅读量比我们大一百倍了。

上苍给我们的人眼很厉害,人眼实际上很难被骗过的,X轴、Y轴、Z轴、色彩、转角、仰角,总体来说,人眼不容易被骗,大数据中可视化成为一种重要的工具。我们看NBA,看林书豪的突破,电视技术弄得特别好,最近大家看足球也是,就把他们的线路弄得非常清楚,这个时候我们再讲学习行为分析和动作分析已无必要。大数据技术出来以后,一滴血就能看出来你适合短跑还是长跑,爱因斯坦还是爱迪生说过,人类1%的灵感加99%的努力,但后边的一句话被我们删掉了,其实那1%的灵感最重要。

生命信息与生态思维

是人发明了机器人,而在发明机器人的过程中,人们通过不断研究人类的思维习惯,又不断改变对自身的理解。

一、信号与机器人

计算机的发展,是无数人推进的结果,在二战前后历史上,先后在英国和美国诞生了计算机。战争当然是催生计算机的重要原因,而计算机代替人类进行科学计算成为人们自然而然的最初想法。在计算机的发展史中,冯·诺依曼和图灵对计算机信号和推理的发展起到了重要的作用。冯·诺依曼是一个科学全才,是他提出冯·诺依曼架构:把程序本身当作数据来对待,程序和该程序处理的数据用同样的方式储存。冯·诺依曼理论的要点是:数字计算机的数制采用二进制,计算机应该按照程序顺序执行。人们把冯·诺依曼的理论称为冯·诺依曼体系结构。而二战期间的密码英雄图灵在计算机运行逻辑方面提出了图灵机:这是一种抽象计算模型,即将人们使用纸笔进行数学运算的过程进行抽象,由一个虚拟的机器替代人们进行数学运算。图灵设想和实现一个抽象的机器,它有一条无限长的纸带,纸带分成了一个一个的小方格,每个方格有不同的颜色。有一个机器头在纸带上移来移去。机器头有一组内部状态,还有一些固定的程序。在每个时刻,机器头都要从当前纸带上读入一个方格信息,然后结合自己的内部状态查找程序表,根据程序输出信息到纸带方格上,并转换自己的内部状态,然后进行移动。

冯·诺依曼和图灵奠定了信号和计算机的基本逻辑结构,至今仍是基本的基本。从机器出发,信息学走向了信号和机器人的发展之路。沿着这条路，今天焦点的信息前沿技术包含：无线技术、人工智能、计算机视觉、先进机器人机敏性、传感器（雷达、激光雷达、GPS）、分布式机器人、机器人式外骨骼、机器对机器的通信。

机器人代替人力是第一初衷，在今天的美国，仍然比中国体现出更多的机器代替人的工业化特点：拔树机、扫雪机、葡萄灌溉机、收水果机，在中国人看来举手可干的事，随着工业化和人力成本的提升，都会被机器代替，而机器代替人靠两个：机械和物理的实体运动以及驱动运动的信号系统。机器人是发展的热点，而机器人开发的产业化的标志是开发平台的公共化和开发软件的开源化。3D打印技术能够部分替代原先的流水线生产，最新的技术是加州大学圣巴巴拉大学正在尝试的3D打印心脏器官的研究。

外在骨骼的机器人技术，将解脱未来人类的负担。

机器人是人们最容易理解的计算机人工智能技术。除了服务机器人、儿童机器人、性爱机器人等像人的技术研发，一些工业机器人如电焊机器人、缝纫机器人等，虽然长得不像人，但是作用更大。不仅长得像，科学家还要求功能上更接近人和动物。在卡内基梅隆大学，我见到了能完成松鼠的爬、跑、飞、跳功能的机器人，谷歌的机器牛和机器狗目前也已经非常仿真了。

二、信息符号学

信息符号学的发展，才真正将电脑脱离了机械运动而变成一种逻辑运算。在信息符号学的历史中，来自计算机、信息学、数学等各种专家的达特茅斯聚会成为了人工智能的创始点，那次会议，来自卡内基梅隆大学的西蒙和纽厄尔带来的程序成为开山之作。信息符号学不太研究机器人和计算机的仿生现象，而是完全抽象出来程序、算法、语言之类的东西，将人类的逻辑放到计算机中进行运算，计算机长得越来越不像人和动物，只是具备人的部分思维和运算能力，我们今天称之为电脑。信息符号学发展的50多年来，软件和硬件相互促进，形成了至今仍起作用的摩尔定律。从IBM的深蓝到沃森,信息符号学已经逐步逼近甚至全面超越人的思维能力。

三、人脑反向工程

按照信息符号学走下去,似乎计算机迟早能够超越人,然而人们发现计算机处理简单大量的运算的时候没有问题,可一旦处理非常复杂的智能事物,似乎总是欠缺一口气。有一个学派从人脑的思维逻辑研究:模式、方法、处理步骤等,提出另外一种路径:人脑反向工程。这中间在近 10 多年取得巨大进展:研究人眼睛的分布、研究人思维的分层、研究人脑的分区等,再用数学模型模拟这种仿生的算法,科学家已经开发出了:语音识别、图像识别、手势识别等基于例如神经网络之类的算法支撑的计算模式。

西安工程大学的染色质量检测实验室,背后的原理就是神经网络,与人眼识别类似。

四、神经信号与脑电波

从 60 年前开始,生物学家开始研究生物体的神经信号传导机制,科学家们逐步发现人体的信号传输是模拟混合数字信号的传输机制,科学家们还破解了很多蛋白质的秘密、人脑的秘密、神经传输的秘密、记忆细胞的秘密并制造出逐渐复杂的一些思维交互的科技成果:人脑与蟑螂的互动、猴子与机械手的互动、残疾人的意识控制产品、人与人之间的简单思维交互。

五、信息技术前沿催生生态思维

人类的科技进步,是在前人的肩膀上不断创新的结果。而机械时代的人们总是认为,这种前人的肩膀越来越高,人类的科技就会越走越高。但是信息科技的进步,尤其是科学家通过研究人以后得到的进步,使人们重新思考人类进步的阶梯方式。研究生

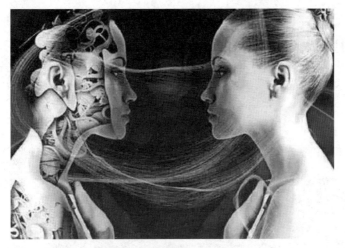

记忆存储是最离奇和最束手无策的科技方向之一。

命信息相关的人工智能,人类的进步并不是在一个方向上总能取得突破的,甚至于取得突破的往往是跨界的:人工智能中往往集合了数学、物理、机械、哲学、心理学、生理学等诸多方面的人。除了进步的方式外,人们通过对进步结果的观察和对人资深的研究发现,用机械论研究人、研究人的智能高低,是一件无解的事情;用生命信息的角度看待高等生物、低等生物、病人、智商等,往往会让人们颠覆以往的三观:什么是病、什么是好、什么是创新、什么是高级,以上的一切,站在机械论的角度是有明确的结论的,而以生命信息的角度,往往我们能看到一片森林、一个完整的生态,它们彼此关联,并无优劣,却实实在在影响我们的生活。通过生命信息的研究,我们逐步加强了生态思维意识,其主要包含本书第一章所提到的以下的一些方面:顺应天性、病者生存、宽容偏执、协同进化、纯粹性、适时学习、不确定、去道德化等等。

云时代的课堂与师生关系

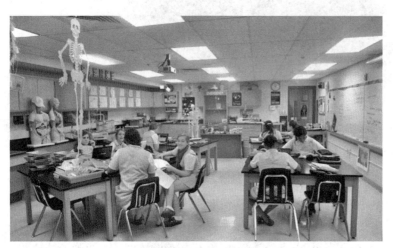

美国最常见的学科教室

公元前495年,卫国的贵族端木子贡见到了大名鼎鼎的孔丘,见面的过程颇具周折。这位商人世家的子弟天生对政治与经济的关系敏感,听说鲁国的国君与邾国的国君见面,便去打探动向,不小心知道了孔子正在卫国,子贡于是折返卫国成为孔子的学生。从此,每当孔子有难和没钱的时候,子贡总是能出现在孔子面前。作为商人的子贡,不但能为孔子化缘,还经常在孔子被围困的时候动用自己的商业资本为孔子搬来楚国军队护航,在孔子临终的时候,最盼望见到的也是子贡,子贡也不负所望,为孔子守孝6年。作为中国第一个民营私立学校的校长,孔子不同于官办学校,需要把自己姿态放低,不断地去游学收集学生用以弥补现金流的不足,在孔子的学校里,虽然孔子是一言堂,但却有教无类,颇具平民风格。至少从目前的资料来看,孔子是最早使用竹简这种文字工具进行教学的人。从考古的发现知道,孔子时代的竹简还没有中间的绳子相连不能称为书,但是孔子就是用这种工具,传播了他的知识。相比起孔子,子贡和他的同学们是幸运的,孔子当年向老子学礼制、向苌弘学乐、向郯子学仁、向师襄学琴,都是自己长途跋涉跑到老师那里去请教。不过便宜和易于传播的竹简有一个缺点,那就是一个竹简只能完成140个左右的字符,与今天的微博无异,孔子的学生们拿着孔子的只言片语以为圣旨,往往曲解了孔子的真正含义。

孔子与他的弟子

苏格拉底的古希腊课堂

孔子的学生虽然拿着孔子的只言片语当作圣旨,孔子本人却没有这么看。相反,孔子本人非常谦逊、低调,孔子的课堂也受颠沛流离的影响,非常简陋和平,往往是学生问、老师答而已。

与孔子几乎同时代的苏格拉底和他的学生柏拉图,比起孔子稍微幸运。古希腊草纸已经非常盛行,柏拉图可以非常有逻辑地记录苏格拉底的言论,相比起中国春秋的竹简,苏格拉底总是能非常系统地传播他的思想。受古希腊文化的影响,苏格拉底传播的与孔子正好相反,孔子师范学院的孔子一言堂的维护社会秩序的讲堂,被苏格拉底民主讲堂所替代,相比起子贡们的正襟危坐,柏拉图们的课堂更像一个俱乐部。

古罗马代替古希腊,从某种意义上讲是一种文明的倒退,从另外一种意义上是文明的进步,毕竟版图巨大的古罗马是需要严格的等级和残忍的暴行才能维持统治的。相比起古希腊的文明璀璨和教育发达,古罗马也并不是对后世没有贡献。古罗马的角斗场,非常便于巨大数量的学生同时学习知识,其音响和视觉效果远远超过孔子的课堂和苏格拉底的理想国。只不过,今天西方课堂继承而来的阶梯教室,也继承了古罗马角斗场的身份特征:相比起中国的师恩如父,阶梯教室的教师,更像是角斗士的演员,毫无高高在上的感觉。

角斗场可能是阶梯教室的原型。

西方社会的教育和中国古代教育一样,最早的教育一直不把教授儿童识字的基础教育当作教育,人们把从事基础教育的老师当老师至多从工业文明开始。韩愈的师说中,说教师的职责是传道、授业、解惑便是明证。韩愈甚至将老师比作伯乐、弟子比作千里马,可见师生关系并不是今天我们所讲的教授知识与学习知识之间的关系。无论是孔子和子贡的关系、还是苏格拉底和柏拉图的关系,都隐含了在工业文明之前师生之间的另外的关系。这种关系应该是不包含至少在汉朝王莽时期就普及的乡村识字教育。发现天才、奖掖后生、亦师亦友、终身同道才是古代教师的最高追求，这种追求在欧阳修和司马光与苏轼之间的关系体现得最为突出。

宋代的科举分为两种，一种是三年一次的固定形式，一种是特殊类型的专题科举。苏轼作为一个才子，非常有幸在当考之年碰到了两次这样的考试，更幸运的是碰到了欧阳修和司马光两位伯乐，"千里马常有而伯乐不常有"在苏东坡身上并不成立。先是欧阳修看到了苏轼的文章，苏东坡在文章中专门针对欧阳修对外宣称的历史典故无所不知杜撰了一个历史故事。欧阳修认为当今世界能够有自己不知道的典故和如此文风的只有自己的学生曾巩，为避嫌，于是给了苏东坡第二名。等见面的时候，欧阳修第一句话就问苏东坡那个典故的来历，没想到得到的回答是苏东坡的调侃："想当然的!"作为苏东坡的老师，从此师徒二人惺惺相惜，苏东坡的文风诗风继承了欧阳修的衣钵并发扬光大，而欧阳修对自己的孩子宣称30年后没人知道欧阳修只知道苏东坡。

亦师亦友的不仅仅是欧阳修苏轼这样的师徒，苏轼在几年后的司马光主持的制科考试中得到了整个大宋王朝唯一一个最高奖，以至于皇帝也回到家激动不已："我为大宋找到了栋梁之才!"今天互联网时代的人很难理解千里马常有和伯乐不常有，在造纸昂贵的古代，筛选好文章更多掌握在老师手中，面对着苏轼这样才华卓绝的人，得到的不仅仅是欣赏，事实上在苏轼的一生中得到的小鞋远比赏识多。苏轼就是苏轼，不仅不当回事，还给自己的老师起了一个外号：司马牛。

北宋的苏轼类型那种师生关系的传统到南宋的朱熹转了一个弯。活字印刷术的

朱熹书院所代表的标准儒学课堂

普及使得朱熹在书院里更加清闲,于是朱熹将图书馆与报告厅结合起来,形成了中国大学的雏形。虽然陆九渊被朱熹引进书院,但师生关系开始疏远,老师就是老师、学生就是学生,也是南宋孱弱的民风所带来的儒学的兴起后必然的师生关系的缩影。在朱熹的课堂上,中国的教室逐渐越来越像朝廷的缩影:教师就是皇帝,学生就是大臣,甚至到了后来教师的讲堂升高半尺以示威严。

苏联的工位课堂

朱熹的课堂工业革命所带来的课堂和师生关系的变化是一场革命。十字军东征带来的大量宗教教师的缺乏,以及印刷术和造纸的传播带来圣经的大量印刷,使得大学开始建立、课堂取消了等级。从中世纪结束到工业革命完成,课堂迅速实现了从教堂规格向工位规格的迅速转变。铃声、教案、班级、教师,师生之间的关系迅速瓦解成为工头和产业工人之间的关系。到了苏德战争以后,废墟上迅速建立的苏维埃,更加需要等级化、守纪律和懂规则的产业工人,于是苏式课堂和师生关系开始出现:班主任、党团教育等,这也是今天中国课堂的基本模板。

与苏联教育异曲同工、有过之而无不及的是纳粹教育。将教师的讲台升高体现威严,又为了学生能看到演讲者而组成的阶梯教室模式,在今天看来有点可笑,但是却不

相对于私塾,明治维新后的课堂改革,是日本全盘西化后全面进步的标志。

仅仅主宰了德国的课堂,还成为中国课堂模仿的样本。原本古罗马斗兽场将教师放低是为了学生听讲方便,中国人认为这样的布置不能体现师道尊严和皇帝的感觉,于是把阶梯教室的讲台升高一尺,形成了今天中国大课教室的普遍规制。

面对着工业文明的恶果,在美国的20世纪初有两种教育理念争论了50年。以杜威为代表的实用主义教育学派认为教育的前途是回到生活和社区,于是杜威在芝加哥大学建立了杜威实验学校,这种将工厂机器和生活场景搬进课堂的做法,逐渐形成了学科教室和走班制的规制。而以哈钦斯为代表的通识教育学派认为教育应该回到经典、回到人文甚至回到中世纪,这也影响了美国很多文理学院精英教育的规制。杜

杜威的芝加哥实验课堂

欧美国家常见的阶梯教室

威课堂演变出来的是：走班制、辅导员制、学工交替、社区学院、实习制度；通识教育演变出来的师生关系是：小班化、个性化、精英化的教育。

正当中国北京十一学校的李希贵在全国推广他的美式走班课堂和李振村为中关村某小学谁偷了谁的教学改革成果争论的时候，一个崭新的提法：创客课堂，迅速让人们将前面的探索遗忘，遗忘的还包括衡水中学的课堂和杜郎口的课堂。创客空间不仅需要人们遗忘教师、教育家，还需要以创造为中心。

被儒学精神改造后中国最常见的阶梯教室

中国高考教室

创客教室不是一夜之间产生的。美国每个私立中小学校平均班级规模是15人左右，而公立学校也小于25人。由于学科教室的普遍应用再加上远程和互联网教育所带来的课程平台、微课、慕课，优质教育资源迅速集中。在可汗学院的一项实验中，创始人发现在网络教育的翻转课堂中，原本是每15个孩子一个老师，由于网络的自主性不足和翻转课堂的问题，需要每15个孩子两个老师，也就是说托夫勒所说的多师同堂。互联网教育不是对老师要求更低了而是更高了，正如电脑的普及纸不是更少了而是用得更多了。麻省理工学院建筑学院，在互联网大师尼古拉庞蒂的支持下创始了新媒体实验室，而华盛顿大学建立了拥有全球连锁的FABLAB创客实验室。这类的学习场所，教师更像老板，学习资源更多在网络，而围绕学生创新不少赞助商提供了大量先进的仪器设备和加工设备。

麻省理工学院新媒体实验室智能创新工坊

未来的教室往哪里走呢？是不是像今天的席卷全国的智慧教室那样将电脑和录播以及物联网布满传统教室就是未来教室了呢？完全不是。

未来的教室是需要在在线教育后未来的教师和未来的学生转型后新的行为学而组成的崭新空间。1994年出生的詹宇立是网络的土著，18岁的时候编程经验就已经达到2万行，树莓派、志愿者和创新，是90后的他们这一代思考的内容。詹宇立认为云时代下的师生关系，最重要的是其"分布式"、"去中心化"的特征。原先在课堂里，教师是知识的唯一代理人，拥有对知识的生杀大权：学什么、怎么学、怎么解释，全都凭老师一张嘴。而到了云时代，"教师"这一身份被去中心化了：你面对着屏幕，今天是 A 老师做的课件，明天是 B 老师讲课，网上答疑的又是 C 老师。单个教师不再是知识的唯一载体，取而代之的是网络上的知识源源不断地通过一群老师传递到学生面前，用计算机的术语来说就是带宽更大。更重要的是，教师在"知识"和"学生"之间扮演的"桥梁"式的角色越来越弱，知识跟学生间的距离越变越短。在通讯领域中我们都知道一条常识：信号传递过程中经过的设备越多，信号衰减的幅度越大。知识其实也是同理。云时代下的学习，弱化了教师的参与，实际上学生接收到的知识会更加凝练、更好理解，也就是性价比更高。而教师所扮演的角色，绝不再是以前的教书匠、录音机，而是真正地成为了学生的"领路人"：筛选、介绍网络上优质的课程，给学生介绍团队合作、信息检索的工具和方法，给学生的创意作品作评价。教师这个职业，自孔孟盛行的两千多年以来，将第一次摆脱枯燥的重复，变得极其地富有创造性和活力，带来不可比拟的巨大成就感。

针对詹宇立这样的年轻人，中国最大的在线学习社区沪江网在网络学习的设计中不仅对动辄数千人的在线学习平台配备了大量的助教解决学生的问题，更为每位学生增加了同桌这样的社交功能。沪江的"同桌"其实是一种"弱同桌"关系：两人间并没有直接的关联，但能彼此看到对方的动态：学了什么课、背了多少单词等等。像这样模拟

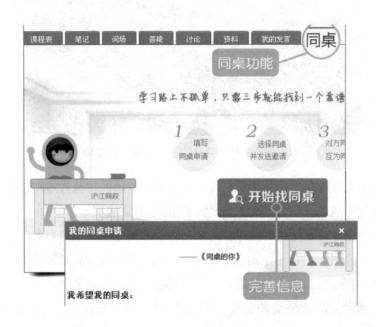

沪江网的同桌

现实学校的设定,其实是营造一种现实中的熟悉的感觉,关键在于改变用户的心理认知:让用户对于屏幕里这个"看不见摸不着"的虚拟学校多几分熟悉的亲近。这也可以模糊地理解为一种产品层面上的"拟物设计"(Skeuomorph)。

目前依托沪江社区,沪江网用户数已经超过 8 000 万,而员工还不足 1 000 人。远远少于新东方拥有的教师 4 万名。

相比起沪江,互联网+让新东方感到了危机,而有趣的是,10 年前新东方作为革命者,刚刚革了传统应试英语教室的命。作为新东方留学的升级版,厚仁教育的陈航建立了留美学生的家长群,其家长与留学顾问之间的联系比学生更加紧密,这种家校关系也远远超越了传统的师生关系。无独有偶,著名网络英文学习的创始人耶鲁大学博士薛勇,不为应试在网络空间建立的远程针对性辅导,其挑选学生和针对性辅导,也成为另外一种师生的样板,其"薛勇说"也建立了另外一种家长、学生、教师的新型关系。

被技术解放后的课堂将变成什么样?我们现在断言还为时过早,然而趋势却是明了的。无论是作为基础教育、儿童教育以及高等教育、社区教育,其走向可能也是不同的。今后的课堂肯定的方向是教师要做的更多了不是更少了。而针对创造为主的高等教育和成人教育,也许回归"发现天才、奖掖后生、亦师亦友、终身同道"的教育本真,才是正道。周有光针对精英教育和教育家情节的一段评论,也非常有利于我们探讨创客时代的教育:"你有什么资格培养领袖人才?领袖人才是在社会中自然产生的,不是学校教育能够培养的。应该给学生兴趣培养提供机会,你给他灌输东西,脑子装得满满的,他就没有自己的空间和兴趣去学东西了。"

创客时代的教育

2015年1月26日,一架无人驾驶飞机又一次降落到白宫的草坪上。如临大敌的白宫警卫甚至都没有搞清楚这架飞机是什么时候降落的。这架仅售400多美金的飞机产自中国深圳,在该生产公司的网页上给出了客户定制开发工具、接口和APP指南,一个耐心的业余爱好者可以根据公开的开发指南就轻而易举地完成无人机的导航飞行活动。如果再专业一点的爱好者,完全可以在网上采购更加便宜的飞机零部件和开源的软件和硬件,制造出更多用途的飞机。于是,白宫的周围不断有人或远或近发动他们的飞机,原则上可以从几十公里到几百米:启动,然后目标——白宫。

2012年,本文作者在卡内基梅隆大学访学时学生在实验室开发的无人机。

手机、机器人、3D打印机、工业控制设备,这些只有原先高大上的专业人士在庞大产业背景下才能学习和研发的东西,在互联网时代透明地展现给所有网民。由于对个人用户的开发比对公业务能够快速迭代,使得性能、价格几何级数地进化,这一切,来自于开源软件和开源硬件运动的资源共享。而开源运动的获益者又使得更多的志愿者加盟到开源的开发中来,使得创造的门槛越来越低。

1. 从黑客到创客,历史上的左派与右派

从《旧约》开始,西方文明就有对上帝的信奉,到了耶稣影响力逐渐扩展,使得很多人相信人的一世可以拯救与赎罪。天主教是依靠神父传递上帝的意思,而受益于印刷术普及的基督新教却提出人人可以与上帝对话。于是,在17世纪到19世纪,诞生了非常多的基督教分支:摩门教、乔治安普的和谐社会实验、欧文和傅里叶的田园共产主义。从法国大革命开始,对于共和制度的争论,逐渐也产生了两种不同的思维分歧:强调民主的左派、强调自由的右派。新教不仅诞生了资本主义,而且也诞生了志愿者和强调平等的创客精神。

最早的黑客来自于偷取网络隐私谋取私利的群体,这种行为应该被称为自由的右派,与其说被法律所禁止而转入地下,不如说被占据道德制高点的以平等为诉求的左派民主红客所代替,这种思潮接管后,一路发展到创客、极客,以志愿者的形态引领了科技的一波又一波浪潮。先是一批开源软件的爱好者将自己的软件开源和免费给全世界,形成了以 LINUX 为代表的开源软件运动,形成了软件开源的左派与正版软件的右派两大对垒20年的格局。近10年来,由于云的大规模应用和商业模式的扩展浪潮,软件免费运动逐渐占据主流,解放了大批在家编程和没有大公司背景的爱好者,以至于微软在美国相当一部分人眼里成为保守和破坏创新的代名词。事情并没有结束,2008年经济危机以后,大量大公司的硬件设计开发人员离职又催生了硬件开源运动:中国过剩的、廉价的、质量很高的代工厂加上从世界著名公司流失创业的芯片设计师在互联网上快速结合,于是催生了本文开头的那一幕。

2. 信息技术前沿与创造型思维模式

2014年12月,《自然》杂志给出了当今世界的125个前沿问题,原先这种离大众远得很的前沿问题基本上和当代社会没有什么关系,然而这次不同,随着信息的迅速传播,越来越多的前沿问题以越来越快的方式影响到人的思维模式。前沿问题推动着不那么前沿的新技术在当今世界的使用。

计算机和信息技术的发展,使得云思维开始占据人们思维的主流,也就是我们今天讲的互联网思维。但求所用不求所有、快速迭代、信息聚集、商业模式、聚焦主页、聚

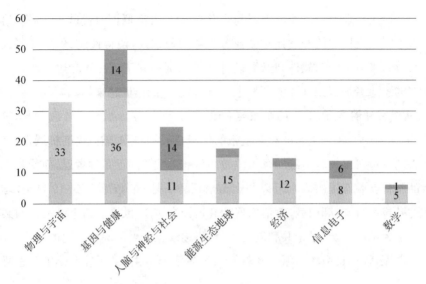

2014年《自然》给出的当今世界的前沿问题分类

焦体验,既是人们对技术判断后的期待改变,也是人们对现实的选择。

能源和环境问题使得人们在经济和技术领域加快发展物联网和新型传感器,原先的学科概念在信息技术中被打破,物联网所带来的跨界思维和整合思维,互联网+在国际经济技术背景下就是技术+。

以信息电子技术和数学为引领前沿方向在现实的云和物联网所带来冲击面前自然而然地产生了大数据思维,使得我们的个体、个性和用户思维变得比以往更加重要。

基因与健康进入了更加实证和微观以技术和数据为表征的时代,生命信息和人工智能的发展,使得人们开始将人脑和机器从原来的对立,看成一体,而人与人之间的互联网化的社交联系,在信息社会中更加显示出生命体的特征,使得人们对生命的理解与原先也发生根本性的变革。人之所以成为人是因为能使用工具,在相当一段时间内我们却把工具性和人性截然对立起来。信息社会使人们相信技术既是人们的工具,又创造了新的人。

技术的使用,使得人们的思维模式与以往发生非常大的变化。

3. 从新硬件时代到互联网+

面对着技术的变革,由于基础不同、国情不同,大家采用的策略也不同。互联网公司首先在美国火爆:雅虎、亚马逊、YOUTUBE 等等,新经济曾经带领美国一路领跑。然而互联网泡沫的破灭,使得美国发现自己不能仅仅依靠虚拟经济,但加工业已经转移到新兴国家,美国的实体经济又很难恢复。于是创新驱动的美国开创了一个新硬件时代:谷歌汽车与机器人、特斯拉、深度学习、页岩气,当这个世界不断抛弃索尼、柯达、诺基亚、摩托罗拉的时候,美国完成了新硬件时代的弯道超车,以势不可挡的态势拉开了与欧盟的差距。

德国和日本以工程高端制造和工业完整的产业链著称,但工匠文化却不利于互联网的发展,在互联网新经济方面乏善可陈,甚至被新兴的中国盖住了风头。在美国的新硬件时代到来之前,德日制造和美国的软件相处得还不错,但面对美国的冲击,德国只能根据自己的特点在历史基础上发展。西门子医疗前几年曾经停掉了其他研发,全力将自己的几百条产品线的硬件直接互联,以信息化、柔性生产和软硬一体化实现了从制造到智造的转型,直接甩掉以美国为代表的软件供应商,在竞争中超越了通用电气,德国人为此起了一个华丽的名字:工业4.0。

中国也受到经济危机的巨大冲击,唯一的亮点是迅速成为首富们的IT大佬:李彦宏、马云、马化腾们。这些纯粹的互联网经济虽然相比起美国的互联网经济称不上什么革命,但中国巨大的人口基数和产业基础加上被压抑很久的中小企业创造力,使得他们迅速成功。另一方面,大量的广东工厂、浙江工厂和江苏工厂闲置的工业制造急需产业转型。在中国目前这个时间段,互联网冲动和传统工业行业的结合,可能是唯一正确的路径,我们姑且称之为互联网+,互联网是加速器,希望用它推动中国经济的转型车轮。

4. IT男+艺术女,从制作到制造

在中国的东莞,巨大的制造业吸引了大量优秀的工程师,在过去的20年,创造了世界上非常多的产量第一的产品原地。然而,单一的工科男的大量聚集没有带来设计和高端制造能力的提升,没有设计的男人世界却以色情业发达的尴尬名声补充。随着经济危机带来的工厂破产和外迁,以东莞为代表的传统加工业,需要融入更多的设计和艺术含量,他们需要从中国制造走向中国创造。于是,IT男来了、艺术女来了,他们昼夜在广东、天津、北京、上海喝着咖啡焕发着创造力。李克强总理专门视察深圳的创客空间为创客的发展点燃了火种。由IT男和艺术女组成的24小时创意的空间,彻底改变了传统制作的无趣的形象。

然而,仅仅是3D打印,仅仅是树莓派,仅仅是机器人玩一下,再卖几杯咖啡,争取一下政府的资助是无法支撑李克强总理所说的大众创业、万众创新的新局面的。在IT男和艺术女之外,我们更多的是需要专业精神,需要解决工业问题,这样大学的闲置实验室、专业的教授和工业亟需转型的压力会迎刃而解。从制作到制造,体现出专业与否的巨大变化。

无论是新硬件时代、工业4.0,还是互联网+,一项绕不开的专业就是IT,目前大学的IT相关专业已经达到总专业数量的1/3还多,但似乎IT专业人才总是不够用。在新经济的架构中,有人提出,过去的穷人、富人和中产的分法已经过时,当今的社会只有两种人,一种是IT,一种不是IT。而IT人员的培养,与传统的工业工程师的培养完全不同,在这个资源爆炸、信息过载和知识半衰期极短的专业领域大类里,学习越小越好、越早越好,正在代替传统的严格训练的课程体系。

以美国新硬件时代的第一阵营、德日工业4.0的第二阵营、中国互联网+的第三阵营似乎把世界分成IT和不玩IT两个世界。然而谁都不敢掉以轻心,谁都想抢占产业的制高点,谁又都离不开谁。美国的新硬件似乎与德国拉开了差距,但是德国完全可以依靠自己的产业精良和制造优势给美国制造掘坟,而表面上中国制造还处于低端,但是庞大的制造能力和内需,使得像华为、振华、三一、南北车这样的企业占领全世界的后路。信息世界最大的不同在于全世界人和机器可以快速地组合,一个品牌在过去至少25年才能稳定,在今天8个月的一个产品可以有6亿用户。

在这当中,制作和制造最大的区别,过去在于大规模稳定生产所需的流水线质量生产,今天在于创意和跨界能否充分调动存量的生产资源。

5. STEAM:把议员都换成工程师,现代社会所需要蒸汽基因

在美国有一个人,不断地为创业和创客推波助澜。这个人叫彼得·蒂尔。12岁就获得国际象棋大师的彼得毕业于美国常青藤,很早就因为在美国支付平台的创业成功而成为亿万富翁。退出公司后,彼得成为一个天使投资人,总是有惊人之语,总也想颠覆传统教育。2012年他宣布给予具有创新精神的美国大学生每人10万美金让他们退学创业。彼得眼光独到:成功地投资了谷歌、yelp、特斯拉、太空技术公司、LINKIN和SpaceX,在他的鼓励下,特斯拉还把技术专利开放给全世界。彼得认为,美国要想领导世界,就要把美国由律师和政客组成的500多名议员中的一多半换成工程师。在彼得的推动下,美国不断有法案鼓励工程教育和科技教育,在当今的美国教育界,谈的最多的是STEM(科学、技术、工程、数学),而不是通识教育。考虑到创客时代所需要的设计能力,最近STEAM(科学、技术、工程、艺术、数学)被广泛认可,成为新时代学习的基因课程基础。

STEAM（英文原义蒸汽），也许，教育的蒸汽机时代就要到了。

达·芬奇，可以说是第一个，也是最后一个 STEAM 奇才。

6. 永别了工位的课堂

与中国复古的私塾和念经教育不同，国际教育主流一直以小班化、学科教室、个性化教育、与实践结合的趋势前行，实用主义还是通识教育的争论发生在 20 世纪 30 年代，从 1950 年以后杜威就绝对占据了上风。而工业文明所映射到课堂的：铃声、班级、教案、分数、大学校早已瓦解，而工业文明所需要的守纪律、克制自己、穿很丑的工装、军训等也逐步退出历史舞台。在中国被广泛接受和推广的培养协作能力、领导能力、研究能力的西方课堂，正在逐渐被以专业化综合的实验室和倡导的创新能力、创造能力、创意能力所唤醒。麻省理工学院建筑学院的新媒体实验室是尼古拉庞蒂所建立的新型学科实验室和学科教室，完全打破了传统的教室和学科的概念，成为世界创新教育的标杆。永别了工位，课堂将不再是教师或者工头发号施令的地方。

7. 与激素水平相匹配的创造教育

人们很早就发现，与传统的工业标准化人才不同，体育、音乐、艺术人才的培养，与学历基本无关，而与学习专业技能的起始年龄更加相关。随着大量计算机天才的出现，人们开始意识到计算机的技能也和学历没有正相关性。如果一个 IT 人才在 18 岁还没有进行计算机教育和培训，20 岁还在大学进行基础通识教育的课堂上，那么他能够成为软件硬件工程师的可能将是微乎其微，无论是他用多大的劲头去读硕士还是博士。而事实上，大学的老师面对着计算机的语言和技能，与大学教授面对外语一样无助：计算机还是应从娃娃抓起。

不仅仅是计算机，非常多的需要创意和创新能力的工作，必须在激素水平最高的年龄开始学习甚至达到人生顶峰，而不是先去读一个硕士再读一个博士。而随着人们年龄的增长、激素水平的下降，人会越来越狡猾和聪明，也许金庸 80 岁读博士的道路将成为那些 18 岁就创业的人的选择。

卡内基梅隆大学"嵌入式开发"课程作品考核。

新硬件时代与创客思维教育

2014年9月,CC讲堂开播,第一课是清华大学的魏飞教授的讲座——"通往天空的天梯",这个最近才非常火爆的慕课平台,为什么将第一讲给了一个化工教授呢?在这个讲座中,魏飞向观众描绘了通过碳纳米管织成的绳子通向太空甚至月球的远景。而这个讲座距离魏飞教授的团队开发出来世界上最长的单根碳纳米管仅仅过去了一年时间,通向太空的天梯就是基于这种科技发现可能性之上的愿景。在此前后,魏飞团队还将碳纳米管拍摄了视频(光学可视化)、发现了可堆叠的石墨烯、发现碳纳米管宏观尺寸超润滑现象,这一系列世界级的成果与以往的科学成果不同,不仅可能迅速成为产业,还以最短的时间普及到大众和相关的科学家。

清华大学化工学科位于世界顶尖水平,在其他学校纷纷引进海归之际,中国顶尖学科自己的优秀博士生的成果远比国外知名大学教授的成果还出色。魏飞的幸运之处在于碳纳米管大规模制备的偶然发现与魏飞进行多年的流化床研究同时进行,而流化床研究是为大型化工工程核心反应器做配套使用的。由于国外的石油化工业相对成熟,因此魏飞只能从技术创新和边缘市场入手,独辟蹊径地开拓了流化床反应器的研究高地,有效地替代了国外的技术,为国家节省了大量外汇。没有中国化工业的大跃进,就没有流化床的进展和碳纳米管的大规模制备技术,这些技术产生在中国并不是偶然的,而魏飞1988年从中国石油大学毕业进入清华大学博士后研究开始,当年正版的清华人却几乎都出了国,这个空间正好留给了魏飞。

我绕了这么大一个圈子,希望切入主题的是,魏飞所研究的纳米技术,正如我们今天所谈到的人工智能、生命信息、材料科技、基因技术、信息新技术一起，成为当今世界科技最热的热点，而这种热点具有前沿、广阔、与硬件和信息技术紧密关联的特点，换句话说，叫新硬件。而这种新硬件的幸运儿，并不是每一个人都有机会走到世界的前沿，德国和日本也没这个福分，如果查看与此相关的诺贝尔奖就会发现，一多半产自美国。而只有与产业规模和产业链相关的顶级科技，偶尔花落他家，落户于美国之外的其他国家。

新硬件之所以成为新，不是我们能够想到的传统的材料和传统的创新，例如计算机的主板、芯片以及制造领域的信息化优化，而是指在过去的生产和生活中闻所未闻、见所未见甚至匪夷所思的人造事物。

医学医药技术：与传统的生物和医学医药技术不同，最近这些年的医学医药技术更多的依托信息技术，在美国这几年有两个70%的比例应该引起我们的注意：70%左右的博士后岗位是给医学医药和生物技术的，而这中间又有70%是和信息技术、统计学、大数据、医疗信息学相关的岗位。在药物筛选、基因测序、流行病和毒品药物滥用、药物反应、药物实验、健康管理、社区医疗等诸多方面，信息技术起到越来越重要的作用。美国的UBER的出现和中国的滴滴打车的出现，极大地颠覆了原本就自认为自己非常专业的出租车行业，随着信息技术的应用，传统的医生、医院、保险公司之间的关系也变得不那么保险了。有学者预测，继出租车行业后，美国漏洞百出的医疗体系会成为下一个被信息技术颠覆的行业。

人工智能：机器人、神经网络会异军突起。中国的计划生育政策和劳动力成本的上涨会催生机器人的应用，而工业机器人电动机伺服技术已经成熟，支撑这项技术的是开源软件运动，在中国目前多数的工业机器人技术是基于开源软件的二次开发，正如当初自主操作系统多数来源于LINUX的改造一样。但是美国的谷歌公司和麻省理工学院已经发明了不会跌倒的狗、会跳的牛和会飞会跳会钻洞的松鼠，这些已经试验的应用，不仅会使用在军事工业中，还会对今后的人类日常生活产生质的变化，以至于霍金惊呼机器人会取代人类而应限制。在另外一方面，基于神经网络算法的各种智能应用开始进入成熟应用阶段：谷歌眼镜、深度学习、沉浸式学习、语音识别、图像识别等等。在这方面，中国的科大讯飞公司也在语音识别领域走在国际领先行列。无人驾驶汽车、无人驾驶飞机、动物语言、语音命令、自动翻译都将进入应用。

生命信息：人的脑神经是如何传导信号的？人类的记忆秘密是什么？人类思考的逻辑又是怎样？这些问题在过去是哲学问题，100年以前变成心理学问题，而今天成为计算机和电子技术的问题。自从坎贝尔在海兔身上发现神经信号得到开创性成果后,这个行业迅速发展。如今,华盛顿大学的科学家已经能将两个不同房间的成人用头盔相连,一个人就会知道另外一个人打游戏的战况;而在动物和病人身上的进展更为惊人:通过机械手,机器人能够根据高度瘫痪的病人脑海中的命令送水、吃药,而猴子可以通过意念智慧机械手去拿自己喜欢的香蕉。未来最吓人的想法是人类知识的输出和输入,想法虽然吓人,但原理上并不离谱。

化学、材料和新能源技术:在北京有一个理论物理学家,用了多年时间开发一套数学模型和计算机软件,为了这套软件,他将近10年没有成果。然而10年之后,每年以别人10倍的成果在著名期刊上发表文章。相比起这位理论物理学家的包抄行为,美国计算机的博士SHAW简直就是学术霸主。他从白手起家运用计算机的技术和能力在华尔街赚到了40亿美金,成为世界富人500强。在这之后,SHAW却做起了研究,他进入化学领域,就如他在华尔街金融狙击战表演的策略一模一样,他将大量的精力、财富和聪明才智投入到化学计算的专用巨型机的研究,成为计算化学的顶级学者,研究了一个系统,批量化地进行化学成果的研究,迅速取得了世界顶级成果。由于计算机和电子信息技术的应用,化学、材料、新能源技术以过去数十倍的速度在发展,特斯拉汽车得益于它的电池,而特斯拉的电池与其称为电池不如叫做计算机系统更好,正是由于软件和信息技术的发展,使得特斯拉能够加速性能远远超过燃油汽车。

电子信息技术本身:3D打印、自动飞机、卡片电脑、无处不在的摄像头、虚拟现实技术、移动技术、无线技术等等,信息技术的发展,将新的信息技术应用到各种最新的

上师大附中正在实施的动漫体验馆及应用实验室工坊将STEAM融入创客。

发明创造中和硬件中，产生质的飞跃。例如，新的虚拟化和存储技术，将不再需要本地的服务器和应用，甚至硬件接口也完全可以在云端实现。

如果说，仅仅把以上基于过去未有的新技术以硬件和IT的形式组合起来就是新硬件时代的话，今天的话题就完全没有什么新意。这些技术不仅带来思维的变化，而且又促进了技术的快速演变。互联网的云思维、迭代思维，物联网的跨界思维，大数据的可视思维、用户思维，深刻地影响了这个时代。放在过去20年，本文开头的魏飞的成果一定希望保密、希望整理好发一篇像样的顶级期刊，然而这一次，魏飞采取了快速公布、快速发表和快速展示，因为魏飞和他的团队希望用技术尽快地改变世界。魏飞告诉我："一个工程师，最大的梦想就是改变这个产业。"

比魏飞只大12岁的沃茨尼亚克，却比魏飞早将近40年这样想。生在圣何塞的沃茨尼亚克，从小是一个淘气包，12岁就获得加州成人的电子竞赛最高奖，13岁拿到业余无线电执照，18岁读大学的时候，沃茨入侵了科罗拉多大学的计算机中心，写了一个程序耗尽了5年的打印纸。退学回到社区学院读书的沃茨依旧不安分，认识乔布斯开始玩新型电脑和编制游戏。在转学加州伯克利一年后彻底退学，与乔布斯开创了苹果电脑，成为一代传奇。离开苹果后的沃茨，还开发出今天广为使用的万能遥控器，当了10年中学老师，2015年成为电子虚拟货币公司的董事。

从沃茨尼亚克身上，我们看到了少有的开放、性情和热爱，从他的人生经历来看学历并不重要、专业也不重要，不顾所以的研究精神，却是在中国教育环境中无法复制的。

教育改革30多年，我突然想到，我们大一统的教育对于创新到底是进步了还是退步了呢？我们不仅无法复制一个沃茨尼亚克，在中国的教育环境中，复制一个魏飞，也基本上是奢望。

魏飞出生在一个工程师家庭，父亲是当地的高级建筑工程师，母亲是电工。魏飞在工厂长大，生活在不知道高考如何复习的年代和城市。魏飞从小喜欢无线电、化学、物理，经常带领兄弟们去偷工厂的钢管自制各种枪炮、火药来打猎。魏飞在15岁的时候将工厂的矽钢片和电线组装成为一个电动机，与家里的表相连，到时间打开煤炉蒸熟馒头。突然有一天，魏飞在父亲的诱导下认为这些业余的爱好如果和爸爸的专业书籍结合起来，可能会有更好的效果，就一门心思钻研书本。在参加地区的数学、物理、化学竞赛中，拿到了两个第一名和一个前十名。当时陈景润非常有名气，魏飞在高中一年级就自学完成了大学的微积分并对数论有浓厚的兴趣。

我在想，我们今天要想复制一个创新型的人才，要在上海或者北京，魏飞还可能会成为高考的失败者。好在报考志愿失败的魏飞，从石油大学读书8年后回到了清华大学，反应工程教研室清华学生陆续出国，留给魏飞一大堆当时就价值不菲的设备，很多设备没人用过。于是，魏飞重拾儿时兴趣，又开始了创客生涯。魏飞幸运的是那个年代以博士后身份进入清华，今天石油大学的博士是没有这个福分的，进去了也留不下来，留下来了也没那么多机器让他折腾，更别说魏飞上有院士、下有产业，还碰到了中国石油化工产业大发展的时代。

在新硬件时代，生物医药、人工智能、化学材料与能源、生命信息、信息技术以及上述的交叉点，需要我们结构化，单一的教育要有所改变，对于教育的多元化要有所宽容，教育有自身的规律，天才均不是干预的结果。

工业4.0与创客教育

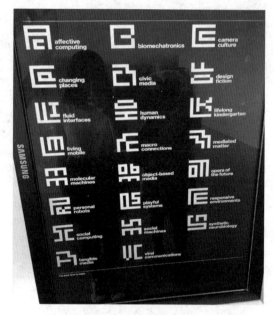

麻省理工学院的新媒体实验室标牌

2015年9月,美国USNEWS公布了新的一期世界大学排行榜,这一次,中国的大学全面跃升,不仅大学综合排名全面提升,专业排名也大幅度提升,其中清华大学的工程类专业首次超越麻省理工学院成为全球第一。中国的大学排名提升,一方面是我们著名大学这些年在国家的支持下,进行高峰建设初见成效,更重要的原因是USNEWS指标的修改更加有利于传统的工科相关专业。在USNEWS的排名权重中,大学的论文发表、论文引用率总量、高质量论文引用率各占比15%,全球性调研声誉、区域性调研声誉各占比12.5%,标准化论文引用影响力、高质量论文引用百分比、国际化合作各占比10%。中国连续数十年经济高速发展，经济上已经拥有了世界最多的桥梁、高铁、隧道、航空、汽车、钢铁、石化、电子的产量和新建项目，在工程专业方面理应排在世界前列，在这些传统的重工业和规模工业领域集国家之力建成几个较好的大学连同自己培养加上引进人才，出较大量的高水平的论文、作品和较高的引用率，是正常的和令人鼓舞的。

由于USNEWS在几个比较出名的大学排名中比较看重较好的影响因子的工科论文，因此一些以规模取胜的工科公立综合性大学往往能占得先机，例如规模很小的卡内基梅隆大学在美国的国内排名远远高于华盛顿西雅图大学（23位、48位），但是在世界排名中华盛顿西雅图大学就远远高于卡内基梅隆大学（11位对50位左右），这就像把中国全部的大学合并成一所大学，在论文数量和引用比例较高的几个排行榜，说不准中国的大学会成为世界排名第一的大学。

抛去排名这种处于长期弱势心理的人较为看重的事情，真正对动态经济、对科技起作用的应用型学科，衡量标准主要是其科研产出有没有对社会发展、科技进步产生比较大的推动作用，这就需要更综合的评价体系和更专业的同行考量，不只是看几个简单的硬性指标。

就拿麻省理工学院来说，其规模远远小于清华大学，每年招生规模仅为清华大学的一半，校园面积更只有清华大学十分之一左右，在论文上输给清华的麻省理工，在行业声誉、对行业的推动作用中是远远超过清华的。麻省理工学院在玩什么呢？2015年5月，我参观了麻省理工学院著名的新媒体实验室，在一位清华大学本科毕业的麻省理工学院在读博士的引领下，仔细研究了这个著名的实验室。

新媒体实验室是尼古拉庞帝建立的著名的跨专业的前沿性实验室，目前有两座连起来的大楼、20个研究团队、几十位教授和几十位博士生。就像照片上显示的用变形成类似象形文字的英文字母组成的各个研究团队一样，这个实验室的研究方向一看也很难翻译，概念甚至也是是麻省理工学院独创的：Affective computing 情感计算、Biomechatronics 生物力学、Camera culture 相机培养、Changing place 变化场景、Civic media 公众媒体、Design fiction 设计虚拟、Fluid interface 流体界面、Human dynamics 人体动力学、Lifelong kindergarten 终身幼儿园、Living mobile 活体移动、Macro connections 宏链接、Mediated matter 介导物质、Molecular machines 分子机器、Object-based media 对象媒体、Opera of the future 未来歌剧、Personal robots 个人机器人、Playful systems 俏皮系统、Responsive environments 响应环境、Tangible media 实体媒

麻省理工学院新媒体实验室流体界面组所做的概念产品。

体、Viral communication 病毒通信。这个归属于建筑学院的媒体和互联网研究机构，其研究的领域是跨越机械、物理、化学、生物、艺术和互联网领域的，按照中国的学科体系，是很难考评的，按照世界大学的考评体系，也很难出很好的考评结果的（很多学科连一个像样的权威刊物都没有）。但是，正是这样一个跨专业的科研机构，一直引领着互联网的前沿。介绍人指着一位光感材料教授对我说，这个教授在近10年一定会拿到诺贝尔奖，但是这位教授却对诺奖不感兴趣，而是对实验室交叉学科的有趣、有用、有钱的引领世界的新硬件具有浓厚的兴趣。

看似不相干的新媒体实验室的20个研究小组，都在干着一件美国人很重视的东西——新硬件，而麻省理工学院，无疑在新硬件领域引领着这个时代：机器人、超级电池、人工智能、新能源，一种历史上从来没有人开发成功过的、基于数据和算法的、轻量级高科技的硬件载体。

每个国家都有自己的相对优势、传统产业和规模经济性，这就决定了美国不可能像中国那样真正实现制造业的回归，但最终走向了一种以创新为驱动力的高知识产权的新硬件时代；德国和日本，有优厚的精密制造产业和传统工匠精神，又在整个互联网热潮中不温不火，于是互联网加速工业改造，以柔性制造、智能制造为契机，德国和日本开启了工业4.0的时代；而中国，拥有全球最大的工厂和制造业，生产出来的却是以低端为主的消费品，全民皆商的浙商，开启了以阿里巴巴和淘宝为代表的互联网＋时代。选择什么样的道路、使用什么样的概念词汇，并不是领导人的突发奇想，更多的是基于产业基础的顺水推舟。

李克强总理提出的互联网＋，也是最适应中国目前现状的技术升级和跃升途径的思想观念。中国虽然具有非常全的产业链和非常雄厚的工业基础，然而较为集中

彼得·蒂尔

地聚集在低端制造业和消费领域。

大家稍微用心就会发现,这些年日本接连不断地获得诺贝尔科学奖,德国的经济在欧洲普遍低迷的情况下一枝独秀。在工业4.0时代,为什么是日本和德国引领这个时代的潮流呢?一个很重要的因素就是德日都具有工业时代所需要的"工匠精神"以及工业4.0所需要的设计底蕴。

美国能有今天的新硬件时代,我们不得不提到一个传奇似的人物:彼得·蒂尔。这位在线支付平台贝宝(PayPal)的创始人,其投资的一系列项目几乎构成了美国新科技的代名词:YouTube、脸谱、LinkedIn、特斯拉、太空探索技术公司、SpaceX、Yelp。然而这位12岁就成为国际象棋大师、取得斯坦福大学哲学和法学学位的精英,并没有把自己的成功归功于自己的聪明,他不断按照自己理想中的教育去抨击美国的教育:"缺乏颠覆性的科学进步"、学校教育是"罪魁祸首"、教育阻碍了技术创新和进步,他认为美国的政客文化阻碍了这个国家的进步,"535名议员其中500名议员应该换成工程师"。彼得·蒂尔虽然饱受争议,但是他的成功还是不断影响着美国人的思维和美国的教育政策:美国也越来越重视工程教育、STEAM教育,不断出台政策鼓励扶持科技和创新。

前一阶段,中国人在长假期间集体去日本旅游和购买马桶盖受到很多人的争议。抛开情感因素我们不去讨论,日本的城市管理、商业信誉、旅游管理、卫生以及消费领域的工业制造水平确实值得我们学习。淘宝和阿里巴巴降低了很多商务成本,但从本质上讲,我们前一阶段的互联网领域,并没有提升产业效率和产品质量水平,而新一轮的互联网+,需要从消费领域的互联网化,跃升到生产领域的互联网化。

苏州和珠江三角洲拥有世界工厂的美誉,然而在这一轮经济危机中也是受到最大冲击的地区。除了互联网化外,设计能力的欠缺,也是江苏和广东产业跃升的最大瓶颈。东莞是世界上最大的锁具、家具、五金、机械、磨具工厂,20多年来无数优秀的理工男奉献了青春,然而这个城市由于配套的设计能力的欠缺,"艺术女"的欠缺使得城市朝着畸形方向发展。

同样畸形的还有在中国整个国土范围的两个热点:方舟子和崔永元的争论、柴静《穹庐之下》的火爆。这两个热点都反映出艺术和科学对话融合的缺乏、中国国民教育中科学精神的撕裂。那么,在穹庐之下,科技和艺术如何共存和融合呢?2015年的屠呦呦获得诺贝尔奖,给了此事一个注脚:中国和西方、科学和文学,如果能够在自身实际情况下不断融合、优化和坚持,意想不到的成果会不期而至。

事实上，如果我们总结开创性的人物所取得的成功，都有艺术和科学结合的影子：乔布斯和沃茨尼亚克、埃里森和他的东方情结、马云和蔡崇信的合作、杨振宁的闹和李政道的道，跨界意味着冲突，也意味着创新。

越是更迭快的行业，越是没有永远的创新者。腾讯来了，运营商惨了；滴滴来了，出租车恼了；阿里来了，百货公司死了；网络工程师还没毕业就过时了。是机遇，也是挑战。中国的情况与德日不同，与美国也不同，中国既有深圳和北京的新硬件时代，也有杭州的互联网＋，还有江苏和广东的工业2.0、工业3.0。在技术时代，没有一成不变的道路，只有根据当地的实际情况，依托产业和产业链优势以及先进技术来加强弥补设计能力，才能形成良好的发展生态。

在新一轮大众创业、万众创新的热潮中，很多创客中心应运而生，然而一窝蜂的背后，从教育学角度，其学科背景是单薄的、其学科融合是没有积累的。不少创客中心和创客项目仅仅是几个设计、几个3D打印和几个开源软硬件的拼装应用而已。而与此同时，中国大学的大量具有雄厚学科基础的实训条件和设备，房间却在空置，和产业相距甚远。

其实仅仅是开源硬件的背后，就包含这以下几种学科的知识和技能以及条件的要求：

1. 软件能力：PYTHON、debain、OPEN STACK、android、WIN32 disk image、PUTTY、VNC、NANO、WINSCP、串口、算法、网络、无线、人工智能、图形图像。
2. 设计能力：想象力、美术、工艺、平面、3D、UI、外观。
3. 制造能力：项目管理能力、锡焊、万用表、冲击转、台钳、电工、钳工、机械、电子、身体。

真正的创新，除了跨界，还需要有扎实的基础，这也就是为什么小米的雷军能够成功，老罗的锤子手机就比较艰难。除了扎实的学科基础，对未来产业的研判也非常重要，我们的老师很少考虑今天教你的东西，10年后还行不行？10年前，很多职业学校强调动手能力，然而10年后他们训练出来的电脑维修专业的学生随着电脑产业的衰落而找不到工作。而一些生命力非常顽强的机械领域，例如农业机械仍然存在。

客观地说，我们目前的本科教育和职业教育的整体培养，是不利于创新的，更和现代科技要求的综合能力相距甚远，本科教育按照新东方模式培养的大量考试型人才、职业学校按照蓝翔模式培养出来的操作型的人才，都不是未来创造社会和中国经济转型所需要的人才。

新东方模式：
- 以标准化考试分数为唯一指向。
- 以题库和考试技巧为重要导向。
- 以小班化、个性化、一对一为重要教育方法。
- 以短期超强度训练为特点。
- 学习以浅阅读或纯记忆为重要指征。
- 以记忆的准确性为唯一前提，不考虑理解和逻辑。
- 以短期的高价格、低体验对冲长期低效的学习。
- 适合场合：新东方、达内、沪江、硕士联考、高复班、公务员考试。

蓝翔模式：
- 集中于几十年甚至几百年不会过时的技能。
- 封闭式培训一种简单但又入门较高的技能。
- 工业化的思维、监狱式的模式、不容置疑的气氛。
- 标准化地制造符合机器人特征的劳动工人。
- 等级制地培养守纪律、不思考、标准化的螺丝钉。
- 使用集权制的等级诱惑，诱导唯一正确顶尖人才和范例。
- 以人的肌肉机械记忆力重复训练为唯一标准。
- 适合场合：岗前培训、军训、特警、护工、武术、技巧。

以上分析了国际和国内教育和产业的背景，再联想到中国高等教育和职业教育的现状，就很容易发现需求和现实之间的巨大差距，为什么中国教育会饱受诟病呢，因此中国教育的改革箭在弦上。

数学教育如何支持"围绕创新的学习"

不仅是哥伦比亚大学,在全美统计学硕士中,华人也是独霸一方。

2015年3月,小王顺利地从美国哥伦比亚大学科学学院统计系硕士毕业,他与自己的231名同学一起,将代表学位的帽子高高地抛向空中。等待小王的是纽约本地5个国际大公司的职位,小王万万没有想到的是,有人将小王一起毕业的同学的名字公布到网上的时候,引起了轩然大波。总计232名学生中,190名以上的华人,让很多不明就里的人认为哥伦比亚大学统计学硕士"很水"。

事实上,哥伦比亚大学统计学专业并不如它的学校排名这么卓越,在US news 2015专业排名中,仅处于20位。但是,即便如此,也是一个统计学的顶尖学府了,真的中国人读的多的,专业就很水吗?为此,我调查了US news 2015前20位的硕士学位名单,真的还就是华人占整个学生比例超过半数,好几所大学接近 80%。

任何一个事情的发展,如果出现一种指向非常明确的统计学规律,其内在一定是有逻辑的。正如这两年印度人在美国占据了 IT 高管和中层的主流位置,印度人在红酒业、酒店业、加油站产业起主导作用,我们不能说出自偶然,华人在数学统计学领域的一枝独秀,也有其必然的原因。按照通常理性的逻辑,正如美国各种科学和学科大奖比例,曾经被欧洲人、犹太人、日韩人、印度人后裔短期高比例得到之后,华人在美国科技界的崛起是必然的。这主要是大量重视科技的华人移民美国造成的,他们的二代和近期大量优秀的中国留学生一起,形成一股强大的力量。这种力量依赖于中国快速发展和庞大的人口基数,虽然不可持续,但确实形成了短期的华人优势。

不仅在美国,在中国内地的优势也很明显。PISSA 组织的一项针对于全球中学生数学能力的测验,中国的上海连续多年保持世界第一,远远领先于其他国家和地区。上海教委原主任张伟江认为,这体现了中国基础教育尤其是上海基础教育的"三个自信"。事实证明,中国孩子的数学能力,确实比较优异。我的女儿在浦东外国语学校读书,高中后到美国读书,第三年拿到了当地数学大奖。我也奇怪自己女儿并非数学特长如何拿到的数学大奖,女儿告诉我,她在高中各方面总有无法超越的"学霸",但是数学方面,不知怎的,自己就成了必然的学霸,且毫无争议。

如果就此认为中国的基础教育比美国好,结论还过于牵强。过去 30 年,美国总统都有一个惯例,接见美国初中数学竞赛获奖者,人们惊奇地发现,几乎清一色的获奖者都是亚裔,其中绝大多数是华人。仔细调查下来,这些人并不是第一代移民,多数甚至中国话都不会说,但也不能妨碍他们获奖。

以上原因很复杂,不在本篇文章探讨范围。有一点是无疑的,正如黑人的体育和音乐、印度人的工程和软件一样,华人的特殊的历史或者文化因素原因,使得整个数学教育具有某种优势。一旦这种优势被发掘出来,形成模式,就会发现满世界学统计学的都是华人。这不是坏事,尤其是在数据科学成为下一轮热点的时候,华人比起印度裔,具有更多的后发优势。

事实上,国际上对于教育的评价,如果刨去意识形态和文化、艺术等不好评判的因素,STEM 教育成为公认的评价准则。奥巴马 2009 年开始就对 STEM 教育投入巨大的精力和资源。美国感受到这场危机是来自于 2006 年的一个报告,美国的 STEM 教育已经远远落后于亚洲尤其是中国的教育。2003 年,世界上共授予 280 万个 STEM 学位,其中 120 万个来自亚洲、83 万来自欧洲、只有 40 万个来自美国。奥巴马认为,这一支训练有素的科学与工程队伍正在加强一个国家的竞争力。在一个科学和技术占主导地位的世界里,这是一个国家竞争力的重要因素。

然而,奥巴马的路还很长,进入到后工业化时代的美国,很少有美国人愿意再学习严密、枯燥、比智商、竞争压力大、评估标准明确的STEM教育。为此,奥巴马为补充人才缺口,专门为工程类专业外籍人士进入美国提供便利。

不断推动奥巴马进行教育和社会改革的还包括彼得·蒂尔。这位12岁就拿到国际象棋大师称号,之后又取得了斯坦福大学的法学和哲学学位,上大学就开始创业并成功创造了PABAL公司并以27亿美金售出。这样的一个人,提出了一个非常出格的看法,他认为美国已经失去了"缺乏颠覆性的科学进步",而教育是"罪魁祸首",而教育阻碍技术创新和进步,是来源于美国正在消失的"工程师文化"。为此,彼得·蒂尔建议,美国"535名议员其余500名议员换成工程师,而不是只有35位工程师"。

与彼得·蒂尔劝说具有创新精神的大学生辍学创业一样,彼得·蒂尔做任何事情都不是说说而已。彼得·蒂尔不断地投资具有创造精神的年轻人,在他的麾下,已经网罗了YouTube、脸谱、LinkedIn、特斯拉、太空探索技术公司、SpaceX、Yelp等他投资成功的案例,这种以创造为导向的学习,正是符合奥巴马STEM教育的初衷。彼得·蒂尔的呼喊,不可能不影响美国教育界和奥巴马,彼得·蒂尔不仅要影响美国,他还想"带领人类文明上升到新的高度"。

某个族群在某方面体现出某种优势,往往是这个时代提供了某种机会,而这种族群的发展过程中恰好能够发挥某种优势。STEM教育有国内学者又加入了一个"A",成为STEAM教育(科学、技术、工程、艺术、数学),更能体现未来创造力的教育方向。而数学在STEAM中的基础性作用,如何支持创新的发展呢?

科学中的数学教育:注意到美国前50位的大学,多数大学将哲学、科学等与实用性的学科分开。其实,这体现了工业革命前后的一种融合历史。传统的数学除了加减乘除,在西方的起源上,数学和美术、哲学等同源,属于行而上的层面(因此才有了中世纪富人豢养艺术家和数学家是天职之说),而工程和技术,来源于工匠文化,只是到了工业革命后才逐渐融合。中国古代,一直没有发明出来作为科学角度的数学,沿承至今,中国孩子的作为科学的数学并不像数学成绩那般出色。总体来讲,作为科学的数学,包含了工程和创新教育的原理性、逻辑性、哲理性和伦理性的部分,这其中包含了算法、数论、三段论、极限、博弈、机制设计、规则、因果、相关性、隐私等形而上的数学。我们通常讲中国人"不讲理",其实是和这个层面的理性思维缺失非常有关系的。在

30年前,一批计算机的顶级学者都是学数学出身的,其原因就在于在计算机诞生的起步阶段,算法逻辑思维能力是计算机的基础。如今社会分工高度细化的情况下,此种情况越来越少地出现。

技术中的数学教育:技术性的数学教育包含数学教育的工具性(算术、计算器、测量工具)、事理性(奥数、几何、经济学)、技巧性(解题思路、玩具、棋牌)、物理性(微积分、数据转换、神经网络、空气动力学、理论物理)等方面,不一定需要非常严密的逻辑,动用工具的能力要求突出,技巧性要求很高。在技术中的数学教育,中国人一直走在世界的前列,华人学生也在数学技巧方面掌握很快。然而,随着大量计算机工具的使用和工具种类的庞杂,中国学生掌握工具的能力并不强。例如,美国高中生基本上都能熟练使用编程计算机进行物理、化学等运算,中国高中根本没有这门课,也就造成了中国人不大喜欢使用工具和变量。

工程中的数学教育:在工程中的数学,包含了以下数学特征:协作性(流程图、计划表、里程碑、工期)、管理性(问卷处理、线性代数)、效率性(统计学、大数据、数据清洗、数据补全)。工程中的数学教育,中外差异最大。在美国高中生都能完成的问卷处理、韩国孩子完成团队组合配合的任务作业,中国这方面的教育缺失很大。受苏式教育影响,中国的数学更多的是向微积分发展,对于工程数学、统计数学和管理学术方面,我们的孩子从小接受的训练太少。同样的一份报告,西方人写的展示性、工程性很强,中国人写就干巴巴;同样一个项目,印度人能够争取多一倍的经费,而中国工程师会被认为不努力和规范性不强。

艺术中的数学教育:如今的学科分类,已经很难产生像达·芬奇那样集科学、技术、艺术、工程、数学为一体的科学家了。数学作为艺术的基础,在西方根本不是问题,在中国更多的是艺术和数学处于对立的境遇。事实上,中国传统文化由于不讲数理逻辑,也就没有发展出来一整套数学符号系统,更不用说数学支撑艺术了。中国的艺术,也从来没有从散点走向焦点透视的数学基础。达·芬奇为了画好一个美女,还要亲自解剖人体。总体来说,艺术中的数学包含框架性(焦点透视、几何学)、展示性(可视化、标识)、抽象性(对称、变形、组合)、心理性(隐藏、舒适、夸张)。随着大数据的应用,艺术中的数学会得到很大的发展,而艺术教育和数学教育融合的教育模式,会有很大的突破。信息之美、数据之美,你看到的未必是真的,你体现的才是真的。

本文的开头,我们分析了华人的数学程度以及带来的统计学专业的"华人化",这是乐观的一面,从悲观的一面来看,下面这张图,是亚洲经合组织给出的报告,里面反

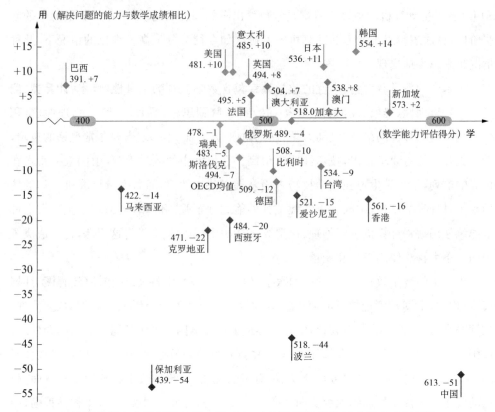

与"学"的能力全世界排名第一相对应,中国孩子数学"用"的能力几乎倒数。

映,虽然上海的中国学生数学"学"的能力全球第一,但是与学的能力相比"用"的能力却是几乎是全球倒数第一。

美国有一种很普遍的观点,认为华人数学考试好是与大量重复练题有关。2015年2月华尔街日报报道了武汉一名10岁的小学生写诗恨数学的事引起了很大反响。这也许和中华文化强调服从和对经典的背诵有关。这种能力虽然并不完全是坏事,例如这对基本工程,科学应用运算速度能力非常重要。但在更进一步的数理、数论等研究领域并无太大优势。

中国的高中数学,其难度和深度,在全世界并不落后。《华尔街日报》曾经说:"中国对数学相当重视,到小学五年级时,一般学生都已经开始学习代数方程,要解二元方程式了。这样的重视程度有助于解释为什么中国学生的考试成绩普遍高于美国学生。"然而如果从前面所述的科学中的数学、技术中的数学、工程中的数学、艺术中的数学来检验,似乎我们只重视技术中的数学,这也不难解释,为什么中国学生学习程度

(技术中的数学)那么好,创新人并不多(需要科学精神),团队配合和工程项目不如印度人(工程中的数学),创意能力又远逊于欧美(艺术中的数学)。

美国几个著名的考试机构,美国高中生要想进入私立名校,就得去参加这些考试机构组织的数学考试。高中招考中,就有非常多的概率统计和数论的题目。美国高中生毕业申请大学,仅仅SAT成绩想进入前50位大学也是不行的,基本上前50位大学录取的学生高中都已修完我们的大学微积分课程。另外一个角度,美国高中毕业的SAT数学水平,比起中国高中一年级还不如。中国教育的普遍水准比较平均,美国教育更多的是个性化从而拉开了差距。另外,美国的不同大学对于学科考试SAT2有自己个性的要求,使得并不是一把尺子量所有的专业门槛。

20世纪80年代的大学生,都会记得"学好数理化,走遍天下都不怕"。那个时候的数学,是为材料和重工业化而配套的数学。延续到今天,我们的学生逐渐不喜欢数学,很重要的原因在于,那些"传统的数学"我们又能用多少呢?除了加减乘除基本运算能力外,有非常多的科学中的数学、技术中的数学、艺术中的数学、工程中的数学,有趣而有用,可惜的是我们的数学教育往深里一走,就走进了死胡同,为数学而数学,为分数而分数,使得数学教育脱离了我们这个时代。

目前,这个时代是创造的时代,创客成为创造者的代名词。创客教育更需要数学的支持:从科学层面需要更新的逻辑、从技术层面需要更好的算法、从工程层面需要更好的协作、从艺术层面需要更炫的展示。数学教育作为支撑,并不一定需要一致的尺子走多深,国际的趋势是数学学习的面要广,深度让工具来代替(或者少数天才),不需要多数学生被绑架于同一基准。

从大数据到数据科学,数学在信息技术的发展中将起到越来越重要的作用,在这一轮的循环中,中国人机遇很大,但也不应盲目乐观,要看看你教的数学是什么数学:科学中的数学、技术中的数学、工程中的数学、艺术中的数学。只有老师的自我变革能力得到提升,自我教育得到发展,学生的创新才是可期待的结果。

洋葱里的图层世界

"请大家现在双手交叉胸前,闭上眼睛,算一道数学题。"在MBA课堂上,我又演起了一贯的课堂游戏。

"从上海到成都东站的D636列车始发上海虹桥站时1 024人,苏州站上5人,无锡站上10人,常州站上5人,镇江站上10人,南京南下5人,全椒站下10人,合肥南下5人,六安下10人。"

我越说越快,"金寨站上5人,麻城北上5人,汉口上5人……"紧接着我又报了汉川、天门南、荆州、宜昌东、恩施、利川、石柱县、丰都等站名和上下旅客的人数,我看见,所有的50位MBA越来越紧张,合十在胸前的双手紧紧地抓在一起。突然,我放慢了节奏,"涪陵北上5人,重庆北下10人,最终到达成都东,全部旅客下车,请问?"

"998位!"不出所料,这些经过全国MBA联考的学生50位中的45位得出了他们认为的正确答案。

"听我说,我的问题是,这趟列车一共停了多少站?"

与以往实验一样,没有一位同学答对!我让学生们双手交叉胸前,是为了防止学生们听过类似实验的用手指计算停站数量,学生们经过12年的普教训练和4年的大学训练以及1年的研究生训练,并没有分化出同时计算数量和站台的能力,相对于他们的微积分和概率论的专业能力,他们的想当然能力和同时计算两件事的能力与孩子无异。

人类的知识,如同洋葱里的图层一样,一层一层向外长,越外层,就越像人们最能用到的专业知识:厚重、坚韧、精确;越往里层,就越像未分化的洋葱皮：脆弱、黏黏糊糊、界面模糊；到洋葱的最里层：未经分化、毫无专业可言、理解力与婴儿无异。这些经过严格数学训练的学生，其表面分化得非常专业，能够迅速地计算比较复杂的算术甚至微积分问题，然而如果问到他们未经分化和训练的能力，哪怕一个小小的简单的问题，多数人都会错。

随着人类的知识分化图层越来越多，并不是人类会越来越聪明，反而由于分化，人类个体的误区也许也会越来越多。作为整体的教育，给学生什么图层是至关重要的。

苏州科技城实验小学的衣、食、住、行、才的"图层实验室"

苏州科技城实验小学的徐瑛校长，在2014年建设新校址的时候，就一改以前标准教室的一贯思路，将整个校园设计成一个她心目中的图层世界。"孩子认识世界是从本体开始的，不能教孩子虚无缥缈的空洞的概念，例如爱，首先让孩子爱花、爱草、爱爸爸、爱妈妈、爱这个城市，然后孩子才能够理解和感受更加专业和外层的爱祖国、爱人民的感情。"徐瑛校长针对小学生的认知，在整个校园大楼的一楼和二楼，设计了几十间与苏州相关的认知世界，徐瑛将苏州的认知分为五个图层：衣食住行才，以苏州丝绸、太湖三白、苏州小吃、苏州园林、苏州运河和太湖、苏州的红木核雕来构建孩子们心中能够理解的世界模板。这种认知模板虽然根据孩子的特点进行儿童化的非专业的诱导，但绝对是专业水平：请来苏州最好的绣娘、最好的苏工，实训室的书架是花梨木的材质，建立苏州工匠博物馆，徐瑛校长花心思与附近10公里范围内的地域非物质遗产建立紧密联系，让学生在孩童时代就见证最原汁原味的世界。

按照弗洛伊德的说法，人有自我、本我、超我。苏州科技城小学的孩子们通过对苏州周边和家乡的认识，完成优质的从自我到本我的升华，从原始的冲动和欲望到美好现实的理智与认知。仅仅这些还不行，还要完成从本我到超我的升华，脚踏实地，更要仰望星空。苏州科技城聚集了一大批高新技术企业：浙江大学工业研究院、兵器集团公司、中科院地理所、苏州医工所等，徐瑛校长在衣食住行才的本我环境教育的基础上，叠加了具有科技城特色的系列课程，为科技城的孩子们打造一个面向未来科技的小学。徐瑛校长陆续与中科院地理所开发了科技城手绘地图馆、与庚商公司开发了少儿树莓派和编程创客课程等等，每周二下午3点，几十个课程体系的兴趣班从科技企业引入小学课程，按照徐瑛校长的话："培养未来的乔布斯，是科技城这个地域给予的可能。"

徐瑛校长依托本地高科技企业建立多个面向未来的教育空间。

培养社会有用的人、培养专业的人，是教育图层适应社会必然需要的，也是教育分工必然完成的社会责任。然而，仅仅是学生具有分层的专业能力，还只是工匠，这需要孩子还要具有融会贯通的能力。既要融会贯通又不能失去自我，这个学习的洋葱又如何设计呢？

与科技城实验小学保持常年支持合作关系的中科院地理所苏州研究院院长齐德利博士，这些年做了非常多的思考和实践。齐博士的专业是卫星地理信息及大数据，也是由于他的专业，他对地理在人头脑中的靶向作用非常重视。齐博士有一个女儿，在女儿的成长中，齐博士让女儿从小跟着去野外考察的爸爸爬山、涉水、登高、观星……女儿3岁登上了长城；4岁接触了大海；5岁亲眼见过了钱塘江的大潮；6岁与爸爸考察了黄河、沙漠、草原；7岁奔赴了中国最北漠河，连夜登上了五岳之衡山、华山；多次跟随爸爸考察丹霞地貌，夜观月食和星斗。去各种博物馆，更是日常生活的一部分，北京大多数博物馆、陕西博物馆、河南博物馆、黑龙江博物馆、沈阳博物馆、厦门博物馆、上海博物馆、宁夏博物馆、内蒙古博物馆、南京大屠杀纪念馆、九一八纪念馆、衡阳保卫战纪念馆、西安事变纪念馆等，一一数来让人惊叹。由于自己的专业，女儿有这个条件"脚踏实地，心怀世界"，那么科技城其他父母的孩子是否能有一种可能也胸怀世界呢？2013年，齐博士干脆让在北京当老师的妻子下海，在科技城创建"知成绘本馆"，向科技城所有的孩子们免费开放。在这里，收纳了各类绘本及科学杂志近3000册，上百个孩子可以共享书籍，并参与各种集体绘本阅读及科普活动。科技城小学的孩子每周一次接受齐博士的授课，讲地理信息系统、讲祖国的大好河山、讲中国的历史地理,不仅讲,还让自己的妻子教孩子们画自己心目中的绘本,于是有了科技城实验小学每学期参加兴趣班的孩子的绘本作品。

有了责任以后的齐博士一家,以绘本馆为家,志愿者、小老师、绘画、社区活动,忙得不亦乐乎,然而成果也是显著的,《这就是二十四节气》(共四册)2015 年 11 月终于完成了。作品中的主人公,牙爸和女儿牙牙就是以齐德利父女俩为原型,中间穿插了女儿齐香媛的许多绘图作品,以女儿的视角去向孩子们介绍中国的二十四节气。除此之外,齐博士一家还创作完成了十本长卷《我叫黄河》、《飞行在中国的脊梁上》、《穿越丝绸之路》、《中国的海岸线,你了解吗》、《你好,长城》、《大运河,从哪来到哪去》、《坐着火车去拉萨》、《海上丝绸之路大冒险》、《嗨,徐霞客》、《我叫长江》原创地理科学绘本。

《这就是二十四节气》手绘书中的一页

搬到苏州 3 年,齐博士不仅是苏州高新区引进的杰出地理信息系统专家和研究院院长,还变成一个与附近核雕、绣娘、苏工更像的工艺大师,地域的力量,也影响着这一家西北人,苏州情愫像洋葱种子一样生根发芽、开花结果,一家人也变得更加细腻、缜密和富有才气。

"教育不仅要建立图层,更应该打破图层",在同样一个地理信息系统的坐标下,不仅有历史图层,还有地理图层、文化图层、科技图层,齐德利博士在 2015 年 7 月还完成了首张苏州科技城的手绘地图,他将这些图层告诉孩子、告诉来科技城的参观者和投资者。由于学生的成长,被专业知识一层一层包裹,人们往往忘记了自己的"洋葱心",以至于会想当然地以为客观世界就是自己最外层洋葱那个样子、自己也只能干洋葱最外层的事情。齐德利认为地理信息系统是很重要的图层世界的洋葱心,无论表层如何变化,只要地理信息系统在,就会不断长出各种图层。

心理学家按照个体来研究问题,社会学家按照群体来研究问题。按照社会学家米德的观点,人生下来并没有自我,自我是与社会群体交往过程中形成的,别人是自己的一面镜子,米德认为,一个人如能接受他人的态度,像他人一样扮演自我角色,那么,他就达到了"自我"的程度。实际上,在人的发展过程中,人可以获得许多自我。这些许多自我,与人类的知识一样,一层一层地形成了一个人的洋葱的图层世界。然而,形成了固态的图层,也就形成了偏见,偏见就成了创新的阻碍力量。建立图层重要,打破图层同样重要。

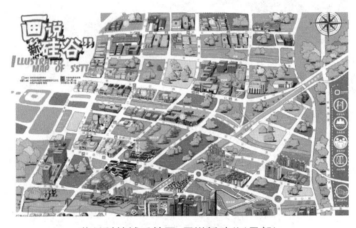

苏州科技城手绘图:画说新硅谷(局部)

回到本文初的那个小实验,每个人经过专业的学习,会积累非常厚实的专业能力,然而这种能力有时候是可以持续使用的,有时候会凋零甚至马上被淘汰,如果我们的教育工作者只教洋葱皮,剥掉洋葱心,那么与作孽无异。

"学好数理化、走遍全天下",30年以前我上高中的时候,数理化就是一切学习的洋葱心,而事实上数理化并没有成为这个社会真正完全的洋葱心,证明那个模型是错的,至少是不完整的,不然马云怎么就没学好数理化。目前国际主流的洋葱心是STEAM,之所以能够成为大家认可的洋葱心,是因为这五项是跨越文化和种族的公认能力和知识,然而并不一定其他的学科不重要。

黄浦区青少年科技活动中心多年来围绕所谓的辅科:科技、地理、艺术等原来不属于主流应试的学科,其实对于人的成长有时候更重要,建立了机器人、创客、软件、艺术、声乐等多种学科体系的科技培养团队，获得了非常多的成就。从 2015 年起，科技活动中心试图将创客活动深入到学校，打造一个区校一体化的创客培训课程，使区内没有类似苏州科技城那种学校的学生，也能在区内完成"洋葱图层"的学习。

青岛铜川路小学，希望将洋葱图层更进一步、更大胆地进行改进，在与沪江网的合作中引入远程授课与师资本地支持相结合的方式，将科学、绘画、艺术、信息等课程融入到创客兴趣班里，正在规划辅课老师组成 STEAM 教学团队的模式，以必修课模式完成孩子们的"洋葱训练"。

过去的数理化、现在美国的 STEAM、中国正在流行的创客和学科教室、沪江的互联网＋，教育热潮的流行只有一阵，谁也不能保证一种模式能够管用多长时间。教育不仅要有洋葱皮，更要有洋葱心，今天培养的孩子是要面对 30 年后的世界的，任何急功近利的思维在教育中都是有害的，任何一种模式的推广都有可能是灾难性的。

"教育要有耐心，科技城的家长相对来说素质较高，给我们较大的空间，我们能做很多事，然而也是有限的，孩子的教育，学校只是小头，大头在社会、在家庭"，苏州科技城实验小学校长徐瑛说。无论哪种方式，出于本心、本地、可为的方式，眼光长远，是值得钦佩的。

我们每个人心目中都有自己的对于教育的图层，是否也要专业化、也要打破、也要有一颗永远能够生长的洋葱心呢？

第三章

云梯

信息技术为教育变革带来哪些哲学思维?为什么说有云心,即真经?知识走向云端后,教育如何维持秩序、为什么说教育即将迎来一个地图时代?虚拟教学需要的是更真还是更假、越简单的前台背后又有怎样越来越复杂的技术支撑?教育大数据又怎样走向教育科学?

"约翰·哈佛,建校者,1638年"以上刻在哈佛雕像底座上的三个词都不是真的,有真理,就会有谎言,即使哈佛也不例外。1636年,哈佛爵士仅仅捐款700英镑就获得大学的冠名。这是真的,当年建立这个大学政府只给了300英镑。

你一会儿看我,一会儿看云

投影机的欧洲祖父

信息时代的师生关系,能够与失去神秘感的情侣相比:你所有的一切已不再神秘,而对方周围充满了比你还优秀的竞争者的时候,要么你具有对方互补的异性魅力(技能),要么你用心呵护、感动对方让对方体验很舒服(体验),你若还一味以初次见面时由于对方爱你而你具备的一点点心理优势而一直端着、拿着,她就难免"一会儿看我,一会儿看云"。知识、技能、体验是信息社会高度分工后教育剥离出的三种不同的特性。与情侣关系一样,好奇心和神秘感,是学生爱上老师的必然条件,很可惜的是,历史上帮助了无数老师装神弄鬼的教育技术,进入了一个学生学得比老师快的时代,前台越来越简单,很难拿技术忽悠人的网络时代这必然是以后台更复杂和丰富为必然条件的。教师就像一般等价物时代的黄金,原本大家都认为你很值钱,但是随着技术的发达也许根本就可以不用你的时候,你才发现柏拉图和苏格拉底所说的"我只是知识的助产士"的确切含义。

从皮影戏和万花筒发展起来的教育技术,经历了电化教育、现代教育、在线教育三个发展阶段,技术的快速发展和廉价应用其结果是让掌握技术的人知识快速折旧一文不值,教育技术从重硬件转向重软件,再到教育管理和教育内容走向云端后的重视教育数据阶段。

教师不是一桶水,而是水龙头;教师不是教学生知识,而是教会学生学习知识的方法。在信息技术领域,教师的自我信息学习能力和信息素养却是最令人担忧的。学生摇一摇就能找到周边好友和好吃的时候,教师和学校如何给予学生更多的改造世界的信息模板呢?

对于虚拟与仿真一个最大的误读就是出于成本考虑的高度抽象化的模拟教学,随着云技术的广泛应用和物联网技术的迅速普及,虚拟仿真不是由于便宜和模拟而有用武之地,而是更加及时地反映了现实社会的理性之真与教育之真,是在构建学生高一层和深一层的逻辑之真。同样随着云技术的发展,云梯不仅仅给教育带来共性之云,更多地带来个性之云。

云端的教育与实体的教育有什么不同?在实体教育中也许用道德和行为学进行分析复杂的不得了的教育理论,可以重新以技术的语言进行阐述:快速的不求甚解成了浅学习、串联式的逻辑学习成了深度学习,也许任务教学有了云端的大量学习资源和行为记录及诱导,成为了沉浸学习,而大量微课和散乱于云端的教育资源,必须有新的教育模式的指导才会脱离只有微课比赛才有用途的窘境:我们太需要从教育设计,转向设计教育了。以云为特点的赛博空间,就是以移动为主流应用的社交新人思潮的涌现,教师可以指导,但你只是社交的一环而已,与谁都难以阻挡千万只鱼群集体的走向一样,云端的学生,你只能调整环境的输入输出条件,无法调度某个微弱节点的行为。

可视化、自助式分析决策、开源软件与硬件将伴随着云技术的进化而越加成为主导性的技术变量,大数据只是一种数据的存在形式,而真正走向前台的是数据科学。

你一会儿看我,一会儿看云;你可以很近,也可以很远,作为教育工作者取决于你搭上一个什么样的云梯。

有云心，即真经

——云时代的教育即服务

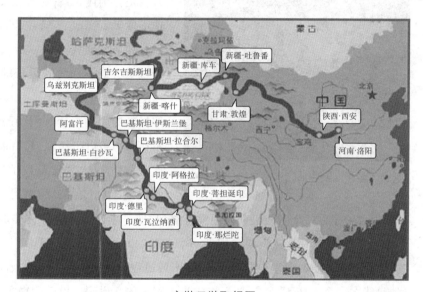

玄奘云游取经图

唐贞观十九年（公元 645 年）正月，已经往西域取经 15 年的玄奘终于回到了长安。在此前，玄奘经过了几十个国家、数百所寺庙，已经成为一代高僧。作为《西游记》的爱好者，我一直奇怪，《西游记》中记载的唐僧为什么取经过程写得如此复杂，唐僧怎么就粗枝大叶忘记了看经书真假呢？以至于无字真经成了最后一难；而作为历史爱好者，我也奇怪，说去西天取经，而事实上，玄奘似乎一到西天，所到之处学问披靡，早就是一代高僧，既如此，又何必费如此周折，去西天辛苦取经呢？

后来想这件事多了，尤其是我作为一个云游的访问学者到处学习

第三章 云梯 143

和讲学后,有了一点心法,才开始逐步理解前面的奥妙。在中国的佛教寺庙门口我们经常看到一个叫做韦陀菩萨,这个菩萨手拿降魔杵,降魔杵有四种样子:横抱杵式、杵靠肩式、单手杵地、双手杵地,如果你听导游的,会有不同的说法,虽不严密还真有一些道理,如果翻译成读者容易理解的语言就是分别代表:管吃管住发工资、管吃管住不发工资、管吃不管住、不管吃不管住。

这个韦陀菩萨站门前,管吃管住发工资吗?

如果把佛教当作一所大学的话,应该是世界上最早和时间最长的大学之一了,当然与此类似的还有犹太教和天主教。按照佛教寺院的规矩,受比丘戒就等于拿到本科学历可以工作了,开始苦行;苦行后再次受菩萨戒(也就是头上有香疤)相当于拿到硕士文凭(度牒)后就可以到各处参学(俗称云游)了。这个时候出家人还没有拿到"博士学位",只有像玄奘那样"湖海云游二十春,归来还作住庵人",再次回到一个寺院的时候,才成为"博士"。而"博士学位"的学习,并不需要在哪里长期听课,而是云游过程中一边读经,一边与各路高手辩论探讨,只待在一个寺庙不云游,是不能成为出家人的。说到这里就明白了,唐僧20年的"博士生涯",有云游,即真经。而当唐僧拿到"博士学位"的那一天(释迦摩尼给予真经),经书已然成为一张废纸,与今天的诸位博士证书仪式一样,哪位博士还会关心博士学位打印的质量和校长签名的真伪呢?在2012年,我就作为一个不管吃,管住,不发工资的云游僧,在卡内基梅隆大学体会了这个学校作为一个"云校"的世界名校的趋势。有云心,即真经,倒不在于这个学校的计算机网络技术有多先进,"云心"才真正体现出这所"名寺"的品牌真谛。

成立于1967年的卡内基梅隆大学,是由当年的钢铁大王卡内基投资的卡内基工学院和美国前任财政部长投资的梅隆艺术学院合并而来。创校校长接受该校著名管理学教授西蒙的建议,围绕计算机专业打造学院,形成了今天的以计算机工程为中心的工学院、以信息管理为中心的管理学院、以数字金融为中心的金融学院、以数字媒体为中心的媒体学院,多学科交叉的云游僧人(教授)们,在短短 30 年就让这个大学从美国排名 300 多位到稳居世界前 30 位。

当谈到云技术的时候,总是会用云的三个特点来概括这个计算机的专有名词:基础设施即服务、平台即服务、软件即服务,但是云技术背后的思维模式和哲学思考,很少会被谈到,而卡内基梅隆的云游经历,让我对比中外大学的思维模式,更加深刻地理解了什么叫"云心"。

基础设施即服务:卡内基梅隆大学有一个核心的学校图书馆。图书馆中使用了自助式的 RFID 图书管理系统,你可以借书和还书不需要登记,这点今天较为发达的图书馆都已实现。这个大学 7 个学院都有自己的图书馆,你可以在任何一个图书馆借你的书在另外一个图书馆还,图书系统已经不属于任何一个图书馆的概念了,属于这个大学虚拟图书馆的范畴了。作为读者,可以在网上迅速查到你要的书在哪个图书馆或者在借过程及还有几天可以还。这还是校内应用,事实上,卡内基梅隆图书馆的书可以和附近的包括东亚图书馆在内的很多图书馆异地还书。以上所指为实体图书,事实上由于美国版权管理非常好,多数资料和图书都是电子的,并且有版权限制,例如一本电子书只有 8 个授权,你如果需要读和下载的话,就只得排队或者提前。

图书馆应用只是基础设施即服务的一个简单例子,并且按照云的定义并不典型和严密。更多的卡内基梅隆大学各种各样的实验室都是各大公司捐助的:苹果实验室、英特尔实验室、微软实验室、美国国防部实验室等等,里面的试验设备和产权关系复杂、人员复杂,但是作为服务的教育一点也不复杂,卡内基梅隆大学总是以提供师生更好的基础设施为己任,每年平均每个学生学费为 5 万美金,人均受捐达到 25 万美金,这些美金都会变成免费的冰箱、咖啡、网络和你听取讲座总也吃不完的点心饮料和披萨(披萨太好吃又免费,我一年长了 20 斤体重)。在我所在的 CYLAB 实验室,无线上网和有线上网的方式隔离了各种不同的数据库应用及数字教学平台的基础设施服务。无论你在校园何处,通过有线或者无线你都能接触到你需要的资源。

平台即服务:卡内基梅隆大学具有美国国防部的大数据服务器中心、美国信息应急反应中心(CERT)、苹果公司开发中心、INTEL 公司开发中心、好莱坞数字动漫制作中心(海底总动员制作团队)、软件工程研究所(CMM)等一流的研究中心散落校园,在中国这种核心机构往往重兵把守,很多时候我却可以在卡内基梅隆大学随意进出,只不过安全关心的方面不一样,我听听讲座喝喝咖啡可以,要想进入网络和打开机房那是不可能的。在校园的 HUB,非常简单的一个能够照相的地方,我可以换取我的校园

即使是美国国防部设在卡内基梅隆大学的安全实验室数据中心，也具有很大的共享精神。

卡，通过这张校园卡我获取了身份认证。接下去的，就是我通过加入各种邮件列表，申请获取各种数据库和中间件平台及网络准入的身份了。卡内基梅隆大学这个平台非常强大，但外人却基本上看不到，只有你是圈里人，受邀获准进入某个私密的云，你才知道原来东西这么多。卡内基梅隆大学并没有国内高校非常强大的信息办，但是却有非常好的信息和行政服务系统，我所在的研究实验室的秘书是哥伦比亚大学的教育学博士，在我遇到困难的时候为我提供各种帮助。包括那张校园卡我后来才知道可以免费乘匹兹堡的公交车和免费使用大学的娱乐和体育健身设施。

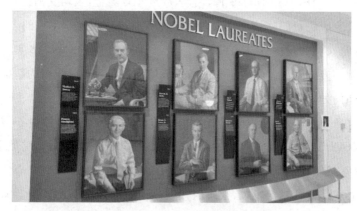

卡内基梅隆大学科学家墙（诺贝尔奖）

软件即服务：通过上面我提到的校园卡，我就有了自己的数字化的门户。包括卡内基梅隆在内的很多美国大学，也有机房，但是机房都是没有硬盘的网络空间，我通过认证登陆，就获得了我自己的网络空间而不必拘泥于物理限制的电脑在哪里。通过云和虚拟化的个性空间，我不但可以得到被推送过来的各种自己的信息：我借过的书、各种授权的应用和信息、定制的天气、实验室的授权等等，还可以得到各种软件使用授权，这种授权并不在我的电脑中，而是在云端的电脑：各种数据处理软件、教学软件、管理软件和操作系统和数据库软件。很多软件并不在一个云里面，经过授权我才能进入某个云。很可惜我当初只是觉得很方便，并不像国内的很多应用很炫、值得参观，过后才体会到便利性。在卡内基梅隆大学，几乎每天中午、下午、晚上，到处可以看到张贴海报的讲座，全世界各地的学者像云游僧一样过来宣称他们的观点。他们被学校、教授、学生请过来，听众一边吃着披萨，一边听着研究成果。不仅如此，卡内基梅隆大学除了教授，还有很多科学家，这些隶属于各种实验室的科学家并不是终身教授身份，但却可以教课，也接受考核，人员占到了整个人员编制的一半左右。往往是一笔经费来了，一个实验室就会聘用一批科学家一边讲课一边做经费指定的科研，科研经费花完了，科学家就可以走路了，同一团队的终身教授接着教课。

这种机制非常像佛教的云游僧的"挂单"与"参学"。学术的活跃性保证了卡内基梅隆大学在计算机科学、计算机工程、人工智能、信息管理、数字媒体等多个计算机学科都处于美国前五位，当之无愧计算机第一名校。有云心，即真经，我在卡内基梅隆大学这个云校，体会出"教育即服务"的教育理念。

卡内基梅隆大学无处不在的讲座

在匹兹堡与我同住一套公寓的另外一个教授来自匹兹堡大学核物理专业,他的导师有一个传奇的经历。这位韩国裔的核物理专家很喜欢匹兹堡,他的太太是著名的医学专家。于是这位韩国教授就让医学教授的太太申请到匹兹堡大学工作。结果连续3年被拒,原因是作为丈夫的他,不符合配偶引进条件。于是一气之下的韩国丈夫自己申请,很快得到批复,原因很奇特:匹兹堡大学需要战略性引进物理教授,而匹兹堡大学医学院编制非常多,太太水平无所谓。当初他以太太身份引进的时候,匹兹堡大学说:"你先生的专业是物理教授,我们需要引进具有世界级物理水平的科学家,不能作为配偶引进。"

这位韩国教授从麦迪逊来到了匹兹堡,下面的事情让我更加惊讶。这个教授带来了原先跟自己在麦迪逊大学的访问学者、博士后和3个博士,迅速进入"云科研状态"。我才发现,美国很多博士和博士后是跟着教授走的。

匹兹堡大学建于近100年前的这座教学楼,几乎保持了一个世纪世界上最高的教室记录。

事实上,今天美国的教育云盛行,和"云心"非常有关系。1927年,37岁的胡适由英国赴美国,向母校哥伦比亚大学提交了自己迟缓多年的论文并获得博士。也许哥伦比亚大学在杜威的影响下,并没有用物理限制学生的发展,更没有用时间跨度限制学生,这正是云的"即插即用"思想的哲学体现。尝到博士滋味的胡适,真的上瘾了,陆续在30多所名校和非名校拿到了39个博士学位。对于这些学校来说,教育即服务,胡适早就证明了自己的学问,颁发博士学位的大学提供的仅仅是一个颁名誉博士证书的服务而已。连胡适自己后来都不好意思地说:"我拿了1个自己读出的博士和38个别人白送的博士。"

2010年,吉尼斯世界纪录"世界上自己读博士出来最多的人",被一个叫周宝宽的辽宁人摘取,与胡适不同,周宝宽用30年读出了9个学位,包括3个博士。然而,这种世界纪录并不会诞生在美国和欧洲,那是因为"自己读出来"这种非云思维,在西方也许根本就不存在,人家更不会用几十年去读几个自己读出来的博士。2007年,东北大学的机械博士生小孙作为交换生来到法国,见到一位知名的数控专家。在1年时间为教授做了开创性的成果,临走的时候,教授问他需不需要法国大学授予他博士学位。作为去法国打酱油的交换生小孙以为自己听错了,法国教授告诉他:"在法国,只有一个人能够决定给你发博士文凭,那就是我,你的导师。没有人能监控我,但是我如果做了坏事,我的名声就坏了,就不能做教授了。"在后面的1个月,这个法国教授带着3个法国教授来到了中国的东北大学,完成了法国博士的简化流程,孙博士同时一场答辩拿到了两个国家的博士学位。云教育,就是这么任性。教育即服务,我们谈的技术云概念,都是来自于哲学思想的演变和思维观念的变化,如果思维观念不变,即使技术再先进,云也是假云、乌云。举个例子,中国的各个大学的教务系统、教学系统、教学管理系统等,目前都是物理割裂时代的画地为牢,在云思维下不应该存在的,是浪费资源和限制信息流动的行为,这种行为往往又被以安全和隐私的借口来掩盖。事实上,在你银行的钱都不知道也不必知道什么物理位置的时候,教育云:基础设施、平台、软件,云化根本不是问题,问题出在思维观念上。

  有云心,即得真经。人类的教育及其大学和学位就如唐僧取经路上的博士学位,真经不是一卷书,真经不是千行字,真经不是一张纸,真经确是万里云。

云逻辑，云技术

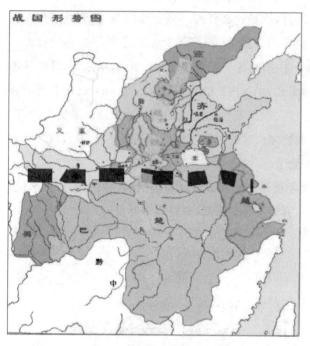

合纵与连横

公元前334年，苏秦在今天的北京附近见到了燕文侯，苏秦说服燕文侯顾全大局，与赵国合为一体共同拒敌。这个议题也不是苏秦第一次提出来的，为什么苏秦能够成功说服燕国呢？那是因为苏秦向燕文侯展示了一种崭新的政治技术"桌面虚拟化"，之前之所以大家联合虚情假意，那是因为大家信息不能统一、各有各的宰相，如果无论苏秦在哪里办公，苏秦的桌面上都拿着赵国和燕国的相印，那么就不怕各国心怀鬼胎了。为了达成苏秦的"桌面虚拟相印"的战略规划的实施，苏秦派自己的同学张仪入秦,向秦国建议秦国也使用这种桌面虚拟化技术,张仪掌握反秦国联盟国的相印,与秦国一起结盟攻打其他国家。苏秦的"众弱以抗强秦"和张仪的"事强秦以攻众弱"的纵和横,从今天讲,就是计算机技术中的客户端虚拟化中的纵向云、横向云。

苏秦与张仪一唱一和,保持了秦国和六国难得的15年太平日子,整整100年后的公元前221年,秦始皇统一六国。次年,秦始皇就着手建立从咸阳出发通往全国的高速公路:驰道。在秦始皇看来,只有建立全国物理集中的统一管理体系,才能有效地管理这个国家。客观地说,秦始皇在中国的皇帝中是比较够爷们的人,统一全国后没有杀功臣,也没有图安逸,秦始皇做了以下几件事情:统一货币、统一文字、统一度量衡、建立驰道、修筑长城。胸怀宽广的这位帝王,希望用他那个年代能够想到的最先进的信息化技术,有效地沟通中央与地方,彻底解决夏商周王朝倾覆的源泉。事实上,秦朝的崛起就一直与信息化建设有着密不可分的联系:鸣金收兵、烽火台的广泛使用、15年重用外相与门客,使得秦王朝一直是信息化的强国。嬴政完成以上规划以后,还不满意,他在这种纵向一体化的信息化建设基础上,增加了郡县制,王的封土和地方官的执行,双向信息的掌握使得秦朝实现"信息集中、权力集中"。秦始皇为了在横向信息上得到更多和更及时的反馈,开始不辞劳苦地巡游六国。可以说,秦始皇是将苏秦的纵向云、张仪的横向云集中在一起的实践家。秦始皇做的最大的一件事情是统一六国后,将六国的12万户贵族迁往咸阳附近,秦始皇通过咸阳这个"虚拟主机"技术,达到有效地降低国家行政控制成本的节约和集中,这种制度奠定了中国作为一个统一版图的后世基础。

二战期间,因为担心德国研发核武器,一批科学家向美国总统建议并实施了曼哈顿计划。于是,在美国西南偏僻的新墨西哥州的圣达菲,秘密聚集了大量世界顶级的科学家,建立了洛斯阿拉莫斯国家实验室,原子弹和氢弹就诞生在这里。战后,这个国家重点实验室单靠军方维持是不足以支撑1万多雇员平均每月8万美金补贴的。洛斯阿拉莫斯国家实验室隶属于美国能源部,所在地是新墨西哥州,但美国能源部没有管理科研的能力、新墨西哥州没有持续的科学家资源,于是这个机构又引进了第三个虚拟服务器机构——加州大学,洛斯阿拉莫斯国家实验室从战后开始一直由加州大学控制和管理,一直到后来演变成加州大学控股的公司运营。仅仅解决了运营问题还不是问题的关键,更不能让洛斯阿拉莫斯国家实验室持续成为科技创新的基地,还要有科学家。然而,圣塔菲这个地方,科学家长期生活和定居并不合适,更重要的是长期固定的研究人员,这样就失去了当初成立洛斯阿拉莫斯国家实验室的初衷和跨界创新的机制。洛斯阿拉莫斯国家实验室的创新使1万名服务类的长期雇员定居于此,而4 000名科学家,绝大多数是来自世界各个角落的各行业的科学家,还有大量自带干粮的访问学者。这么多学者在一起,形成了一个"虚拟应用"的环境,从事各种不同秘级的科研活动。在计算机领域,这种思维就是"应用虚拟化"。

EMC公司位于波士顿市郊的生产车间,严格生产的VCE应用云的一体化机柜,测试后很多直接运往高原的机房,插上网线后就成为一个几千公里外大型企业的数据和网络中心。

服务器虚拟化、客户端虚拟化、应用虚拟化是三种计算机常用的云技术,与其说是三种技术,不如说是三种哲学思维,就如上面我讲到的三个历史和科技故事。服务器虚拟化集中物理主机,应用系统不再分散在靠近客户的地方,在提高效率、节省资金、专业服务、节能等方面具有很好的效果;客户端虚拟化更加适应移动办公和客户的多元需求,将大量的计算机和资源放到服务器端;应用虚拟化的核心是前台应用、后台计算,我们传统的电脑,操作系统要想操作一个应用软件,调动的是本机的系统和与本机相联系的网络上的硬件和数据资源,而应用虚拟化是颗粒度更细致的桌面虚拟化,用户不是整体上访问远端服务器虚拟的一个虚拟客户端并全部获得那个客户端的全部资源,而是根据用户的权限,取得个性化和受控的应用。

那么,虚拟技术:服务器、客户端和应用虚拟化,是否有安全隐忧呢?当然有。就如纸币的发明带来假钞、信用卡的应用带来信用卡诈骗一样,东西放在云上也会带来安全的新问题。然而,事情也有两面,有的银行有破产的风险,但也有银行为用户的资金担保,这反而比将钱放在家里的保险柜更安全。几年前,一批狗仔搬到了香港著名影星的楼下开了一个电脑维修店,守株待兔地得到了这位影星电脑中的全部艳照。而2014年,美国某影星将自己的艳照放到亚马逊云上也被人窃取,二者的不同在于,后者得到了巨额的赔偿。

无论是主机虚拟化、客户端虚拟化还是应用虚拟化,都依赖于网络基础设施的高速发展和网费的快速降低。主机虚拟化和客户端虚拟化更多依赖于主干基础设施的发展,而应用虚拟化和客户端虚拟化能够推广,就要靠网络的最后100米。李克强总理在2015年提出中国的网费要在年内降30%,是促进云与互联网战略的重大措施。但这种措施的背后,一般人不容易看懂的是,为什么贵州和内蒙古成为新一轮的云与大数据中心呢?

而事实上,不仅在中国,美国盐湖城、科罗拉多、密苏里等偏僻、高原地域都将成为新一轮的云和大数据中心。由于物理集中,使得偏僻和没有税源的地区政府可以给予更多的税收政策,将原先的税收转向偏僻的地区,这只是微不足道的一个原因;高原和偏僻地域人烟稀少,只要解决100人的就业对于当地政府已是大事,而逻辑集中使得大规模的服务器机房放在偏僻地区还可以进行更好的专业的服务,这也不是最重要的原因。更加重要的原因在于服务器机房的房租、能源供给、天气与节能原因、战略安全因素。大规模数据中心可以有不同可用性等级模块的组合方案。而容量规模可分解为电量、面积、制冷量三个指标,对新建数据中心而言,制冷量可以按照IT电量进行配套设计,因而核心指标是电量和面积,电量与面积之比即为功率密度。容量规模体现出来的建设指标如"总IT电量1万kW、功率密度7 kW/机柜"等,在美国2 000平米的数据中心已经超过600个,而我国数据中心数量虽然已经接近45万个,但超过2 000平米的数据中心不足美国同等规模数据中心的10%。2015年,拉斯维加斯的Switch通信公司拟投资10亿美元建立一个27.9万平方米规模的数据中心"SuperNap"。这个数据中心的选址位于在内华达州的里诺市工业园区,为内华达州增加就业100个,已经是一个大事,但由于拉斯维加斯沙漠之都更加适合员工生活,这个公司的服务人员绝大多数在拉斯维加斯,人数5 000之多。NSA这个正在建造中的"数据中心"位于盐湖县与图埃勒县交界处,此地正好有两条主力电线经过,因此,NSA选择了这个位置,但是这个地方并不是很多人愿意去的地方,NSA在很繁华的马里兰州和犹他州就建立了配套的数据中心,犹他州由于教育资源丰富,仅招募翻译就达到1 600名。

2012年的云计算浪潮中,贵州凭借高海拔、低气温、低能耗成本等优势脱颖而出,成为了与内蒙古并列的数据中心集群地。三大运营商投资150亿在贵州建设数据中心基地。发展云中心需要四个要素，第一是天气凉爽，第二是电力充足，第三是网络基础设施完善，第四是人才优势，如果某个地方没有所有的要素，就要几个地方综合配备才行。

其实，真正阻碍云发展的还有一个很重要的因素，就是文化因素。上海海事大学在距离上海市区80公里的海边，每周三下午所有的市区教师都要驱车90分钟左右到达那里报到，开5分钟到半个小时的会议，然后再驱车90分钟回到市区。与此同时，上海市教育委员会对上海的8所大学进行教师激励计划，要求每个老师每周坐班一天，海事大学的老师又要驱车去值班一天（实际上在网络时代学生并不愿意接受这种坐班的答疑，绝大多数教师一学期也碰不到几个主动上门的学生），这种物理集中的思维原本无可非议，问题在于网络时代提供了另外一种权力模式，仅限于物理对人的控制并不总是有利于创新和创意的发展。如果注意到中国各类体育运动在全世界的表现，大家会发现凡是在隔着网进行的团队比赛中，中国人的井田式的物理集中模式尚可适应（例如网球、乒乓球、排球等），但如果去掉网以后，物理上敌我丧失必要的界限，国人的组织能力马上跟不上形势，很少有去掉网的运动我们在全世界具有优势的（例如足球、篮球、曲棍球、棒球等）。相比起来，游牧出身的西方更接近云思维，而农业思维的包袱，让我们不适应逻辑集中和应用集中的思维模式。在巴基斯坦，一个10个人的小公司就极有可能是一个国际化的公司，大家非常习惯于2个员工在美国、3个员工在欧洲、5个员工在巴基斯坦、半年到一年见一次面、每周电话会议、每天邮件列表和项目制的运作外部资源。

凡是有排队的地方就有信息化，凡是有浪费的地方就有巨大的投资机遇。从2014年开始，中国的沪深股市对教育类上市公司就情有独钟，2015年初更是创造了全通教育这样沪深第一牛股的神话，各种投资机构也纷纷涌入教育类创业公司。这当中固然有或多或少的炒作成分，但是之所以教育类上市公司能够发酵，和其背后的经济规律不无关系：一方面教育不均衡，大量的民众愿意进行教育投资排着队等着接受优质教育；另外一方面各类学校的实验设施和场地设施以及教育资源极大浪费。云技术似乎提供了各种各样的可能：在线教育、实验室共享、开放课程、创客空间、教育资源库、智能实验室等等。从横向角度来讲，一个区域教育资源的共享、课程的共享、师资的共享、授课资源的共享等可以跨越组织机构让资源以高效率发挥，而另一个方面跨地域的以专业条线为逻辑的纵向云，可以提供更多的跨地域的专业资源的共享。在横向云的实践中，上海市一直在进行的教育城域网建设和跨校选课等，方便了整个城市的教育资源的共享。上海的数十所大学的无线认证已经能够实现对接,上海海事大学的师生到80公里之外的上海大学的校园,用自己的用户名、密码,完全可以实现上网应用。

更为重要的教育纵向云和应用云,在网络带宽的支持下,正雨后春笋般地出现。上海海事大学杨斌教授在教育部的支持下,建立了一个物流纵向应用云:"物流教育科研公共服务平台 iLogistics",将数百种物流的应用软件放在一个云平台中,整合了数十个物流软件供应商和数据提供商,服务于全国522所具有物流专业的本科院校的十多万师生。在今天没有纵向云的绝大多数专业物流实验室,一个专业的老师即使资金非常充裕地购买了几套教学软件,一个学期也只能用几次。杨斌教授的这个成果,连接了全国纵向的物流专业,一个学生只要注册得到认证,就会接到一个邮件,输入用户名密码,就会得到自己申请的学习资源:网上的硬盘、内存、软件、数据甚至连同企业真实的数据,而等他下课的时候,这个学生只要关上笔记本电脑或者手机,学生的资源就会全部或大部分释放给其他排队使用的另一座城市的学生。

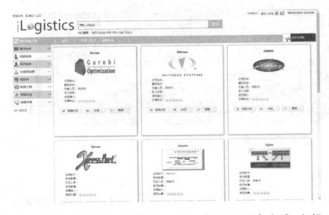

物流教育云资源的申请就像一个网站,背后是客户端、主机和应用三种云技术。

在美国,绝大多数上市教育技术公司都是做大学业务的,因为大学业务用户多、个性化和专业化,而中国仅有的一些上市的教育技术公司多数是做 K12 教育,原因在于中国大学的横向云、纵向云与应用云整合率很低,全国每年1 000亿左右的大学实验仪器设备和信息化市场,几乎没有企业市场占有率能够超过1%,而云技术的使用会很快改变这些现状。一个物流专业就有522个本科院校,足可以支撑2家上市公司了,而全国机械、纺织、化工、信息、电子等数十个大类专业,未来足以支撑200家上市公司。

这样想来,教育投资的高潮,还远未到来。

云无核，教有形

超级有机体的鸟群，是没有鸟王的。

1971年11月15日，刚刚从斯坦福大学加盟INTEL公司4年的第12号员工特德·霍夫，为日本公司的一个项目做出了世界上第一个微处理器4004，这块芯片开创了CPU的历史，从此，人类走进了电脑时代。之所以叫电脑，是因为那个时候绝大多数人对于人脑的理解，人的大脑就像一个中枢控制系统，用来支配人的一切行动，而CPU之于计算机系统，就如人脑一样，中心控制起到了关键的作用，因此简称CPU为"芯片"。

其实，即使是1971年，人类的脑科学技术早已经发现，人脑和CPU的结构完全不同，CPU对于人脑的设想纯属臆测。打开人脑，科学家们惊奇地发现，里面什么也没有。到今天，越来越多的生命科学家认为,人脑其实是一个"超级有机体",内部不同功能表面相似的脑细胞,在今天还没有完全搞清楚的机制的控制下,超过百亿的细胞形成一个没有中枢控制的具有明确工程的"人脑"。

这种没有什么看得见的控制方式的控制,不似我们看到的心脏,也不似看到的军队的中军帐,更像今天说的"云",只不过,"云无心"。

其实,云不仅在今天的计算机世界中存在,生物学家经常发现一些有趣的事情,在生物界中,像云一样的超级有机体总是让人们匪夷所思。有人在海岸线上发现成千上万的海龟每到一定的产卵季节会涌向海岸。海龟上岸的时间错开了好几天,吸引了大量的海鸟前来觅食。等小海龟出壳的时候,海鸟们可以饱餐一顿。按照海鸟的食量,海龟们一个也跑不掉。可是,大自然的奇妙在于,海龟们不会被海鸟灭种的。到今天科学家们都没有完全搞明白的机理就是,这些海龟在某种机制的诱导下,选择一个时间出壳,海鸟们自然可以饱餐一顿,是的,一顿,但是吃不完,多数海龟们朝着大海的方向溜之大吉。偶然的时候,海龟同一时间出壳,没有被海鸟吃完,却有很多没有朝向大海的方向,而是爬向了堤岸选择自杀,科学家们发现这些海龟是把灯光当作了月光,等科学家们把路灯全部关掉,海龟们又回归自然。

在上面这个案例中,海龟更像一个在互联网大潮中的网友,月光就是它们的WIFI,你永远不知道网民们下一步会转发什么信息,就如思潮,但是很明显,单个网民是无序的,但作为超级有机体的网民,就像这些海龟一样,表现出的群体智慧超出你的想象。

海龟和网民一样,具有以下特征:个体具有相对一致的行为模式、信息传递充分、没有人喊着口号集体行动,却表现出群体的智慧,人的大脑几百亿个细胞也具备这样

我上课的主要任务是:观察学生,调整进度。

的特点,能表现出非常智慧的群体现象,在系统科学中,科学家们称这种现象为"涌现"。

更加奇特的涌现,出现在蚁群、蜂群、鸟群、羊群中。在科学不太发达的年代,我们按照人类的组织模式想象这些弱智的生命群体,称它们为:蚁后、蜂王、领头羊,似乎整个群体复杂的群体行为:蚂蚁的宫殿、蜂群的精密的窝、鸟群空中的奇特形状和流体力学精妙的组合、羊群与狼群的斗法,都是智慧的"村长"指挥的结果,事实上并非如此。就拿蜜蜂群体来说,蚁后的生理机构和一般的工蜂并没有什么区别,小的时候的不同食品决定了它们由姐妹变成了君臣。不断吃蜂王浆变成蜂王的雌性蜜蜂,体型巨大、生殖能力强、被姐妹们照料、甚至失去了行动能力。但是,生物学家们发现,与其称蜂王为"王",还不如称之为"奴",因为蜂王根本不具备发号施令的智慧,蜜蜂们使用一种类似"蚂蚁算法"的东西进行沟通交流,自动组织成为一个超级有机体,这里没有王,只有群体,完成造巢、移窝、觅食、战斗等复杂的社会活动。

发现学生们沟通不足,我让竞争对手的他们互相偷取对方的作品。

关于超级有机体的研究已经进行了超过50年。科学家们发现,一旦有洪水爆发,在南美和非洲的蚂蚁们会首先得到"云预感",自动向蚁后靠拢。蚂蚁们可没有人类复杂而又不稳定的道德系统。蚂蚁头脑中有一种自私的基因,沿着蚁后的气味(不能确定)快速靠拢,跑得越快的,就越接近蚁后,跑得越慢的,就越在外围,蚂蚁们迅速形成了一个球团,自私的本性让它们紧紧拥抱,球团越聚越大、越聚越紧。等大水来了,靠近蚁后的蚂蚁一点也淹不着,而在最外围的蚂蚁却最先死去。等大水退去或者蚁团靠岸,活着的蚂蚁快速散去,该干啥干啥:造巢、移窝、觅食、战斗,开始了新生活。

蚂蚁的组织,让人们重新认识了人类的组织。管理学家和社会学家们发现,人类历史中所谓的集权的机械似的组织方式,也并不能总显示优势,在大多数时候甚至显示其劣势。在南美的印加帝国,当初面临欧洲移民的入侵过程中,由于有国王这种中枢神经的存在,使得几乎亡种,原因很简单,一旦失去了中枢控制的印第安人,就完全失去了组织能力,只要把国王杀死,数百万的印第安人就毫无组织能力,完全被人宰割。而印加部落中有一个阿帕奇部落,由于没有中枢系统控制,在以后的 200 年里给入侵者造成了极大的麻烦。苏联这个国家,按照集权管理模式建立了庞大的控制系统,然而这种控制系统却是不稳定的和低效的,面对着外部的竞争和内部的矛盾,迅速解体。

发挥学生的自发团队能力,效果往往出乎意料。

组织行为学家发现,以机械的和集权的 CPU 模式控制的组织,可以非常高效地完

第三章 云梯

成简单明确的组织目标,但如果在外部环境复杂多变、组织目标不明确的情况下,就非常不稳定和低效。天下之事,合久必分、分久必合,在创新和规范性的矛盾中,人类周期性的分合,恰恰是自我调整和优化的智慧选择。

中国教育,集中力量办了几十年的大事,标准化地培养了简单和明确的现代化人才。然而在高端和创新性人才方面,却摔了一个大跟头,也许就是如此。扯了这么远的组织行为学和生命体,和云什么关系呢?和教育什么关系呢?旁观者君这就进入正题。

学生的作品和协作。

腾讯的张小龙开发出来微信的第 8 个月,就有 3 亿用户,到现在已超过 6 亿用户。我们注意到,这已经成为人类历史上用户最多的一个产品。这个产品几乎没有做什么宣传,大家都使用的原因是它很好用。在 2013 年的时候,我在美国的匹兹堡打开手机第一次使用微信,已经能发现很多周边的中国人了,到了 2014 年 2 月我到匹兹堡打开微信,发现周边有一半美国人在使用微信。微信就像月光一样,很自然地照耀在我们思潮的大海,而我们在网络世界就像一个个刚出壳的海龟,到时间会不约而同地爬向大海深处。

问题来了,实际上,没有人教我们使用微信,微信连一个像样的产品说明书也没有,我们似乎天生会使用它,就连我 2 岁的女儿也会天生打开手机,打开微信,找到妈妈。

网络世界的学生,已经变成了一个个海龟,他们只认识月光,不认识妈妈。

从 2007 年开始,我在"网络工程管理"这门课中尝试使用网络进行教学。最早,我使用开源的 MOODLE 和 SAKAI 把我多年心得的课件放上去,再后来我放上去我所有的研究成果,再后来我把企业全部的真实案例放上去,再后来我发现,我这些东西原本可以不要,也可以不那么认真,因为在网络世界中,我发现教师越弱势,学生越聪明。

整个投标现场同样出自学生之手,邀请产业界评标,我并不参与。

在 2015 年,我做了最大胆的实验,我尝试教学生自己根本不会的一些技能。我把 18 周的课程分成三段:前 6 周为知识段,讲解 OSI 七层结构和网络原理,第 6 周就进行在线考试,考试在几千道题库中进行抽取,学生其实不用我教,也能背会这些东西,教课的目的是引起学生对于网络的兴趣,这就像我是母海龟下了一个蛋,其他的就不用管了。

第二阶段,我安排了 6 周让学生们做各种各样的网络基础实验:水晶头的制作、交换机的配置、DOS 命令的熟悉、VLAN 的划分、端口的聚合。这些东西我以往每年教课,非常辛苦地实现熟悉命令,学生们也手把手看我,学习时间很少,效果也很差。2015 年,我的这个课程班 144 个学生陡然增加了一倍,再也无法驾驭。我于是将实验指导书和实验视频用微课形式发给学生,不再教学生,只是在 12 周的时候现场考试,结果所有的学生全部过关,比以往好很多。

最惊奇的是第三阶段,我发现学生们对过去的技能和纯理论的技能毫无兴趣,但对最新的知识和技能乐此不疲:树莓派、物联网、创客、网站、机器人、3D 打印等等。但

学生们设计了它，采集温度、湿度、刷卡、门禁、可视化、监控。

是这些我都不会。于是我找一些公司合作，网上也收集了一些资料放到SAKAI平台，让14个学生一个小组，完成每个人一个任务的小组协作，最终完成软件、硬件、设计、概念、标书制作、工程质量、数据库、课程中心、数据可视化的招投标环节。一共6周，学生们让我大吃一惊，这些涵盖极广的知识与技能，学生们互相帮助，全部完成了任务。在预答辩的现场，每个小组的同学都能完成真实的系统和不同的物联原型展示，根本不亚于我在卡内基梅隆大学所看到的美国顶尖学生的作品。而我，这些东西根本不会。

云无核，教有形。虽然这些东西我已根本不会，但是我有网络工程20年的高管经验，动用社会的资源搭建了一个基于云的资源配置系统；我在基础的支持方面，给学生一个在线课程和在线实验的基础开源平台；在学生学习方面，我充分调动学生们的积极性，让企业老总在最后一次课程评判学生的作品；更加重要的是，学生们使用全世界的知识系统，通过国内的资源和国外的资源，结交朋友，快速地学习会了我都不会的技能。

由此，我就想到了一个问题：在信息完全的云世界，教师和学生会发生什么变化呢？我想，教师会和学生完全不是一个专业了。在西安欧亚学院，我看艺术学院的课程，百十个学生按照小组在一个很大的空间自由组织任务学习，而隔壁的20多个老师用摄像头在观察着学生的行为，并适当调整进度。我看见有一个时间，所有的老师都很焦急，因为他们发现学生出现问题了，他们不能确定学生是否能自己解决这些问题，教师是否要干预进程。这种教学方法，与我的方法非常类似。

在现代网络世界，每个学生的手机就是一个信号系统，他们连成一个网络，相互影响。作为老师，最重要的启示就是给学生适当的任务和环境，让他们形成自组织的生命体，教师成了观察者而不是参与者，学生们在信息可达的情况下，会展现出今后踏入社会所需要的协作能力、组织能力、学习能力和群体智慧。

每个小组的任务是为学校设计一个创客空间并完成系统原型。

卡内基梅隆大学的有些老师,课就是这样教的。

2005年,我家有了一片地,小小一亩,在上海也算极为难得,我种上了葡萄。那年,葡萄丰产,我想酿葡萄酒。就在那年,我发现淘宝网上已经有人专门卖葡萄酒引、酒罐子、生产器具和葡萄防鸟罩。这一切只为我这种自己家偶然种葡萄酿酒的人准备的,当年这个葡萄淘宝店只服务于我这样的大城市"葡萄创客",在没有云的时代,根本没有这个市场。今天,你如果在网上找这样的店,已经有几百家,服务于全国几万个葡萄发烧友。在这些发烧友的葡萄酿酒俱乐部中,是没有老师的,但比起有老师的年代,大家装备和效果远远更加专业和高效。

这门课,我每学期补贴3万左右,对比起来,中国那么多教改,是不是在浪费钱?

那么,在中国的教育界,社会所需要的越来越细和越来越多的专业中,我们的老师还教得了吗?如何教呢?我们的葡萄园,又会发生哪些变化呢?

云无核,教有形,云时代的大学老师,怎么你还想当"鸟王"?

真实、真情、真理,虚拟教学与教育之真

就是这个叫周浩的,从北大退学学技工,拿到了全国冠军。

  2014年11月,全国数控技能大赛,一名叫周浩的年轻人一举夺魁,围绕这位从北大生命科学学院退学而转学北京技师学院的年轻人的争论又添了一些材料。作为大学工科教授的周浩的父亲,应该稍微心安了,然而父子的价值观导向区别是显而易见的:父亲明显追求"真理",而儿子明显追求"真实",当年周浩以660分青海省高考第五名成绩希望报考北京航空航天大学机械专业时,追求真理的老师和家长,更希望周浩能够学习代表未来方向和人类文明的北大生命科学。

  几乎在周浩夺冠的同一天,陕西化学博士苏楠楠,在沪江英语上开的英语课吸引了1万多名学生听课,而苏楠楠自己也在短短20天内捞金35万。也许对于新东方这并不是灾难,因为沪江上学英语的人不仅仅是图便宜,沪江设置的同桌功能,让一起学英语的上海海事

苏楠楠,一个化学博士成了英语名师。

大学的工科男小张和西安欧亚学院的艺术女小李不仅喜欢上了英语,还迅速发展成为恋人,两个人迅速调整出国计划,毕业实习的时候一起来到张江某外企,也是收获颇丰,与周浩追求的真实不同,教育给予了小张和小李的是真情。

清华大学无线电专业的王楠,暑假到上海参加叔叔公司的实习夏令营。虽然王楠和第一个故事中的周浩具有基本相同的家庭背景,王楠的选项却不是动手,对于他来说动手能力丝毫激发不了自己的兴趣。叔叔公司的JAVA工程师经过4年的软件训练,往往需要培训半年才能上手的程序系统,从来没学过JAVA编程的王楠用2周时间完成得又快又好。吸引王楠的是程序中的密码算法,在两个月的实习期内,王楠完成的工作量几乎和正式工程师一样,但王楠70%的精力关注于软件中一个并不起眼和不引起工程师注意的密码算法,王楠希望改进它。对于王楠来讲,叔叔公司的教育实习生涯,他既不关心真实、也不关心真情,他对中间的某些真理感兴趣。

与自然科学不同,教育中的理论和假设非常多,教育中间的争论也非常多,由于其门槛很低,每个人都可以说几句,都站在自己的角度上具有真实的感觉,但却永远吵不出什么结果。就像大家都在形容一个心目中的姑娘:黑色的长发、苗条的身材、白皙的皮肤,于是只有前三句描述就足以让所有的男人成为情敌。等到了三个姑娘全部过来,大家才恍然大悟,原来大家爱的不是一个姑娘。

教育目标不同,教育的方法必然就不同。

杜威追求教育之实，于是实用主义教育畅行美国；哈钦斯崇尚教育真理，于是通识教育培养了芝加哥大学大量复合型人才；托夫勒愿景着未来之美，于是未来的教育被托夫勒描绘成自由个性的天堂。他们都是天上的星星，而井底的青蛙，按照各自所处石头位置的不同，一边吵着架，一边捉着虫。

什么是教育之真呢？

上海某211大学计算机专业的硕士研究生小冯，也到某IT公司实习。对于小冯这个来自于甘肃农村的硕士研究生来说，在上海找个稳定的好工作是他最大的梦想，而他将稳定的好工作定义为国有企业和事业单位、研究机构，只有硕士研究生写出像样的研究论文才可能渡过这一关。可惜的是，小冯本科毕业于一个非常一般的院校，本科专业也和计算机毫无关系，于是在研究生毕业前一年的暑假，在导师强烈建议下小冯来到了一个IT公司实习。带小冯实习的叶经理，发现小冯只对查看论文和做所谓的研究感兴趣，对工作毫无兴趣。半年以后，由于研究没有成果、碰到困难，叶经理才重新梳理小冯的实验方案和实验仪器，让叶经理大吃一惊的是，研究生快毕业的小冯，竟然不会网线制作中最基础的水晶头制作，而他实验中的问题，恰恰卡在了这样简单的一个问题上，而小冯根本不知道。

我们无从调查小冯的老师是否知道水晶头的制作，但是小冯所在的大学，有一个投资了数千万的实验室，任何一个本科生不仅仅是水晶头，连存储、云、大数据，都应该会玩的。10年前这个大学发现，仅仅使用思科的网络虚拟软件，可以培养出非常多的得到思科认证的网络工程师，但是没有实战环境，也只能成为"PAPER CCIE"（IT界专用词语，指拿到了网络最高认证，但却什么也不会干的新手）。在现实的网络环境中，99%的问题，虚拟软件是不能模拟和想象的。

思科公司之所以在20年以前就制作出大量的虚拟软件，那是因为培养一个网络工程师，让这个网络工程师去解决问题、配置机器，是一件非常耗费的事情，于是便宜甚至免费的虚拟软件诞生了。与思科公司的想法不一样的是电力、航空和矿山工程师的培养，虚拟软件不仅仅是便宜那么简单，新手在现实环境的训练往往带来很高的危险和死亡率，虚拟才是严肃的。

从20世纪70年代开始，就有很多不把危险当回事儿的人拿恶作剧当玩笑。有一个叫做凯文的家伙，不断入侵美国国防部等重要部门，还与网络专家玩起了捉迷藏。凯文落网以后无数的黑客竞相效仿，也引起教育界的反思：为什么经过科班训练的人不会的东西，这些甚至在高中具有学习障碍症的黑客们，学起软件和网络出奇神速呢？

后来他们发现,相比起学校的计算机学习,真实世界更加好玩、有趣,一个有趣和正向诱导的系统,学生的学习是迅速的。于是,各种游戏教育软件应运而生,围绕着有趣来快速满足学习者的诱导问题。

这几年,虚拟仿真技术受到了教育主管部门的重视和支持,每个大学、高职、中职,动辄用数十万、数百万的钱投入到虚拟软件的开发当中,然而,什么是好的和必要的虚拟软件呢?

换句话来说,我们需要的虚拟软件,是需要它更真,还是更假呢?这个表面容易的问题,回答起来真的不容易。这十多年来,我作为教育技术公司的负责人做过非常多的教学软件,但是同一个学科、同一个知识点,对于不同的人,同样的方法,结果完全不同。比如说对于一个高中和职业学校孩子,让他了解信息安全,你得让他去尝试攻破一个网站才行,信息安全背后的密码原理你根本没有必要教,多数的黑客属于这个层次,兴趣能成为他们自然的老师。而对于一个计算机专业的本科生和研究生来说,信息安全这件事却需要从多角度和维度去跟他讲清楚,你需要给他一系列的标准和案例;但对于985院校的学生,以上那些根本不重要,中国的985院校的实验仪器也很少用虚拟的,你得给他们配备与世界前沿同步的设备和课程才行。然而,我们只有一个教育部,却爱上三种不同类型的姑娘。

关于真实性与教育的哲学思考,著名的大数据研究专家张小彦说:"知识是整体的,只是因为人们的大脑不够,才将其分散考虑。我们要有系统性的思维,才会破除大脑局限,形成全局观念,最好地解决问题。"现代生命科学和医学也证明,人要对一个物体有本质的认识和形成观念,需要将不同的数据通过眼、耳、鼻等系统,将数据形成信号,再转到大脑的不同功能区去处理,处理后的信号再通过某种机制进行训练归结到一个统一的结论,形成概念。从这个角度上讲,事情本质的真没有任何意义,学习者通过信号系统理解的真,才是有意义的一件事情。那么,问题又来了,由于每个人的信号系统不同,生理结构不同,大家对客观物体的认知是有偏差的,于是100个人,可能有30个心目中的同样一个客体。

虚拟仿真技术,是数码化的客体,从某种角度上讲,它比每个人自己理解的事情更真,抛开了个体差异而带来的偏见,例如在水晶头的制作中,有非常好的虚拟软件将这个过程的重要注意事项解剖出来,不但便于学生学习,还便于学生理解。这样,问题又来了,虚拟仿真技术,如果仅仅来自于某个专家的设计,那么这种真,往往是带有专家个人偏见的真,筛选掉的,往往是更加重要的事情,而虚拟软件制作过程中,又会外包给和这个对象课程不太相关的设计师手里,偏差就会更大。上面那个案例中的小冯,他学水晶头制作不是通过工程学习的,是通过网上的虚拟软件进行学习的,而那款虚拟软件高度抽象了水晶头有用的部分,例如四根有颜色的铜线。虚拟化学习的小冯,随便接了4根网络的花线,在一般情况下,不会有问题,然而小冯所做的网络研究,恰恰最重要的是4根花线。

既然每个学习者的目标不同,泛泛而谈教育的真实就没有任何意义,客观真实和教育真实是不一样的,哲学上的真实是指不可改变、不可还原、不可复制的,也是不可能去安全实现的。即使一个完全真实的产品线放进学校,学生也很难体会到工厂那种专业压力和枯燥性,因此也很难说你的这条生产线就是真实的。而从另外一方面,对于高端的学生,真理更真还是真实更真,也是一笔不容易算清的糊涂账。曾经有教授向清华的一位校长建议清华的学生也应该理论密切联系实际,这位校长曾经的回答还是能够让我们深思的,大意是说:"作为清华的学生,不是仅仅需要他们下到工厂能干活儿,因为能干的活儿存在,那是因为是过去的东西,清华的学生应该去干那些原先没人干出来的事,比如火箭,你设计火箭的时候是不存在火箭的或者火箭只有美国存在,但是你不能说清华的学生就在玩虚的,图纸的真实是比现实的真实更高一层的真实。"

虚拟软件要想做到教育之真,这个教育作品的教育形象要符合合情合理的性质。

所谓合情,首先是通过软件设计师本人对虚拟软件知识点、技能点、体验点的认识、体会和感悟,进而给学生展示出一个带有设计师个人主观色彩的专业世界,其中这个展示的过程必须是符合这个学科最普遍的认识步骤逻辑和认知情感变化逻辑,体现出人类从形象思维升华到抽象思维的合理规律。情,指向的就是人的主观世界的种种变化波动。合情即指合乎这种主观世界运动的规律。合理,指的是设计师创造的虚拟仿真产品符合专业知识点运作的普遍客观规律,即存在的合理性。这种合理性必须在学生的接受范围之内,也就是要契合学生的现实经验,使学生对作品创造出来的现实专业世界感到认同,在接受上不会太唐突。

因此,要真正做出一款好的虚拟软件,就要充分考虑这款软件中的幻想系数和逻辑系数,有时候要想达到教育之真,还甚至必须以虚假或者虚幻联系在一起谈论才是有意义的有价值的,因为教育之真本身,不仅包含指认真实、表象真实还包含逻辑真实。在一个山东临沂山区的孩子看来,蓝翔技校的挖掘机驾驶才是真实的,因为他的教师能够清晰地指认那个驾驶员通过这台挖掘机的3个月驾驶学习,能够每个月挣4 000块钱;而一个职业技术学校的学生理解的挖掘机包含了挖掘机的各个关键部件的表象之真,这种挖掘机专业的学生也能清晰地被挖掘机使用方毕业后按照专业门类表象进行招聘,经过3年的学习,他还是每个月挣4 000元;一个清华大学机电系的学生看到了挖掘机,他理解的挖掘机是它的动力、机械和电器的配合系统和模型,虽然经过4年的专业学习他也是每个月挣4 000,但是他的目标是4年后能做出更好的挖掘机。于是,清华大学的挖掘机虚拟软件,某个职业技术学院的挖掘机虚拟软件,以及蓝翔技校的挖掘机虚拟软件是不同的,抛开服务对象,还真不好说挖掘机技术哪家强。

  物联网技术、云技术、大数据技术,也许能够解决部分上述的教育难题,最新的虚拟仿真技术不仅仅是需要动画和声光电的模拟系统,还会将实体系统整合起来,还会将信号系统通过LABVIEW软件整合起来,还会打造一个知识地图的深入应用,这里面,话就长了。

  回到本文的开头,我非常关注周浩的发展,虽然他喜欢动手,虽然他擅长动手,但并不能现在就断言周浩适合做技工,人生的路很长,原先的教育系统只不过只能让周浩做选择题,不允许他做综合题,到底一个人适合干什么,连周浩本人,都要一辈子去探索,要不怎么说,教育是一个寻找自我的过程呢!

改造世界的信息模板

平静的生活、无争的环境、敏锐的观察、冥想的世界,张益唐的信息模板。

2012年3月,56岁的新罕布什尔大学讲师张益唐罕见地对远在旧金山的妻子打了一个电话。妻子对于这样一个10多天也不与人说一句话的丈夫能打来电话颇感意外,更加意外的是,丈夫请妻子关心一下最近的新闻:"可能有我的消息!"当时妻子认为他又疯了。

她的这位丈夫,30年来只发表了两篇不知名的文章,还有两篇没有发表的论文为丈夫惹来无数麻烦:1992年的博士论文,丈夫认为引用了自己的博导的公式有问题不肯发表而引起师生反目;2005年丈夫将一篇论文诚惶诚恐地放到顶级数学网站上看看反应,被证明是错误的结论。

这一次,张益唐没有让妻子失望,张益唐成为2012年到2015年世界数学界贡献最大的成就者之一,他将50年无人问津的数论问题大大向前推动了一步,不仅将7年的编外讲师转正,还一下子成为这个美国排名100多位大学的正式教授。

要讲明白张教授的数学研究,不是很容易,我们看两组数18 383 549,18 383 551;95 087,95 089,这两组数字有一个共同的特点:一是它们都是素数,也就是不能被两个整数的乘积代替(除了1和本身),二是它们之间只间隔一个偶数,这两组数字被称为孪生素数。在很早的时候,就有数学家提出一个假设,孪生素数有无穷多个,百年多来,无数科学家毕其一生毫无进展。最接近孪生素数的问题是,如果不那么孪生,比如相差5,或者500,或者5 000的兄弟素数,是不是无穷多个呢?张益唐的成就就在于,他证明了7 000万间隔的兄弟素数对,有无穷多个。在张益唐的启发下,全世界的数学家展开了一场空间的竞赛和计算机演算,目前已经推进到246,也就是在整数中,相差246的间隔范围内,有无穷多个质素对,这已经距离孪生素数很近了。张益唐没有加入这场竞赛,他认为,这些是体力活儿。

谦卑、低调、思考,56岁的张益唐非常喜欢他的讲师生涯。一般来讲在美国大学讲师职位只是编外的临时岗位,并不稳定,而且薪水很低,更别提能有研究经费,但张益唐总说非常感激在新罕布什尔的岁月,因为这份工作让他能够安心学术。新罕布什尔大学也很高兴有这样一个中国人整天热衷于好好教学生微积分其他一概不过问:不求职称、不求待遇、授课认真、很有水平。然而,即使当初为了帮助他生计而引进张益唐的北大同学,也不知道张益唐到底有多大水平:他不说话、也不发表文章、不买车也不买房,经常想着想着数学问题就睡着了,醒了以后又继续散步接着想。但张益唐的数学思维能力大家还是有所体会:他似乎不拿书、似乎也不备课,有时候被迫参加聚会的张益唐在半年后还能记得每一个人说什么话、什么姿式表情。

在所有同事和朋友眼中,张益唐是一个弱者,需要帮助的对象,张益唐也得益于美国的华人朋友的帮助。从1992年博士毕业到1999年,张益唐到处打零工,当过会计、卖过快餐,直到他的同学实在看不下去,通过关系让他当了数学讲师。张益唐还有一位音乐家朋友齐天,齐天有一个八年级的儿子,齐天想让儿子学微积分,于是在2011年的暑假,张益唐来到了齐天家里住下,做了齐天儿子的一个月数学家教。说是家教,每天一小时之外,齐天家里的环境、齐天的音乐熏陶,张益唐还是非常喜欢的,齐天又非常尊重他。于是,在2011年7月4日齐天音乐会后,齐天惊讶地发现同车的张益唐哼起了歌曲,在后面的6个月里,张益唐撰写了那篇惊动世界数学界的论文《素数间的有界距离》。

自从 1963 年美国人乌拉母发现质素螺旋后，业余爱好者也开始研究质素的出现规律（黑点为素数）。

我们要再造一个张益唐，就得让他生活在教授之家，你得让张益唐的父亲是教授，他 10 岁的时候父亲调往北京，在上海没人跟他说话；你还得让那个时候张益唐只能买到数学书，恰恰就是张益唐喜欢的；你还得让张益唐两年后回到北京，马上跟着母亲下放农场，这回连数学书也不能看了，只能自己默背一些数学公式；你还得让 1978 年恢复高考，让张益唐直接考上北大，让丁石孙直接做他的老师；你还得让张益唐不善言辞、不求功利、对一个在所有数学教授眼中不可能在几十年中出成绩的领域孤独前行。张益唐的成就得益于两个数学家的类似的基础论文，不同之处在于，他认为那两个数学家的"解题思路太笨了"，而天才般的张益唐之所以能够取得突破，更得益于他的很聪明的解题技巧，是"只有讲师还会这么认真，对各种数学技巧的掌握叹为观止"。

童年的生长经历和成年以后的成长经历以及张益唐的生活模式，简直就是为数学所生，为数学中最枯燥、最唯美的数论而生，从小开始，张益唐头脑中就被植入了一种特殊的"改造世界"模板。

1845 年 10 月 31 日，在柏林的普鲁士军队大院宿舍，阿道夫·冯·拜耳度过了自己的 10 岁生日。这一天，50 岁的父亲送给他一件礼物："我决定从明天起，自学地质

东方世界神秘的靛蓝和其奇特的香味，一直启发着拜耳。

学，谁也不要拦我，这是我给你的生日礼物，我过去是一个军人，从明天起，我们一起做一个合格的学生。"父亲说到做到，在父亲 74 岁那年，成功地从军人转行到地质，成为柏林地质研究院的院长。

青出于蓝而胜于蓝，从幼年开始，拜耳喜欢上了化学，并且 23 岁就拿到了博士学位。有一次，在谈论一位德国的著名教授的时候，拜耳不经意地说："他只比我大 6 岁而已"，父亲郑重地跟他谈一次话，纠正他对年龄的偏见。"难道学问是与年龄成正比的吗？大 6 岁怎么样，就不值得学习吗？我学地质时，几乎没有几个老师比我大，老师的年龄比我小 30 岁都有，难道就不学了？"

青出于蓝而胜于蓝，这是中国古代人就知道的一个科学道理，但是为什么青出于蓝而胜于蓝呢？拜耳从小就对来自印度的印染和"靛蓝"工艺非常感兴趣，成年以后这种"兴趣模板"一直在头脑中挥之不去。在 1885 年，拜耳终于发现了其中的原理，1905 年拜耳得到了诺贝尔化学奖。

老拜耳在小拜耳头脑中形成了非常独特的"改造世界的模板"，与父亲一样，拜耳工作到 80 多岁，同样受到父亲的影响，拜耳还努力为年轻人提供机会，培养了多位诺贝尔化学奖获得者的学生，一代学生"青出于蓝而胜于蓝"。

最近，不断有朋友圈在讲几个中国教师在英国学校采用所谓"中式教育"最后"赢得"与英国平行班的成绩优胜的文章。如果用数学和科学成绩来印证输赢的话，"古老的英式教育"（中国教师采用的是 100 年前英国的教育方法而已）无疑是赢了，然而，教育是什么呢？教育是学生改造世界的信息模板，是除去知识之外剩下的东西，如果从这个角度来讲,我们的课堂上,谁还能说你能剩下来张益唐这种数学天才?你还能保留拜耳的"青蓝之问",留给学生什么是10年、20年、30年不变的"信息模板"呢?如果不是这样,那课堂上早晚会学会的那点雕虫小技或者早晚会忘掉的那些知识,对成长又有什么好处呢?我们又有哪位教育学家能够设计出张益唐的成长经历?又有哪位父亲能给予比老拜耳50岁给孩子学地质当生日礼物更好的教育呢?

与充斥着硅谷创业故事中的人物成长经历一样,卡兰尼克也是一个退学生,同样从小开始学习计算机。卡兰尼克1977年出生在旧金山,六年级时就学会了编程。这一切都得益于父母对于教育的深刻理解。不仅如此,卡兰尼克1998年从大学辍学,与6位好友创办了Scour.com网站的时候,他的父母拿出了几乎全部的积蓄。最初卡兰尼克只想做个网络搜索引擎,没想到它变成了世界上第一个P2P文件下载资源搜索引擎。然而,2000年,网站被好莱坞29家公司起诉侵犯版权,并索赔2.5亿美元,最终双方达成庭外和解,Scour.com网站支付了100万美元后宣告破产。

老卡兰尼克在1998年不止支持儿子辍学,还投了第一笔钱。

亏光了父母的钱的卡兰尼克带领原班人马重新创业,事情似乎出奇得顺利,纽约的一家投资机构决定投资大笔资金并乘飞机过来签订投资协议,结果飞机一下子撞到了美国世贸大厦。再往后来,一起创业的合伙人带领开发团队整体跳槽到索尼。最困难的时候,卡兰尼克不给自己开工资,只能睡在一辆租来的汽车里,在附近赌场的卫生间里像流浪汉那样洗澡。这个时候,美国式父母的信息模板又起到了关键的作用,父母把他接回了家，让他在家里吃住，最终卖掉公司得到的 1 900 万美金成就了他后面的事业。这个时候，当初集体起诉他的 29 家公司的 23 家已经成为新公司的客户，面对困难、争取荣誉成为他的信息模板。

巴黎出租车罢工抗议优步，卡兰尼克宣布这天巴黎坐车 UBER 免费。

2009 年，卡兰尼克与朋友加雷特·坎普在巴黎游玩，因为苦于打不到车而萌生了开发手机打车软件的念头，优步公司就这样诞生了。如果不是当初 6 岁就开始的信息技术教育的信息模板，卡兰尼克就不会在不断的创业中具有天生灵敏的"互联网思维"，如果不是卡兰尼克在创业初期碰到那么多波折，UBER 就不会在全世界政府的封杀中获得生存。

硅化木

地质学中有一种非常奇特的现象，那就是硅化木。数百万年前的树木，由于偶然的情况被掩埋，在特殊的环境中，树干周围的化学物质如二氧化硅、硫化铁、碳酸钙等在地下水的作用下进入到树木内部，替换了原来的木质成分，保留了树木的形态，经过石化作用形成的植物化石。虽然化石的成分中木头已经没有了，但是纹理却完全是木制的。人类的记忆和儿童的学习心理，按照建构主义鼻祖皮亚杰的理论，就像硅化木一样，对人今后的学习，往往重要于具体的知识。知识可以更新，正如木制可以更新，而纹理不会大变。

网络工程课

2012年开始，微信大规模应用普及，为了防止学生上课玩手机，很多大学禁止课堂上使用手机，为了学习，这种禁止是有理由的。然而，我在想，现在的孩子思维方式就是社交化网络，如果今天禁止手机，明天就会禁止上网，那么毛坦厂中学和衡水中学的监狱模式就会成为学校"改造学生的信息模板"，这种监狱模式在应试上肯定能取得成功，然而，孩子们失去的，却是在社交网络世界"改造世界的信息模板"，我们培养了大量为过去世界需要的标准化人才，却错失了培养 UBER 创始人这种创造性人才的可能。

于是，我在课堂上使用微信点名、使用红包点名，使用有趣的现场和非现场实验，使用信息化的方法，点名的效率高出数十倍，后来我又使用翻转课堂、使用微信查看正确率。事实证明，使用时代化的信息手段，学生还是那些学生，之所以我们老师经常说现在的学生难教了、不好了，其实是我们的老师过时了。

其实，教师过时一点没有什么，关键是，做教师的，到底能留下学生什么样的10年、20年、30年值得拥有的"改造世界的信息模板"？

2013年，我在美国一所大学看着美丽的校园，就问这所大学的一个教育学教授：到底为什么美国的校园这么漂亮呢？这位教授告诉我："在你眼里，教育很重要，因此校园很美丽，这是说不通的，因为少几百平方米的绿地，怎么能影响学习成绩呢？关键在于，校园是学生改造世界的信息模板，今后学生进入社会，是会按照母校的模板、书本的所学去改造世界的。"由此我想到了，中国目前的学校，硬件环境逐步到位，但学习体验"这种信息模板"还差距很大，学生学习不快乐、校园不美丽，怪不得学生毕业以后不愿意读书。我们的校园，我们的孩子在这里度过了第一次约会、第一次恋爱、第一次团队合作；他们与她们度过了最美好的青春、最激情的年代；可是，我们的学校，厕所却是没有手纸的，如何值得学生终身自豪？去如何满怀激情按照什么模板改造什么样的世界？

平行世界与全息教育

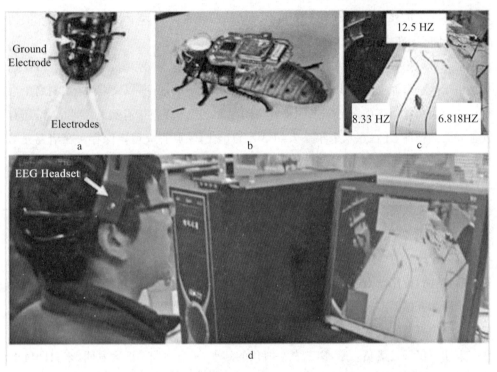

最便宜只要 100 多美金的开源硬件,就能打通蟑螂的灵魂世界与现实世界。

西汉元帝年间,司隶校尉(也称卧虎,皇帝的禁卫军统领)诸葛丰,刚正不阿,得罪权贵回到故乡琅琊。诸葛原本是从山东诸城迁徙过来的葛姓,为区别琅琊原本的葛姓,人们称这一支路为诸葛。诸葛丰也许是第一个正式自称姓诸葛的人。诸葛丰死后 200 年,这支也许是汉朝最小的姓,却成了三国四大家族,其后代诸葛亮、诸葛瑾、诸葛恪、诸葛瞻、诸葛诞，都成为魏蜀吴三国的常委兼三军总司令。也正是由于如此，诸葛一族在三国归晋的20年，几乎灭族。然而，这中间看两个问题，可以引发本文的思考，那就是为什么如此小姓可以横扫三国数十年，又为什么诸葛三兄弟：诸葛瑾、诸葛亮、诸葛诞，到最后都没有灭族？

诸葛丰去世后，后代继承了他的家风，就连诸葛亮的称号卧龙，也来自祖先的官职"卧虎"。诸葛亮每自比于管仲、乐毅，其实最想超越的是祖先卧虎，成为卧龙。汉末虽然世风日下，兄弟相残，然而诸葛家族还是相帮相助。诸葛瑾投奔东吴后，诸葛亮和弟弟却投奔东吴的死敌刘表的属下诸葛玄。诸葛两兄弟胸怀天下，却记住了祖先的风险，鸡蛋不能装在一个篮子里面。

诸葛家族情怀，与当时的士族有奶就是娘截然两种风格，就像完全两个世界的人。正是由于这种形而上的理想才形成了诸葛亮三分天下的理论，以文弱书生、羽扇纶巾指点江山。而这一支山东诸城来的葛姓不同寻常之处不仅在于有经天纬地之才，还有安神守命的技能，才在东汉末年杀人如草芥的年代，家族香火得以保存。在诸葛兄弟最为风光的时候，诸葛瑾的孩子莫名其妙给了诸葛亮当养子、诸葛亮的孩子给了诸葛均（亲弟弟）当养子，而曹军大将军诸葛诞又将亲儿子送往吴国当质子，这种奇怪的举措，为诸葛瑾、诸葛亮、诸葛诞兄弟最后没有灭门埋下了伏笔，也为诸葛家族在晋代继续红火留下了种子。

诸葛家风正直、才气、果敢、文武双全、心怀天下，颇具有理想主义情怀和理性、理论素养，然而，往往被人遗忘的是，诸葛家族装神弄鬼、深入世俗、巧妙营销以至于深得黄老精髓而九尾狐不死，也算理论与实践高手一族，可称得上逻辑世界和实践世界任督二脉全部打通的人。

天才不仅仅是诸葛一家，文艺复兴时代的到来，来自中国的四大发明、来自印度的数学、来自古希腊的哲学和科学，终于汇聚在了欧洲。在这种汇聚中，诞生了第一个理论和实践平行世界中的奇人：达·芬奇。这位仁兄，不仅数学奇好，还发明很多物理公式和物理装置、还解剖尸体和头颅、还绘画惊人，画了很多美女和世界名画。现在看来，那个时候的达·芬奇一点也不奇怪：其绘画与其物理学运动和能量的考虑，再与其几何和数学能力、再与其生理卫生知识的全面掌握，没有这几方面的融会贯通，就不会有达·芬奇，说重了甚至不会有文艺复兴和工业革命。我们看来原本平行不相干的世界，正是由于达·芬奇的思维中是交汇的，才有了达·芬奇的艺术。

对于芸芸众生来讲，在头脑中的形而上的逻辑世界，与在现实的物理世界，是完全不同的世界,虽然说理论能指导实践或者说实践能抽象出理论,就可以成为人瑞。人生有限,掌握理论的人,实践能力就弱;掌握实践的人,其文化修养就差。正所谓,秀才遇到兵,有理说不清,别说遇到兵,就是秀才不被朝廷赏识,其日常的生活起居和种菜挑水,还要看娘子的脸色。

自从工业革命后,教育将理论和实践紧紧地链接在一起,科学和哲学原本同源,却和工程发生联系,于是人类突然变聪明了,越来越多的人开始打通任督二脉,人类发展进入到了指数级发展。

可惜,社会的发展,使得社会分工越来越细,到了工业化的后期,学科也越来越细,反而造成人们理论和实践的脱节。苏联是最后进入工业化的,而苏联又是在废墟上建立的工业化,于是苏式教育所带来的专业割裂与片面追求单一效率,让整个系统效率提高的同时,把人变成机器,反而将形而上的理论和思维世界机械化了。继承了苏式教育的中国,如果说在原本成熟的技能中延续下来,倒也还是一种特色,然而,苏式教育却又遇到现代文明,高校扩张使得中国的高等教育既不像苏联、又不像美国。

我上大学的时候,是在北京钢铁学院,入学的时候还是非常经典的苏式教育,虽然死板,却也非常重视实践。我记得上学第一课,教授就给我讲20棍轧钢机可以轧比头发丝细得多的钢板,虽然这么薄的钢板没有什么实际用途,虽然我以后也没有进入轧钢这个行业,但是大学就玩未来世界的东西,影响了我后面的职业生涯。北钢还是锻炼了我很好的思维能力和实践能力的。毕业20周年的时候,再去母校,我所在的材料学院已经成为国家重点实验室和材料学的榜首,然而那个20棍轧钢机早就不在了,不仅如此,我问老师,目前学校里面还有多少为未来准备的技术和工业?这个国家重点实验室的老师摇摇头。

别说为未来准备的实践,由于大学扩招,我们为今天和过去的技术准备的技术和实践也不能得到保证。苏州大学医学院实验中心主任调侃着对我说,你要是在全国各地看病,一定要去第一人民医院,为什么呢?因为大学扩招后,原本36学时的实验课(学生应该动手做36学时),由于手术器械不够和兔子不够,就成了老师讲30小时,学生动手6小时。在6个小时的动手课上,4个学生抓住兔子,一个学生拿刀动手术。今后这5个学生分别去了第一到第五人民医院,第一人民医院的那个学生好歹在学校兔子身上划过6个小时,其他的30个小时就要在病人身上练手了,而那4个只抓兔子腿的学生呢?第一刀,也得在病人身上练。

心中有一个世界,眼中有一个世界,只有实验室,将心中的世界和眼中的世界合二为一,让学生在灵魂与现实之间旅行,这也许就是现代教育的精髓,也是现代实证科学时代的精髓,然而,我们忽略的太多了。

2015年6月3日,上海交通大学硕士研究生李广晔,实现了用人脑控制蟑螂前进的实验。这种意念控制是目前的研究热点,也不是中国人最厉害,这件事情的可怕之处在于,这个硕士研究生花了不到数百美金在网上买的开源硬件,再辅助自己编的程序实现的,记住了:只有数百美金。科技的发展,使得数百美金(今后可能只有20美金),就能实现你让蟑螂左转、右转、钻洞的意念控制,巧妙地将蟑螂的现实世界和理想世界解密。

蟑螂能够解密并意念控制,猴子也可以。猴子用意念控制机械手去拿自己想拿的香蕉,这样的技术在匹兹堡大学已经进行了10年并且成熟,而华盛顿大学最新的研究可以让不同房间的人通过网线相连的头套,感受到对方玩游戏时的输赢。

目前的科技进步,已经逐渐打通了人们的现实世界和头脑中的世界,其中的桥梁就是脑电波,而脑电波所传输的信号,是来自现实世界数码化的结果。

在平行世界里,蜀国得了天下、恐龙统治地球,原来你看不到是因为信息不通畅。

在现实世界和思维世界被逐步打通的同时,平行世界的这个词汇却在另外一个地方开花结果。加州大学圣芭芭拉分校的量子物理学家将一个人类头发丝宽度的微型"划桨"放入到一个真空罐中,随后他们拨动"划桨",它同时出现了振动和静止两种量子状态(quantum state)。这件事情,从本质上说,那就意味着物体可以同时存在两种状态(或者说存在两个宇宙)。格里菲斯大学物理学教授霍华德·威斯曼说:"大概在1957年左右,量子物理学界出现了平行宇宙的想法。照此推断,量子测量每进行一次,一个宇宙就会产生出新的分支宇宙。所以就产生了无数的可能性——在有的宇宙里,陨石没有砸中地球,恐龙们幸存下来。再换一个宇宙,澳大利亚就成了葡萄牙人的殖民地了。"更有科学家认为宇宙是一个全息图,宇宙中存在九个空间维度和一个时间维度,日本研究人员证明数学原理可能能解释全息理论,这意味着宇宙的全息性可能是正确的。比起科学家的严谨,艺术家的想象就更大胆了,在美国的电影《全息世界》中,就描绘了一个人在三个宇宙穿梭的科幻故事。

平行世界的理论还有很多争议,也许还要发展不去管它,由于信号和信息系统的发展,校园的全息化却是迫在眉睫。教育是什么?教育是人们改造世界的信息模板,而数码化的世界与人的思维旅行本身,就很容易对接去链接物联世界与真实世界。学生眼中的世界和实验室,是现实世界的映射,而过去的映射不是现实世界,就是纸质的书,需要通过人脑的思维把他们联系起来。而信息化的发展,可以通过眼睛所看、皮肤所亲、鼻子所闻,将一切数码化,用一套学生能够通过生理世界感受的物理世界叠加一层平行的数码世界,展现一个全息的世界。谷歌眼镜已经朝着这个方向迈进了一步,而基于地理信息系统的摇一摇、扫一扫、全景三维系统,更加现实地将数码校园映射进学生的头脑,大数据建立的信号系统与单个学生需要的个性化学习就会建立关联,今后的学习就再也不会变成兵营,最接近未来学习的是网络游戏,最接近实验智能的是平行世界叠加的全息真实认知。

到那个时候,第一人民医院,也许不是看病的唯一选择。

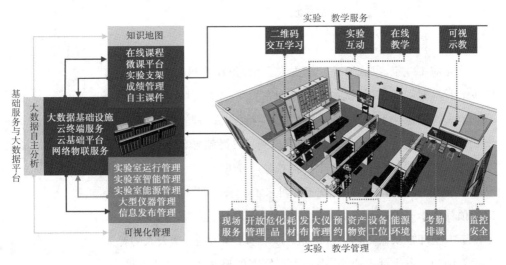

对于一间实验室来说,搭建一个全息的系统,需要打通和建立原本割裂的几十个系统。

越简单的前台，越复杂的后台

——走下神坛的教育技术

皮影戏

公元前 120 年，汉武帝爱妃李夫人去世，正在为皇帝炼丹的方士李少翁看皇帝闷闷不乐，就在皇宫里面布置了一个道场，将彩绘的逼真的李夫人画像拴上绳子、点上蜡烛、支上帷帐，在昏暗的皇宫里面为汉武帝演出了一场戏剧。汉武帝分明见到了自己朝思暮想的美人，就要走进，被熟知心理学的李方士一把拉住。李少翁对武帝说，不要惊动了李夫人的魂灵，不然今后就不会再来了。满怀期待的武帝批了专门的预算为李夫人造专门的宫殿招魂。甘泉宫建造好了，把事情玩大了的李方士却被汉武帝逼上了绝路。眼看着一年多了，李夫人的魂灵还没有回归。方士计上心来，将一团写好字的帛塞进了牛肚子里，对汉武帝说上天显灵，牛肚子里有东西。谁知道汉武帝聪明过人，认得李方士的字体，欺君之罪给李方士换来杀身之祸。这个《史记》和《汉书》中记载的李方士当年使用的装神弄鬼的伎俩就是今天还在使用的皮影戏，也许很大的可能，他就是今天投影仪的乡下祖父。之所以这样说，那是因为随着丝绸之路的开拓，1500年后的马可·波罗回到意大利之后，在欧洲各地就突然出现非常多的装神弄鬼的宗教人士，只不过，方士换成了传教士。在1650年到1700年

早先的投影机，很大的家伙。

50年间，有多起"魔鬼显灵机"记载，经过1500年的发展，皮影戏发展成为越来越像今天的幻灯机，从事宗教教育的神父通过幻灯中恶魔的显现来达到自己的教育作用。其中最有名的应该算阿塔纳斯·珂雪了。阿塔纳斯·珂雪不仅热衷于宗教传播，还热衷于科学传播，他出版的《中国图说》影响了整个欧洲，而魔鬼幻灯机的创新和传播，也得益于这位装神弄鬼先生。直到200年后蜡烛换成灯泡并装上光学玻璃后，才成为今天的投影机。

教育技术的投影机爷爷与教师的关系就像囚徒博弈一般。每个时代总是那些最先利用教育技术的老师能够成功挽救教育和教师危机。如果除去行政权威的作用，每次教育技术的革命，学生总是比教师更快地接受新技术，于是教师的自我教育、自我学习的门槛，在信息素养方面总是给老师出一个很大的难题。反而，每次教育技术的进步，被解放的具有真正真才实学的教师，总也失不了业；正如掌握心理学和宗教精神的传教士不容易失业，而试图装神弄鬼吓唬信众的魔法师总是失业，原因很简单，当一个人存心糊弄别人的时候，自己其实是很心虚的。

今天再回头看这30年走过的教育技术之路，那些当年摆弄录像设备的电教中心、那些摆弄投影机的现代教育中心以及摆弄网络的网络学院，总是比仅凭一张嘴的教师更先被时代淘汰。技术成就了学生而消灭了玩弄技术的人，快速技术的发展悖论总是给那些单纯搞教育技术的人蒙上悲情的色彩："群峰一片沉寂/树梢微风敛迹/林中栖鸟缄默/稍待你也安息。"歌德的浪游者的夜歌成为教育技术人的写照，我们带来的革命，但革命过后最早被革的往往又是我们自己。

第三章 云梯　185

现代教育这个词汇从此诞生。

2012年,美国刮起一场在线教育的热潮,大量的慕课平台出现,在线教育如火如荼,而美国最大的教育技术联盟NMC每年的教育技术总结和预测的地平线报告也越来越变得炙手可热,而与此形成鲜明对比的是,最近5年美国大学教育技术和信息技术中心的主任大量下岗,由技术人员转为从事过一线教育的教育界人士担任,信息技术的热潮首先革了CIO的命,是大家万万没有想到的,原因为何呢?

"云化",是事情的全部答案。

在信息技术的初步阶段,各个大学的基础教育,总是每个学校依靠自己的技术力量来做一些创新性和个性化的软件开发和教育技术服务,由于教育技术网络化使得知识更容易普及和传播,往往是最先使用信息技术的学校能够更加高效地让学生学习知识,因此,教育技术人才总是非常吃香。但是事情发展到后来会发生逆转,由于技术具有可拷贝、复制和经济性、效率性,一旦技术标准化后,最先使用技术的人如果不进步,会被最先淘汰。上海的每个本科高校从2005年到2015年用了10年还没有消化完原来的电教和现代教育中心的人员。而这些人员往往是1995年才开始配备的,那个时候,风光的现代教育中心不会想到中间绝大多数人员目前只管着开门和关门这类的事情。从1985年开始存在的扛摄像机的电化教育人员,今天听起来有点好笑,但30年前,在每个大学那是最高大上的职业。

技术,使得使用者的界面越来越简单,也就意味着支持者的界面越来越复杂,在1985年的时候每个大学还鼓足勇气可以配置自己的教学制作人员,到了1995年,界面极其简单的PPT就不需要专业人员制作了,后台的投影机技术大学也勉为其难地进行开发和技术支持。到了网络时代,更加简单的软件使用基本上不再需要培训,而后台的软件开发相当复杂。目前的美国进入了一个新的云时代,也就是大学的教育软件和教育技术,都以联盟形式放在了云端,不再存在某个大学个性化的教务软件、实验软件、课程平台和资产软件,整个市场被几个寡头垄断,而每个大学和每个学生一样,成为了单位用户和个人用户而已。一个加州州立大学优诗美地校区的学生和加州州立大学洛杉矶校区的学生不会觉得他的学习和生活在软件端有任何不同,不仅如此,如果他们有幸转到了加州伯克利去读书,所有的信息也能很简单地转到不属于加州州立大学的伯克利这所名校,因为后台工程师不定在哪里处理呢,也许在盐湖城,也许在得州,反正整个加州州立大学的工程师已经没有能力处理这样的事情了,加州州立大学的 23 所分校也就不会养自己的 CIO 了(如果养他们,他们总是不断地谈网络、谈软件、谈架构,不断增长的信息投资使得学校不堪重负)。

　　装神弄鬼的技术男被裁掉后,学校换成了懂教育的管理者,结果又便宜、又好使,还为学校腾出了大量的物理空间,前台于是越来越简单了。

　　人类最早的一般等价物是武器和生产工具,后来演变成贝壳和黄金,再后来被纸币代替。最近十年的纸币发行被信用卡、支付宝等更具虚拟特点的数字化等价物所代替,前台越来越简单的背后,是后台的信用制度越来越丰富和复杂。今天我们不再关心你用的一元钱到底存在哪个银行的哪个金库里面。虽然云货币所带来的安全问题很大,但是绝大多数人不会认为自己的钱存在自己家院子里面大树下更安全。当云成为一种习惯的时候,教育用户也不会再关心自己的数据到底在洛杉矶,还是盐湖城了:只要它便宜,只要它安全,只要它方便。

　　目前,中国的教育改革和信息教育,颇有一些技术图腾主义的色彩:很炫的投影

上海戏剧学院远程互动实验室表面上看就是一个舞台,背后有精巧的 IT 和艺术设计。

机、很漂亮的机房、很互动的IPAD、很大很亮的显示屏，这些为参观而设计的现代教育技术，往往很难解决如何改变学习行为和使用率低下的问题。原因何在？技术男说话太算数了。

教育技术当然能改变学习，正如收音机、电影、电视能改变人们了解《三国演义》的普及率问题，要是换在50年前，一个人想了解桃园三结义的故事，要不自己会读书，要不自己花钱去听说书，成本是很高的，效率也很低下，远不如今天我们随时翘起脚打开电视选五种版本的"桃园三结义"版本网络点播。不过，技术是进步了，要说教师的真功夫，那还说是罗贯中，还说是袁阔成，如果两位老先生活到现在，技术男都会下岗，他们不会。

由于工作关系，自己也不断参加一些教育技术的论坛和展会，学校里的技术男们在演讲的时候，总是自豪于自己的技术。我在想，也许这个专业决定了他们能走多远。可是很少人这样认为。写到这里，我忽然想到，无论是李少翁发明的皮影戏也好，还是各种教育机构的教师也好，有了好的方便的技术去用就好，不要装神弄鬼，侠之大者，不忘教育初心。不然当马云都搞教育技术了，你不下岗，谁下岗？

从首席信息官(CIO)到首席数据官(CDO)

2015年5月初,我陪同8个高校信息办的主任考察学习美国的大学信息化,走访了加州理工、加州州立、纽约大学、哈佛、MIT和EMC全球总部。原本很多人期望看到的巨大的机房、先进的计算机基本都没有看到,与国内信息化如火如荼地建设基础设施形成鲜明对比,美国高校的信息化转了一个弯,轻舟已过万重山。

2015年5月24号,全国教育信息化展在青岛举行,刘延东、袁贵仁亲自出席,习近平主席发来贺信,对教育信息化寄予厚望。在此背景下,全国各高校的信息办主任、信息中心主任磨拳霍霍,似乎教育信息化的春天来了,CIO的春天也要来了,人们都说信息化是一把手工程,做了多年家务的信息办主任们,是否多年媳妇熬成婆,在职位或者实际权力上能够上一个层次呢?对此,且慢欢喜,从美国的情况来看,并非如此。

纽约大学的信息化是全球高校中做得比较好的,其信息化支撑了纽约大学的全球数十万教育和远程教育用户,其纽约主校区也非常重视信息化和机房建设,基本上可以看到期待中的硬件设施,纽约大学也非常重视其信息化的技术和服务输出,然而这只是考察中的孤例,甚至是不可复制的样本,其巨大的机房多数也采用外包方式,其数百人的编制内信息化人员是否值得我们复制存在疑问。在加州理工、加州州立、各私立大学,其CIO近10年来逐渐由技术人员转为教育研究和教育管理人员担任,在学校基本看不见多少机房和服务器了。这几年大数据盛行,很多大学的重点,早已从硬件、软件转向了数据,CIO变成了CDO(首席数据官)。

美国有非常多的大学系统、盟校,例如常春藤盟校,最早就是8个学校的篮球联赛联盟。这种联盟文化,使得美国的大学系统展现出和中国大学完全不同的特点,也在信息化发展中给我们很多启示。美国人务实,各种联盟和大学系统,一定不仅仅是名声,其中有些是采用共同的技术标准,有些是采用共同的财政体系,有些就是体育比赛,还有一些是互认共同的课程等。这次考察发现,其联盟中的技术体系和软件、数据采购,有别于中国的各自为政,非常集约地通过云应用自然过渡到了大数据时代。

表现比较典型的是加州州立大学系统。这个美国最大的大学系统拥有 23 个校区和 41 万在校学生。我们考察的多明内兹山分校地处洛杉矶中心地段。信息系系主任许教授告诉我们,加州州立大学这些年得益于云技术的发展,其硬件、软件和数据服务的投资比例已经变成 1∶20∶200。在这个本校区,已经没有核心的机房了,其几乎全部的应用都在几千公里之外的盐湖城。盐湖城属于犹他州,地广人稀、地处高原,全加州系统的软件和数据几乎全部托管在第三方平台上。由于腾出了大量的机房和公共空间,计算机和网络人员大幅度地减少,CIO 也都变成业务教育人员主导。前几年本校区投入了 100 万美金的非要不可的本地硬件:终端、网络接入设备和必要的服务器,加州州立大学一共集体购买了 2 000 万的各种软件放在云端供各个大学、各个学科的 45 万师生使用。而完成这些转型,2015 年数据投资加州州立大学系统投入了 2 亿美金用来个性化服务、迁移、安全和数据应用和运行。由于软件都上了云端,既节省了费用,又提高了效率,还增加了选项,现在各个大学除了特别专业的软件自己采购,已经很少有放在本地的应用了。

还有一件非常值得关注的事情。各个大学的学生系统、卡系统、教务系统、资产系统、研究生系统、在线课程系统等教学管理和教学教务的应用,美国各个大学已经很少使用像中国这样的每个公司独自采购的现象了,更为重要的是,美国的这些大学,已经没有自己的很多管理系统了,非常多的系统都在云端,各个大学共同使用,每个大学及其大学的师生都是用户而已,而在云端的应用自然把各个大学的数据按照应用透明地进行区分,使得师生和管理人员并不觉得软件在云端与在校本部有什么区别。

应用上了云端,各个大学的信息中心,其侧重点也由过去的技术服务专项成为应用服务。由于跨校平台的数据都在共同统一的云端,校际之间的选课、转学和结算变得非常容易。在加州社区大学系统由于课程选课较难,很多都以网络形式提供跨校的数据共享。物理的云端和共同的标准并不能完全解释为什么不同软件之间的数据共享能够实现,美国市场经济的信仰和诚信制度才是数据共享的关键。在美国在线课程体系中,BB、SAKAI、MOODLE,占据了主要的地位,虽然有的是公司运营,有的是志愿者开源软件,但是几乎每个大学都会聪明地采用几种不同的选项支持师生参考,避免被厂商绑架。在软件的使用上,无论哪个厂商提供,由于市场的竞争,都会提供良好的接口。在管理软件方面,每个联盟会采用一致的软件放在云端,例如有些采用 BANNER,有些选用 PEOPLE SOFT,这些软件供应商以第三方服务形式服务于大学系统而不只是一个大学。相对于大学的高用户量的整合,美国中小学的规模要小得多,其课程平台和家校平台比高校更早使用云的形式。在宾州,几乎所有的学校都使用 EDLIN.NET,由于使用了共同的系统,美国的各个大学、房产应用、招生面试官都可以依据法律允许从其获得可授权的信息和数据,非常有利于大学申请和房产销售。

在中国,上海东华大学计算机学院开发了针对本院师生的教育云,将课程和实验室资源推送给每个需要的师生;在上海海洋大学计算机学院搭建了一个海洋科研的实验混合云,利用 OPENSTACK 将国内外的开放云与本地的私有云结合在一起;上海海事大学的杨斌教授团队,针对全国 522 个本科物流专业所需要的几百种软件,开发出来一个云教育平台,全国分属不同学校的数万学生,都可以通过账号申请一个属于自己的虚拟机,一旦获得通过,这个学生所需要的软件、内存、硬盘、课程内容资源都会以虚拟机的形式通过各种终端登录。通过这些应用云的开发,大大增加了软件的选项、资源的灵活度、软件版本和资源的使用效率。

更为精彩的也许还在后面。目前多所大学的实验室规划了跨越时空的实验云,通过虚拟机的使用,不仅将软件资源、课程资源推送给需要的学生,还将各种实验的硬件接口和物联接口全部打包在虚拟云应用中,学生可以通过手机、IPAD 和笔记本电脑,本地和远程调用实验仪器和设备,通过实验开放系统和排课、大型仪器预约系统等的补充应用,大大集约了软件的使用效率、节省了实验空间。

我曾经在 EMC 总部工厂参观时,其下属的一个叫做 VCE 的公司吸引了我的注意。这架原本为 VMVARE、cisco、EMC 做集成解决方案的公司,后来被 EMC 收购,最近业务非常火。原先在各种机构中 CIO 当政的年代,技术性非常强,一个信息办的主任,需要统领网络工程师、主机工程师、软件工程师、数据库工程师和维护工程师,建立一个庞大的队伍,花去大学非常大的预算,最后校长发现,信息化忘记要干什么了。VCE 这家公司不一样,他们根据客户的需求,比如多少学生、多少应用、多大存储,将多个厂商的设备拼盘似的组合起来,为客户提供集成化的硬件产品,例如 25 000 个虚拟机、100T 存储、安全措施等等,然后在组装厂进行软件和硬件测试,整个机柜发往客户,也许是发往距离客户 2 000 公里的盐湖城数据中心。第三方人员只需要插上网线,远程的加州州立大学的教授,就可以带领他们的几万学生上课了。2002 年我在中国 CIO 论坛上发言所预言的 CIO 即将死亡,得到了验证。云,解放了教育,消灭了 CIO,催生了 CDO(首席数据官)。

一再被误读的教育信息化

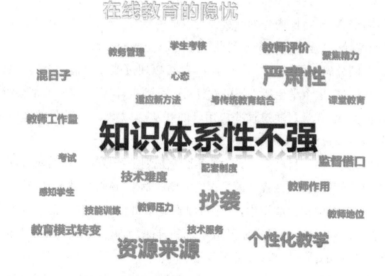

很少人真正研究如何解决在线教育面临的以上问题。

1. 误读误管的教育信息化推进部门

只要是长期从事基础教育的老师都会发现,一方面是我们行政体制或者研究机构在大力地组织微课、网络教学,另一方面我们许许多多的学校和老师对于这些方面又一无所知,甚至很冷漠。说得更夸张一点,我们有的老师甚至连电子白板乃至 PPT 的使用都不是那么熟练,不是那么有热情。在这样的情形下如何借助大数据技术帮助我们的学校和老师实现转型?

其实我们对美国和西方的教育有许多误解。我女儿高中读书所在的宾州,几乎所有的学校给高中生都配备笔记本电脑,包括老师也会配一台。我们的理解是美国有很多学生很穷,没有钱买笔记本电脑。其实不是这样,从教育公平出发必须一人配一台电脑。这样可以保证每个孩子都能在同一起跑线上。这恰恰是教育主管部门应该干的。学校有一些穷孩子,每个学生水平不一样,干脆就标配,这样经济上也划算。信息化的实质是什么?教育主管部门要干什么?中国人理解很多问题没有掌握基本原则,采用的方法表面上是对的,实际上越走越偏离。如果教育主管部门重点在于公平就不应该推广某一种模式,而且应该在某种趋势,更多地考虑那些弱势群体,给他们更多的帮助。我们必须思考很多跟不上教育技术发展的老师、很多贫困的孩子,在信息化的浪潮里面会不会因为数字化造成数字鸿沟?电子白板等设备是不是应该向非示范学校、农村的孩子倾斜。

第二个问题,信息化的本质是什么?国内很少有人,尤其是教育工作者谈这个东西。我说凡是排队的地方就有信息化,你看江苏到上海,上海来江苏,出入口要排队,有排队的地方就有信息化。现在这么快,还有ETC还有港湾的出入口,还有前后两道可以加的,信息化解决了很多问题。我们看教育,我们从两个层面来看问题,信息化不是概念,它是解决解放的问题,刚才你也提到这个问题。信息技术的发展,教育技术的发展,信息化的发展它根本上是解放老师而不是束缚老师。

很多人说信息化发展,要老师干这个干那个,要用这个用那个评估老师、考核老师,这就是束缚。正确的做法是解放老师。怎么解放老师?据我的研究发现PPT的使用使得老师变笨了,学校停电两个小时,中小学还好一些,大学老师有一半讲不了课,离开PPT他不会讲了。我们由此得出一个结论说信息化给教育带来了灾难,那就错了。为什么?因为我们现在的教育,由于有了PPT的帮助,我们现在一堂课所讲的内容量是过去的5倍到10倍。过去没有PPT的帮助,现在有了PPT的帮助,弥补了很多不足,我们的课甚至可以跟特级教师一样精彩。信息化在于弥补你的不足,但观念不改变,学习不跟上对你没有根本性的帮助,这点我们要有清醒的认识。信息化的重点不是来指责我们的学生我们的老师不会使用什么东西,而恰恰是应该帮助他们,解放他们的时间。牧师不抄《圣经》了,而是将精力放在与大家一块讨论上了。朱熹不去抄经典了,活字印刷术、雕版印刷传播面广了,受众多了,朱熹有时间和陆九渊进行访谈了。过去,我们这种访谈是需要一边访谈一边拿着笔记录的,或者配一个秘书记录,今天不一样了,音像记录,通过处理,文字就出来了。所以我说信息化的核心是解放。我们理解了这个本质,明白了技术是为人服务的,就会明白我们要做的,不是为了推广一种模式,是为了帮助教师的专业发展。信息技术应该弥补教育的差距,而不是拉大教育的差距,问题是我们在拉大差距。我在青海看到有些学校一个教室装三个投影机,迎接市、省、部的三轮检查,最后这些东西就这样浪费了。浪费是小事,给学生的印象很坏是大事,这会暗示学生浪费社会资源是可以的。这样的暗示是灾难性的。

信息化应该顺应市场,顺应社会。教育主管部门的手太长了,出于好心,往往好心办坏事。

2. "以用为导向",做信息化的主人而不是奴隶

那么,我们哪些方面可以弥补?或者说我们应该怎样来弥补不足?仅仅是资源配备、资金的投入吗?如果说信息技术推广的过程中某种程度上说不是缩小了教育差距而是拉大了教育差距,如何缩小这差距,弥补这不足?是不是给那些薄弱学校添置一些设备,提供一些网络资源就能解决这个问题?

你如果在美国、加拿大呆一个月两个月,走马观花地看一下它有很多问题,你会觉得美国、加拿大的信息化落后的不得了。它的笔记本不行,它的电脑不行,它的网站不行,所有的应用也不行。但是如果你深入它的社区,它的学校,而不是走马观花,深入到它里面去看,时间越长会发觉它的精妙。它们的信息化是为人服务的,解决人的问题的。

比如说我们家长不知道孩子的成绩,去学校排队找老师,如果有比较好的家教平台,问题不就解决了?全美国有一个 Edline,学生的每次作业每次考试的成绩,都能够在线看到。我们也做了很多课堂在线平台,有几个在真正使用?全美几乎整个州每一个师生都在使用。

也就是说我们的投入其实并不少,但是使用率不高。这样的问题如何来解决?我们往往重视硬的投入不重视软的投入,不重视对人的素质和看不见东西的投入,重视短期的投入不重视长期发展,重视形式,不重视基本原则,是非常偏颇的,而且是致命的。

我很少看到美国所有学校都用 IPad,大家都有笔记本电脑,课程平台非常好,投入并不高,而且非常有效。他们学校没有信息中心、网络中心。美国学校非常有意思的一件事情,早上八点钟到下午两点钟,他们上课的时间非常少,下课以后,学校也不是我们想象的那样丰富多彩,因为一般来说校车两点半就将学生拉回家了。但它的作业平台非常高效。有很多开源平台用得非常好,如 Moodle and Sakai。中国总是想用最先进的,但它们有一个算一个,用得非常好,他们在课堂上也很少用信息化。课堂时间十分有限,更多的是老师带领学生研究、探讨、对话,但是他们的课外作业量非常大,课外作业要求同学到网上查的东西非常多,找很多资料才能够把作业做完。作业太多是开

放性的问题。我们还有一种误解,美国的高中 SAT 大概只有中国初中二三年级的水平,美国数学很差,美国高中学生素质差。其实这完全是误读。美国高中毕业生往往达到了大学四年级数学水平,有的只达到初中二年级的水平怎么办呢?他们三百学生的学校里,会有几十门上百门的课,但是这些课不是靠学校老师教的,是跟社会互动的。

比如说我女儿学 IB 经济、IB 数学、AP 英语、IB 计算机这些课,这些是大学课程,是大学老师来教的。它们有一个规定,如果一门课报的学生不超过三个人和超过三个人是两种不同的做法,超过三个人它就会把大学教师请到学校来教,不超过三个人就非常有趣了,会用一些社会化的平台,一位大学老师跟几所中学弄在一起,每星期上几节课,完全是网络课。

不是为了信息化而信息化,信息化是为了解放人,老师不能到现场,又不能伤了这个学生学 Java,怎么办?你选的东西我满足你,但是不超过三个人不能到现场,你可以远程学,学完了考试,有什么问题可以找他。我们对信息化还有一个非常错误的认识,这就是随着信息化的发展,纸质的书会不存在了,错了。信息化给我们一个非常好的条件,就是许多的资源可以更加便宜地拿到。我女儿在美国的学校,语言、文学从来不用节选本,教科书非常厚,大概是一千五百页,有的两三千页,非常精美。教材都是短篇小说,要教中篇用原著,教长篇也将原著拿过来。中篇、长篇学校会买很多本,让学生借回去,拿回去读。

信息化很容易造成快餐式问题,信息化是帮助你或者解放你的思维,千万不要成为它的奴隶,这是我们在做的这件事情,信息化最终达到最大的个性化,信息化背景下,纸质书的阅读会显得更为重要。

3. 别让在线教育成为"政绩工程"

美国本身有很多东西要学中国,奥巴马提出来的很多东西是受到中国影响的,我们说美国数学程度不行,如果用我们的考试目标衡量,中国教育是有效的,如果我们不认识这一点,就迷失了我们自己。一个教育工作者,如果不承认自己绝大多数是失败的经验,这教育工作就是虚假的,他就不配当老师。当过老师的都知道,同样一种措施针对不同学生效果完全不一样。一个演讲对教育局长,对大学老师,对艺术学校的老师,还是对工科学校的老师,对中学老师、中学语文老师,反应完全不同。所谓的翻转课堂,即使在美国也不可能有一所学校把所有东西堆在一起,只可能某一个学校根据它的特长,在某一个方面进行部分的实验,而绝大多数是保守的,我们要承认一个事实,教育是保守的。

很多伟大的教育家,比如杜威,他所有的改革几乎都是在无扰的情况下进行的。印度2012年联合教育大奖的获得者苏迦特,从1999年开始,在印度边远地方墙上装上电脑进行摄像头跟踪,他也不敢把他的教育实验搬进课堂。被事实证明正确了以后,才部分地搬到一些非主科的课堂。我强调这一点,是说教育的任何改革,任何措施,是不能拿学生的一生做实验的。没有经过训练和论证拿学生做实验是有悖于教育良心的,如果我们不恪守这一原则,是非常糟糕的一件事情。我们有些学校几乎把美国普林斯顿大学数学系的做法,把印度苏迦特的方法,把英国学校的方法和美国学校所有方法集中在一所落后地区的学校,取得了辉煌的成效,而这成效据许多网友说是以牺牲师生的休息时间,在没人参观的情况下通过补课取得的。

在应试体系下,如果说你的改革,还是围绕高考指挥棒转肯定是背题做题最有效。但你以改革为幌子,以榨取师生身上的最大值为试验,肯定是反教育的。在一定宽容度的情况下,比如说我们并不一定非要650分进清华,清华的分数线可以降到600分,在关注其他参考指标的情况下,给改革留一个空间,这个情况下可以做一些改变,这样的改革与提高分数的情况是不一样的,不知道回答你的问题没有。

信息化不是削弱人与人之间的见面沟通,而是解放我们很多人,对信息化有一个认识的误区是有电脑了才有信息化,其实不是,电脑、网络只是一种信息的载体。过去的竹简,后来的书本,后来的电脑,再后来的网络,甚至穿戴设备就可以拿到信息。不同信号所带来的信号强度是不一样的,信息社会人类能够接触到的信号源越来越多。过去是单向的,单向的情况下教师地位很高。随着知识的剥离,信息无处不在。现在的问题是信息过载,不是信息太少。没有办法不面对面,明白我的意思吗?这里头还有一个问题,小班化教学、个性化教学、任务教学,再加上很多教育学理论,很多美式课堂,比如杜威课堂,雷夫教室,所有东西弄在一起,可以想象我们信息不是太少了,是太多了。你仔细观察某一个个体,用大数据分析,美国有一个网站trulia,这个网站对每一所学校包括雷夫所在学校各班的评价都有,几分钟就能够查到。非常有趣的一个现象是,雷夫隔壁班的老师不学雷夫,这里头很有意思。教育信息化带来的是什么?信息源多了以后教师的作用又是什么?第一个他的目标目的更加个性化,每个老师可以选择自己擅长的方法,自己喜欢的方法,这就越来越个性化,另外一个随着信息泛滥,个性化教育和面对面有人性化的教育将是越来越稀缺的,也是越来越值钱的。今天的访谈我们明明可以在QQ里头进行,但我们选择了面对面,是因为我可以闻到你的味道,我可以看到你的人,看到你的眼光,我甚至可以看到你旁边的东西,看到你的太太,你的朋友,所有的这些印象构成的大数据给我的感官和小数据给我的感官是不一样的。单一信号源仅仅是支持写一个东西,那个信号源是小数据,大数据给人的刺激是不一样的。

从古到今所有的教育都是混合教育,什么叫混合教育?一方面是知识经过高度抽象以后得到了真知,这些东西要进入学生脑海,最终达到的一种东西叫建构。教育不仅仅是知识灌输,还要建构,学生不仅仅得到一桶水还要弄一个水龙头,得到一口井,这就是建构。

教育应该是跟现实生活所结合的,我们说柏拉图和孔子是混合的,他们既有说教的一面,又有个性化人性化的一面,朱熹既有他完全理学的一面,又有他人性化的一面,非常可爱的一面,比如说朱熹跟陆九渊的辩论,程门立雪就很有意思。教育本身能起作用一定是混合的,我们一定要求明白这一点。

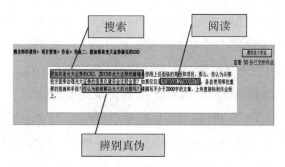

一次作业重视的学生的逻辑能力。

4. 面对互联网+,原则比方法更重要

(1) 信息越充分,教师越重要

Mooc跟翻转课堂进入中国的时候,有专家断言未来的我们这些中小学教师会失业,这个观点非常有趣,我曾经写过一篇文章,画了很多这样的图。我们做任何事情还是用数据说话,中华文明留到现在,它留下了大量数据,我是说数据不是数字。我们的文字古籍、历史、故事,所有这些数据会给你答案。我用历史故事、数据来反驳教师将会失业的说法。我曾经画了一张图,对两千年来的师生比做了一个调查,结论是相反的。

孔子有72门徒,3 000弟子。也就是说孔子一个老师对72个研究生,对3 000个本科生。本科生的名字都记不住,研究生的名字都能记住,甚至还有对话,还能记录下来。到了朱熹时代我们也有很多数据来支撑这些事情,朱熹有多少学生,干了多少事?他比孔子少多了。为什么?这时候印刷术出现了,孔子是到现在为止能够有证据表明,最早使用竹简技术的人。我们有历史考证,竹简没有那根线,而是一根一根的,因此我们今天读论语,很多时候只读了一半,很多时候竹简前后顺序一颠倒,整个意思全反了。换句话说,孔子是玩微博的。

大概公元前300多年,有了草纸这个技术以后,柏拉图就开始写最著名的《理想国》,其实造纸术不完全是中国的。古希腊有草纸,古埃及有草纸,远远在中国之前,只不过中国的造纸术什么原料都可以造,古埃及的造纸是比较特殊的东西才能造的,但是人家记的字比咱们竹简多多了。这就是技术的进步,技术进步带来了什么?柏拉图借助书,可以建立一个庞大的图书馆,可以建立学院。这些故事可以构成非结构化的数据。伟大的教育的出现,一定是由伟大的技术推动的。

朱熹为什么是伟大的教育家?因为教育技术的发展,书这种东西出现了。朱熹不用再抄书了,他可以把抄书的时间用来辩论,用来引进陆九渊,于是书馆出现了,于是讲堂出现了,于是典籍出现了,于是个性化教育出现了。为什么能出现?同样中世纪末宗教改革的原因,也是因为《圣经》可以印出来,不需要神父了。油印机的出现,大教育家就一个个出现了,出现了铅字印刷以后,教育家更多了。

有了平装书的大规模印刷,它的面可以更广,更多人知道他们的名字。杜威的书可以印俄文版,可以传入墨西哥,可以到印度,可以到很多国家。1919年的五四运动前后,才有了3个中国最著名的学生,陶行知、胡适、蒋梦麟,是不是这个道理?中世纪结束以后宗教改革,最反对印刷术的是那帮神父。因为他们跟我们今天说的一样,是让神父下岗了。

我们再看一千多年的历史变化,师生比到今天能够到1∶7,甚至有一些地方1∶4、1∶5。再看另外一个数字,学生数量的增长,现在我们是两亿学生,我们有多少老师?从更长历史时间看,得出的结论恰巧相反,就是技术越发展教师越吃香,最著名的变化是可汗学院,是翻转课堂。翻转课堂,信息技术下的教育可以不要老师了吗?恰恰相反,你看视频,越来越标准化。但是学生是个性的,课堂作业、个性化辅导需要教师更多的帮助。

美国公立学校大概是25个学生一个班,私立学校15到18个学生一个班。可汗学院的翻转课堂,一个班级有两个老师,也就是达到1∶7这样的比例。想想看老师是不是要求越来越多?随着老师越来越多,一千多年来老师的地位也越来越低,现在已经成服务业了,过去是高高在上,有惩戒权,有指导权,权力非常大,现在权力越来越小,唯一上升的是指导权,其他的权力都在下降。并不是说教育技术取代老师,而是技术重新定义了教育。过去没有技术的时候,教师的主要功能是什么?是知识的垄断。其实我们都清楚老师并不仅是具备知识,更是知识的传授者,但是因为处在垄断地位,所以地位很高。

现在知识在不在老师这里?很难讲今天的老师比学生懂得多,更权威,更准确。但是老师是不是更重要呢?当然更重要了。为什么?他的功能发生转变了,随着知识从学校教育里面逐步的剥离出去,知识传授不再是必然、必要和最重要的职能。由于技术的变革,教育发生着深刻的变革。技术重新定义了教育的功能,过去的教育是:传道、授业、解惑。中国的概括非常准确,传道,道是德性,是方法;授业是技能;解惑是答疑是互动。我们要明白文化传统和传统文化是不一样的。中国传统文化博大精深,留下来的大部分是好东西,但真正有几个老师能够理解传道、授业、解惑这三个词的。随着信息技术大数据的发展,老师的功能如果不变革的话,是会失业的。你没发现我们今天的外语老师被新东方代替了吗?

谁出国还会听学校英语老师的?新东方更有效。为什么更有效?托福考证新东方更有效。但是哪一个英语文学专业的博士是新东方教出来的?不转变观念,不改变方法,当然你要失业,如果一个英语老师把自己定义为是新东方的,你就是新东方的培训师而已,新东方是通过题库和一套训练方法帮助参训对象通过考试的,这不是学校教育所擅长的,这是培训机构更擅长的。但是如果将教育定义成另外一件事情,教师的作用越来越重要。我们重新回到教育的本质,回答这个问题。

教育是一种实证科学。该用什么方法?该怎么玩?如果目标非常明确的话,学校教育是不擅长的,要剥离出去。我恰恰认为在线课堂、翻转课堂、Mooc 不是我们学校花主要精力干的事,这些将来就跟电视里百家讲坛一样,会剥离出去。学校里面剩下什么?我经常说大数据使学校剩下什么?是教堂是厅堂是厨房还是弄堂?这个问题一定要想明白。

厅堂培养比较讲礼貌懂规矩的人,庙堂是比较神圣的人,厨房我们叫食堂,培养能够吃饭能够自食其力的人,弄堂培养能适应社会的人。你到底培养什么样的人你要搞明白。社会的发展,学校的社交功能会越来越增强,师生比会越来越减少。就是说老师会越来越多,这种服务业的比例会越来越高。美国在家上学已经达到6%左右,比例非常高,学生在家,妈妈不上班,你没有把妈妈统计成教师,她事实上就是教师,而且他的成绩远远高于公立学校,分数高出 30% 左右。无论从哪个评价标准来说,社会沟通、社会责任感、满意度都超过我们学校。

（2）信息化会加快原本就应该的师生人格平等

我们一直讲教师地位不高,呼吁提高教师地位。随着大数据的到来,随着翻转课堂将知识从学校剥离出去,教师的地位会越来越低。这就带来这样一个问题,本来教师地位就很低了,随着学校功能的转变、知识的剥离,教师的地位越来越低,会不会可能成为教师地位低是应该的根据?

著名的美国私营企业家科克说过:"掌握基本原则的人可以永远走下去,只掌握方法的人他将会有灾难的后果。"人和人之间的平等,不是挂在嘴上的,而是体现在实际上的,凭什么教师要比学生地位高,凭什么爸爸比儿子的地位高? 今天的教师觉得地位不高,是因为我们的教师没有体会到是一个现代文明社会。教师还沉浸在古老的教学方法中,古老的教学方法中你是信息的垄断者,信息的垄断者可以有砝码,可以让学生像奴隶一样。你不行我教你,不教你书上没有。因为过去有书没教科书,有教科书没有辅导书。

现代文明是什么? 人类是一个人格平等的社会,这方面我们已经落后时代很多年了。师道尊严这句话应该对应生道尊严,两个尊严应该同时存在才对,并不是说谁占有的东西多谁的地位高。不是说你是老师身份你就地位高。如果没有这样的清醒认识,我们就很难理解所谓地位高低。

我们的教育界有一个非常不好的学霸习惯,一旦一个知名的教育家受到质疑,就会有非常多学校的校长、著名的教育家,教育刊物主编一致的声讨。我就替我们的孩子反思,这样的不能容不同声音的校长能教出所谓的美式课堂的人类公民吗? 他们骨子里面还是师道尊严,他们骨子里面还是人类是不平等的,因为他有这个身份。而这个身份不是他有多少本事,是什么? 是他们垄断了多少资源,对此我们没有清醒的认识。因此我强调大数据社会必须是公民社会。在数据面前上帝都是平等的,尽管上帝我们不信,但老师是真实的,谁都要用数据说话,老师也要用数据说话。

大数据给人类的启示,给教育的启示不是一般的,对我们的冲击确实是存在的,从中世纪来看,新教诞生以后,那些原来天主教的神父失业了,大量的新教产生以后,新一代的牧师越来越多,基督教诞生以后,牧师越来越多了。这个是非常有意思的一件事情,过去神父的地位比牧师高多了,牧师多了,神父的地位随着降低了,西方宗教的发展也印证了这样一个情况,不等于技术发展了就不需要神父、牧师了。教义,还是需要有人来讲解的,翻转课堂不是不需要老师了,技术是不能代替人的生命人的智慧。所有的事情这些基本原则不变。在大数据背景下,随着知识教学从学校剥离出去,作为教师应该清醒地认识到教育的功能究竟是什么? 也就是说要回到杜威的观点当中去,就是教育即生长,做教师的在大数据的时代,更应该把关注人的生长提升到重要的地位上来。

广东第二技术师范学院邝红军老师有个说法,他说其实我们过去重视的是教师的教学技能,因为短期目标里面教师技能很有成效,讲哪几道题最后考了什么分,假设这数据是正确的,这样的教师和新东方、蓝翔技校的培训是一样。

(3) 服务于学生,教师要压抑自己的教学成果冲动

为什么我们当下所谓的课改典型,致力探求(或者说是发明也好,创造也好)是一种行之有效的教学模式或者教学方法,而且这些模式和方法会受到许许多多从事实际课堂教学的校长和老师们的欢迎。一旦出来一个教学改革的经验或者新的教学模式的时候,都跑去参观、模仿、复制,然而如果我们从历史上进行反思和统计,20世纪八九十年代出现了一大批的教学方法,但是进入21世纪后这些所谓的方法渐渐地被我们遗忘掉了,甚至于再也不会有人想起来,我们忘记了当初有哪些教学方法是哪些人提出来的。

我比较痛心于中国的很多中学老师、中学校长的研究过于形式。仔细想想你能超越孔子吗? 甚至你能超越《音乐之声》中的玛丽亚吗? 玛丽亚带着七个孩子,最后征服了上校也征服了七个孩子。现在所有的教改超越了他们吗? 问题不在于此,问题在于杜威所说的教育即生长,我们很少人体会到教师即生长。刚才说到邝红军的事情,他跟我说一句话,其实对于一个老师来说在技能层面之外很少能够教孩子什么东西。

我们不能排斥技能,很多方面需要技能。我们很少人能够想到教师即生长,教师在干什么? 教师是通过教育让学生明白你怎么研究学问的,你怎么读书的,能不能让学生学会读书和研究。我们非常痛心的看到,中国的老师包括很多教育家很少读原著,别说英文原著了。形式的教学方法,别说人家国外的教育家研究过了,很多电影导演早就研究了。但是电影导演和教育家最大的不同我们没有注意。《音乐之声》的编剧、导演、演员可以在天才的设想下假设一个音乐教师,用非常戏剧化的方法得到七个孩子的重视。

但是实际上如果一个教师碰到七个调皮捣蛋的孩子,他没有多年的实践,不是非常有经验的老师,是搞不定的。戏剧化的《音乐之声》可以不考虑条件,而每个老师教七个孩子必须考虑具体条件,条件限制是很大的问题。资金、场地,还有他自己的本

事。《音乐之声》中的玛丽亚会弹琴,会跳舞,还会其他许多东西,所有这些太理想化了。我们仔细想一下容易理解的是,从理念到技能要经过艰苦卓越的实验,才能变成指导书,变成教师的技能。

教育家的要求和教师的要求也不一样。随着时代的进步,对教师的要求从某种角度来讲,可能越来越低了,但还是有很多技能必须是教师必备的,比如人际沟通的技能,这是没有办法改变的。教育理念既要有现实的紧迫感又要有对未来的预期,更要有扎扎实实的实践,这是挺难的一件事情。

我们跟着杜威谈教育即生长,作为教师,你生长了什么?我们的问题往往就在这里。我一直说,我们是网络时代的移民,学生是原住民、土著。这样的情况下,如何发挥我们应有的作用,其实对我们是很大的挑战。相比来说网络时代的学生可能更纯粹,他们也许更贴近社会,他们从小就接触了社交网络、现代社会的五光十色,而我们是割裂的。我们的优势是,我们有经验。在争论网络词语的时候,我就有这样的意见,是不是网络词语要进字典、词典,不一定,有很多只是过眼云烟。

(4) 真正的创新往往是不可规划不可设计的

随着大数据时代到来,怎么来看教育行政部门或者从事实际教学的学校和老师们,一窝蜂地搞翻转课堂、搞微课设计、录制、推广?

现代文明的一个特点就是个性化,给人自由,尊重个体。只有有个性才有集体,尊重个体才有创新,这是现代文明的趋势。化学里有一个概念叫熵,正常情况值逐渐增加,那么什么时候需要它增加,什么时候熵值又减少呢?也就是说什么时候需要外力的作用,这里头是非常有趣的一件事情。我们很难想象,国家某个部门想推余额宝,把余额宝搞成一种模式,大家必须学马云,最后都学成了或失败了,根本不会出现这个情况,因为市场才是有效的。我们现在碰到的问题是什么?是我们的教育体制、教育行政远远落后于现实。

现在我们反过来,要推微课,也是这个道理。实际情况是,中国人民银行、中国所有的银行不知道怎么回事,马云的余额宝就出来了。这个时候我们教育工作者在干什么?我们教育行政部门起到什么样的作用?仔细想,在余额宝事件里面,在新的技术中银行起到什么作用?银行应该起到规范风险,保护弱势群体,保护投资者权益这些作用。银监会不应该起的作用是学习马云,是不是这个道理?长期以来我们教育主管部门又想当运动员又想当裁判员,他总想搞一个机构,可控的教育机构,却忽视了这样一个问题:创新往往是不可控的。

大数据给教育带来了怎样的可能

随着互联网、云计算等技术的发展,大数据在各个领域的应用越来越广泛。大数据热潮之下,教育会发生怎样的变化?值得大家去思考。

通过大数据研究发现,每当产业变革的时候,因为原先的教育是为过去的产业配套的,所以,教育有时候会滞后于产业的变革。比如,进入工业化,农业社会的私塾教育便乏善可陈。同样,现在进入信息社会,你会发现原先与工业化配套的教育也落后了。所以,研究现代教育,不能回避它背后的全球产业问题,不能忽视信息和数据本身起到的作用越来越大。

技术的普及会大量解放人力,解放那些原本具有天分的,但在学校学不下去的人,有了技术的帮助,事实上他们不需要那么依赖于教师了,技术解放教师,也解放了这些孩子。

那么,是不是说,技术发展了,教师就越来越不管用了呢?许多情况下,一说到技术,我们教师首先想到的就是自己的地位可能会受到冲击,在线教育等火了,教师的工作可能保不住了。实际的情况恰恰相反,通过大数据,去查文献,我们会发现:从孔子所处的时代到今天,随着技术的进步,不是教师越来越少了,而是教师越来越多。

孔子教书,多是跟学生对话,他带的学生是非常有限的,他的许多东西就是通过传抄传给弟子。再往后,建立了博学馆,汉朝王莽开始建立乡村学校,宋朝开始建立类似现代大学的机构,100多年前,现代教育机构诞生,教师慢慢地越来越多。

我们再看一千多年的历史变化,得出的结论就是,技术越发展,教师越吃香,最著名的变化是可汗学院的翻转课堂。信息技术下的教育可以不要教师了吗？恰恰相反，你看视频，越来越标准化，但是学生是个性的，课堂作业、个性化辅导需要教师更多的帮助。

美国公立学校大概是25个学生一个班，私立学校15到18个学生一个班。可汗学院的翻转课堂，一个班级有两个教师，也就是达到1∶7这样的比例。随着教师越来越多，教师的地位一定意义上越来越低。过去教师有惩戒权有指导权，权力非常大，现在权力越来越小，唯一上升的是指导权，其他的权力都在下降。因此，并不是说教育技术取代了教师，而是技术重新定义了教育。我们过去没有技术的时候，教师的主要功能是什么？教师是知识的传授者，因为处在知识的垄断地位，所以地位很高。到了今天，则很难讲教师比学生懂得多，更权威更准确。但教师是不是更重要呢？当然更重要了。为什么？教师的功能发生转变了，随着知识从学校教育里面逐步地剥离出去，知识传授不再是教师必要和最重要的职能。由于技术的变革，教育发生着深刻的变革，技术重新定义了教育的功能，过去是传授——传道、授业、解惑。随着信息技术大数据的发展，我们教师的功能如果不变革的话，是会失业的。

教书真正的意义，是发挥教师的指导作用。苏格拉底说过一句话，我不是知识的传播者，我是知识的助产师。教师不是储藏知识的，他的功能在帮助学生，教会他方法。

大数据还教会我们用比较客观的视角来看待很多教育理念的争论。

比如大家都在谈杜威，谈应试教育，谈通识教育。但是很少有人研究哈钦斯的通识教育和杜威的教育理念的时代背景，尤其是他们当时提出来的教育理论的技术背景有什么不同。如果能够考察大量的学校和家庭，在此基础上用技术背景来解释他们理念的不同，你会发现有些东西豁然开朗。

一般人认为，杜威倡导的是实用教育，是面向城市的教育，虽然他是回到乡村，回到社区。那么，我们就要研究那个年代的社区是什么，我们要知道当时的芝加哥、哥伦比亚的社区，和我们今天中国的乡村，是不一样的。

我们还知道，当时还有一类人，在工业文明的时候试图回到中世纪，回到过去的教育，比如，哈钦斯提倡通识教育。

我很奇怪一件事情，杜威和哈钦斯的教育理念是非常对立的，但是中国的学者几乎看不到他们的区别，把他们当作美式和西方教育全面吸收。我们总爱提东方教育和西方教育，事实上，我们不同时代的教育差别更大，差别在哪里？技术，以及我们对技术怎么看。托夫勒提倡用技术的眼光来看待教育，在他的《未来的冲击》这本书里面，就有未来的教育这个章节,他坚定地支持杜威面向现代的教育,甚至提出面向未来的教育,面对互联网所提倡的教育方式——在线教育、多室同堂、在家上学,提倡个性化教育。

我们不能无视这个时代,不能无视技术给教育带来的影响。事实上你仔细想想,这三千年,教育的进步就是时代的进步、技术的进步。我们通过大数据分析会发现:单就教育来看,人类历史上的每次技术进步——竹简、石刻、造纸、印刷术、线装书……都对应着产生伟大的教育家。我们如果能够列数 50 位教育大家,几乎都是在每一项新技术诞生后 30 年内产生的。

什么原因?技术推动了教育的进步。不同的年代,教育的作用是不一样的。技术的真正作用是解放,从 3 000 年前到 2 000 年前,到 500 年前,再到今天,所有教育的变革,跟技术的进步息息相关。

我们对大数据的理解,还有很大的偏差。比如怎么看分数,怎么评价学生,具体到个人,他是个好学生还是不好的学生,不是分数完全可以说明白的。

美国也搞应试,他们也在研究怎么提高 SAT 成绩,让学生顺利升入大学。但是你会发现一个非常奇妙的事情,中国对大数据的理解要加引号。从我们目前对大数据的定义来说,我们所谓的"大数据"并不是大数据,比如高考,高考成绩 580 分进清华,579 分就进不了。580 分以上才能进清华,579 分的考生如果进了就是不公平。

美国根本就不是这么一回事,它是采用大数据思路的。美国的高考制度,你仔细分析 SAT 成绩,会发现它不完全是我们关注的这些应试的内容,更多看重批判性思维、作文等这些东西。美国的 SAT 成绩只是作为数据的一个项,它还要看你的 GPA 成绩,什么是 GPA 成绩呢?美国会将你从小学到高中的所有成绩都记录在 edline 网站,是造不了假的,每一次作业,每一次考试,它都会记录在里头。我女儿在美国,她一个学期有 5 门课,每门课有几十次作业,最后构成了她的 GPA 成绩,就是她日常学习的表征。美国没有什么期末考试,期中考试也没有严格的界限,几十次考试的成绩构成你的学习档案。你要想成为一个好学生,你就得一直努力。一系列数字构成了一个数据的证据链,这是 GPA 的做法。美国通用的做法是 4.0 最高分,很多名校要达到 3.8 分才能报考,也有的学校要 3.5 以上,但要想达到 3.5 以上其实是很难的一件事情。

这两项加在一起还不构成全部,还要看第三个成绩,就是志愿者记录,你要写推荐信,介绍自己参加过哪些志愿者活动,你干过什么事情。第四项就是你的特长和领袖气质,比如,你是不是学校的长跑冠军?是不是篮球队长?是不是画画冠军?你干过一件什么样的事情，怎样把大家召集在一起，别人是否能听你的？很不简单，想要造假也很难，因为你要积累 4 年的数据，构成一个指标。他们录取的标准不仅有 SAT、GPA、特长，还有爱心，4 项加起来，人与人的区别就出现了。

评价标准是不一样的。同样的大数据，每个人可以有自己的选择标准，是非常有趣的，这就会形成更多的个性化的标准和个性化应用。

我们研究大数据，不能仅仅把它局限在技术层面，说得直白一点，不能仅仅理解为互联网当中的数据，而应该是人类学、社会学、社会关系学背景下的大数据。

工业化时代的教育，由于强调大批量、标准化生产，我们把一个一个具体的人，抽象成一个具体的特征，符合这个特征的才是符合未来发展方向，不符合这种特征的，我们就想办法把它去掉。在这种高度抽象和具象化的过程中，人性被抽离。

随着大量重复的标准化的工作被机器所代替，被数据所代替，人类面向创新社会的时候，原本被我们忽视的个性，那些人和人真正不同的技能，才得到关注。比如说每个人都会画丁字尺，我们就会认为这是人和动物的区别，会的才是人；等丁字尺和数学计算被计算机和人工智能代替的时候，你会发现，人和人最大的区别是天分不一样，个性不一样，而不是会不会画丁字尺这件事。

所以，随着人类社会从工业化向信息化迈进，全世界都朝着创新社会、信息社会和个性社会发展变化，如果中小学教师还指望把标准化的东西教给学生，对教育是非常不利的。

这个时候我们发现，现代社会需要的人是多种多样的，而为工业化文明配套的人才标准已不能适应这个社会。从另外一个角度来讲，恰恰是过去产生的那些所谓的"不好"的学生，他们不愿意被工业化的教育方式所校正，或许更适应现在和未来的社会。

网络时代和大数据，给了我们发展个性的机会，每个人都可以选择自己的圈子，这在教育学上意义非常大。说一个非常简单的例子：那些所谓学习不好的孩子，如果他们在某些方面有一定的特长，把他们组成一个学习小组，或者组成一个学校，你再看他们的表现，远远不是现在这样。

我们常常讨论什么是好的教育，什么是坏的教育，大家众说纷纭，莫衷一是。其实，我们来评价一件事情，一定要有一个坐标。讨论这个话题的坐标是现代社会中什么是好的教育。大数据给了我们一种可能性，这种可能性使你可以用不同的视角去看同一件事情。

工业社会的教育，考核数理化，当然是好的。不需要你过多发挥主观能动性，不需要你创新，拿着丁字尺给我计算这个高度。但是现在以及未来，不再需要那样的人，我们更需要的是懂社会、会合作的人。小型化、专业化、个性化将是未来人才培养的主流方向。

因此，现代社会中好的教育，要提倡学校即生活。现在不是学什么知识的问题，而是要适应多大的群体社会的问题。

比如，要想培养登月的宇航员，班级规模如果是30人，那将来学员怎么面对那么无聊、空洞和寂寞的时间？是不是这个道理？

再仔细想想，所有的学生要面对将来的生活、将来的社会，所以，学校教育事实上要回到人本身。如果我们只要应试，目前的班级、学校规模，或许是有效的；但要培养创新的、具有个性的、适应未来社会的人，未来班级的规模是要适度控制的。

当然规模大小的问题，我们要看教育的目标，要看学生将来要面对什么样的社会。将来的社会由于互联网的发展，他可以自由选择自己的朋友圈，限制几乎越来越少。这样，人就会回到自己的本能状态。学习成绩的好坏，在一生中所起到的作用也会非常有限，我们现在要过的高考独木桥，也许也没有那么重要了。今后，学习是人一生的行为，教育最重要的，是学校即生活，是培养学生适应将来社会的能力。

在大数据背景下，知识教学不再只能在学校进行，作为教师，应该清醒地认识到教育的功能究竟是什么，我觉得，应该回到杜威的观点，就是教育即生长。那我们做教师的，在这样一个大数据的时代，应该把关注人的生长提升到重要的地位。

从大数据到数据科学

——以教育部(国家统计局)2014年统计数据为例

大数据应用和数据科学应用逐渐升温,那么,我们的教育距离真正的大数据或者数据科学到底有多远呢?在这篇文章里,我试图用2014年11月国家统计局公开的2013年度高等教育统计数据为例,说明数据、大数据、数据科学在教育中的应用及其前景。

各位如果有兴趣,可以在以下网站下载这些数据:

http://old.moe.gov.cn/publicfiles/business/htmlfiles/moe/s8492/list.html

1. 从数据到大数据

首先,我们要搞清楚数字和数据的区别,一般来讲数据是具体的,在特定时间特定条件下的具体事物的数字描述。数字是抽象的、一般的及无具体条件要求的。按照中国字的字面理解,有根据数字或者一组数字,表达一个特定事物的特征,我们就可以称之为数据了。明明是教育部的事情,为什么要国家统计局来发布呢?那是因为,如果这些数据被教育部发布,很可能只是数字不是数据,那是因为,教育部及其下属部门自己统计的全国各省市的高等院校的数字,也是各省市自己填写的,所谓"数字出干部",而作为中国权威的国家统计主管部门,国家统计局的数据无疑要权威得多,因此我们可以称为数据。事实上,国家统计局自己有非常专业的队伍,例如城调队、农调队,不仅仅是简单接收国家教育部的数字发布,还会根据自己部门的抽样或全样调查来修正数据。因此,虽然这些数据来自各省市及大学的申报,但我还是认为是基本靠谱的,是有根据的,况且一下子拿到了这么全的公开数字,很感动。

仅仅拿到了这些数据,是没有用的,虽然这些数据在网上公开已经8个月了,没有人关心,也很少有人写文章分析,这些东西只是数据而已,没有形成有用的信息。我把这些数据下载,合并同类项,得到以下几条简单的结论,这就是信息了,大家看看这几条简单的结论是不是很惊讶呢?

全国本科院校户籍人口资源排名:北京、天津、上海,其中北京每22万户籍人口拥有一个本科院校,排名第三的上海每50万人一个本科院校,而排名最差的是河南、四川和青海,分别是每190万人、180万人、176万人一个本科院校。

怎么样?有了信息,我们就可以发挥人的聪明才智,才能拥有智慧。什么叫智慧呢?你如果是一个高考移民,你一定想办法去北京、天津、上海,而千万不要去河南、四川和青海吧。如果你真的这样想,还不是智慧,只是智能。那是因为,青海虽然每176万人才一个本科院校,但青海作为一个省只有几百万人口,全国各省市都会给青海名额,因此青海是比较适合高考移民的省份。如果你仅仅依靠几条简单的信息进行排名,考虑的变量和计算方法是比较机械的,只能称为"智能",远不能称之为智慧,你如果还能像我刚才想青海高考这样很多变量,恭喜你,你拥有了智慧。

那么,什么又是大数据,什么又是小数据呢?很显然,国家统计局这个仅仅几百K的文件,是一个小数据文件,我要想得到以下这个结论,其实还真得不到,全国高职院校人口资源排名:天津、上海、北京,户籍人口每38万人、50万人、54万人拥有一个高职院校,而相对最不重视高职教育的三个省是青海、贵州、四川,分别是141万、147万、160万人才有一个高职院校。

为什么呢?因为国家统计局的这个文件里面并没有户籍人口信息,我要另外下载文件,去百度找,还有,我下的这些结论有点武断了,为什么呢?那是因为天津、上海、北京虽然职业学校比例很高,但也是工业的聚集地,也是人口的流入区,而青海、贵州、四川是人口的流出区,工业也不发达,职业教育的需求没有那么旺盛。如果我们用常住人口的概念去替换户籍人口,再考虑职业缺口和未来发展,结论就会更加严谨。要想更加严谨和准确,那么,就要考虑增加变量以及更多的数据,这些数据还不是大数据,因为这些简单的数据,不具备大数据的特征。

全国最重视职业教育的三个省份是:内蒙古、海南及福建,职业学校与本科学校的比例是2∶1到1.7∶1,而我们认为的传统职业学校的强省广东、重庆、江苏、浙江,比例分别为1.37∶1、1.1∶1、0.82∶1。

上面这组信息,是我简单地将职业教育和本科教育的比例进行对比,可以看到非常明显的儒家文化影响圈对于职业教育的影响。本科和职业学院的比例,或多或少反映了当地省份对于教育的诉求。全国各省户籍人口人均户籍拥有的大学固定资产前三名为:北京、上海、天津,分别为 8 400 元、4 200 元、3 000 元,而后三名广西、贵州、青海,只有人均固定资产不足 500 元。

  这些数据是真的吗?那要看你认为什么是"真"。事实上,国家统计局、国家教育部、国资委、国税总局,每年对各省市的大学都有各种各样的统计要求,我所接触的大学校长和资产处处长,自己都不清楚什么数据是真的。然而,水分归水分,当上报的数据放在一起的时候,还是有很大说服力的。我刚刚说过,对于固定资产的定义,国税总局、国资委、教育部等,都有微妙的不同,各个大学在不同的信息系统的输入,也逐渐有很大的不同,这就形成了由于统计口径不同而造成的数据差异。每年全国百所教育部直属的高校会在各种系统中填报自己的各种口径的数据,教育部、财政部、国税总局、国资委等单位会要求下属单位按照自己部门的数据格式在线去填报各种报表。中国的各主管部门还是很负责任的,为了保证自己部门的数据的准确性,要求配合的 IT 公司设置很多"坑",如果你填的不准确(例如资金不平衡或者和历史不对照),就让你过不去。于是,各高校必然就被迫形成几本账。各高校在填报这些系统的时候,例如房产和固定资产,由于折旧和制度的不同,再加上各种资产存在的地方不同,这数据,有结构化的,也有非结构化的,在全国范围,已经足够大了。好了,仅仅是半结构化、非结构化和结构化存在不同系统中的各类数据,还不能称为大数据。我们要分析全国的教育走向,总想得到那些"佐证"材料,这些材料虽然是数码化的数据,但并不是加减乘除这么简单。例如,教育部的一些主管部门,在进行国家示范中心的评审中和国家虚拟化实验室的评审中,除了让申报的学校提供报表和文字外,还要求提供光盘、录像、音频资料,各种各样的数字形态的数据综合在一起,有点像大数据了。但是还不是,我就见过很多大学,在申报国家示范中心建设中,互相挪用别的学校的资料,甚至完全不相干学院的资料,让东西显得非常专业数据非常充分,这种造假很难被识破。这就牵涉到一个数据获取手段和数据质量的问题了。如果我们的数据应用者能够真正下去走一走,看一看,如果有一个系统能够实时监控动态显示各种资产和大学实验室的状况,那么是不是就决策相对科学一些呢?当然,这就很接近大数据决策了,然而,事实上这种大数据应用在中国还没有出现。

2. 数据处理

  为什么教育的大数据应用理想很丰满,现实很骨感呢?那是因为不仅仅是管理问题,教育应用还有很多技术问题有待解决。在2014年两会期间,中国教育报社希望找到教育大数据的应用,最终找到了上海东华大学的智慧实验室,这个大学将十几个部门、十几个学院、100多个系统的数据联合起来,通过对700多间实验室的刷卡、门禁、视频、音频、物联网技术的整合,完成24小时开放和预约,可以称作一个初始版的大数据应用了,然而系统做了5年才完成,中间的酸甜苦辣,不在软件、不在物联网,更多的是在数据处理方面。

首先,要得到从资产、教务、研究生、后勤等部门的数据,虽然全校学生只有2万多,但是每天晚上校园信息中心传送过来的各部门数据达到数十万条,各个系统的数据格式和数据一致性并不统一,有的学生退学了、有的参军了、有的请假了、有的休学了,还有一些老师本身是副教授,但同时是博士生,还有的系统中去世5年的老教师明明还在。这些,就需要数据筛选和数据清洗。然而,经过筛选的数据,到了二级学院,并不能直接应用。因为各二级学院还会有自己的特殊情况:例如有些临时工人、有些临时外聘人员、有些访问学者和退休返聘人员等等,就会造成整个校园的数据统一和数据流程的问题。这些需求排摸清楚后,需经过一手数据和二手数据的整合、数据确认、数据转换、缺值处理,才到了数据组织和存储的技术处理。实验室系统产生的数据,为了避免重复出现以往的数据问题,要通过数据交换重新回到数据中心,按照统一的数据标准与数据安全规范,形成数据仓库。

东华大学通过这么一个复杂的系统,希望得到一个什么样的结果呢?从短期结果来看,最先实现的是解决经费和用房问题。东华大学延安路校区的房产每平方在上海市价是6万,而松江校区的房产也要3万/平方,如此贵的房产和里面的实验设备,像

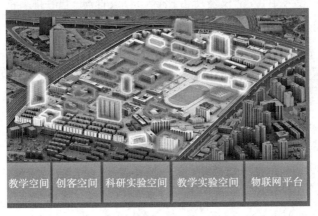

东华大学智能实验管理系统

大多数大学一样,很多实验室重复建设每年用不了几次,而每当期末考试的时候,学生又没地方学习,每当老师想和同学商量点事情的时候,却找不到地方。每年的实验用房和实验经费的分配,成了各个学院矛盾的焦点之一。由于有了实时在线的使用记录和资产统计记录,再向教育部申报的时候,就不用到处造假了,实验系统的数据会自动导出给教育部、财政部等部门所需要的数据,而不需要各部门统一填报了。如今的东华大学,实验用房和实验经费,由于有了客观的数据,矛盾缓解了许多。

从长期来讲,有一个根本性的问题,那就是我们这些年由于大学扩招忘记了一个问题,那就是假如一门实验课36学时,到底是学生学习36小时呢?还是老师教36小时呢?在传统的授课环节,这没有任何区别,但对于实验课,区别就大了。例如,一个医学院,36学时的小动物解剖,照理说学生要动手36小时,能够将所需要的解剖技能修炼成熟,就不会将来拿病人做实验。然而,我们扩招以后的实验排课,由于手术台不够、兔子不够,医学院的学生分组、分班无法有效考核,最终成为了老师教36个小时,如果学生分批上课,每个学生又只能完成一个角色,那么事实上学生动手也许只有8学时。东华大学的实验系统,试图解决学生的36学时的分批、分组、24小时开放的问题,这才是问题的关键。在5年后的今天,如果你去东华大学的各个实验室,明显看到各个实验室人气足了、学生多了。

3. 小数据和大数据

相对海量无结构的大数据而言,结构严谨的统计抽样和报表可称之为小数据。例如,本文开头时候所讲的国家统计局的高等院校省市统计数据。例如,我们可以根据国家统计局的这个文件,得出下述简单的结论:

在固定资产投入中,教学仪器所占比例,北京、青海、上海排名前三,占固定资产28%到34%,而后三名是云南、重庆和海南,用在教学仪器上的经费都不足16%;在教学仪器上,最重视信息化投资的是西藏、云南、重庆,信息化投资占教学仪器的投入40%左右,而最不重视信息化投入的是安徽、黑龙江和天津,信息化投入占仪器投入的20%左右;而最重视软件投入的是北京、四川和上海,软件占固定资产的投入1.3~1.8%,而河北、河南、云南、甘肃,软件在固定资产的投入不到0.5%。

上面这些简单的结论,是基于小数据的几个重要假设才成立的:代表性、数据质量、抽样数据、样本小并设计越高明(Small is beautiful)。在国家统计局的统计报表中,将固定资产、固定资产中教学仪器投入、教学仪器投入中的信息化投入、信息化投入中的软件投入作为代表性的指标,而依靠的是填报数据的准确性和数据抽样的精确性以及样本的设计高明。事实上,个人认为,仅仅这么简单的几个数据,确实体现了各个省市的投资规模和投资水平。我们看到,北京上海不仅在投资规模上远远超过全国其他省市,在投资结构上也与其他省市完全不一样,更加注重教学仪器而不是房产大楼、更加注重信息化投入而不是课桌板凳、更加注重软件投入而不是投影机。然而,这些数据是否就能反映教学水平,那就另当别论了。

国家教育部还有另外一个评估,是实验室评估,通过各个大学所提供的7张表,自动计算各个大学的多个指标,更加能够反映出学生实验室中的教学水平。其中实验室使用率、教师参与实验教学比率、大型仪器使用率等指标,更加精炼了各种指标。这些指标原先是填报制的,是在小数据环境下高度抽象的指标体系。

东华大学教务处处长吴良教授,根据教育部的7张表及要求,制作了9个指标系统,通过从物联网数据中自动获取刷卡、门禁、排课、预约、使用情况,自动实时显示出大数据的结论,把小数据的系统,变成了一个大数据的系统。围绕着教育部的7张表和9个指标系统,由于有了大数据的支撑,就不一定完全采用这种评价方法了。东华大学计算机学院的乐嘉锦教授带领学生团队,做了非常多有趣的大数据分析应用:学生学业成绩与地域的关系、与早餐的关系、与星座的关系、与情侣的关系等等。

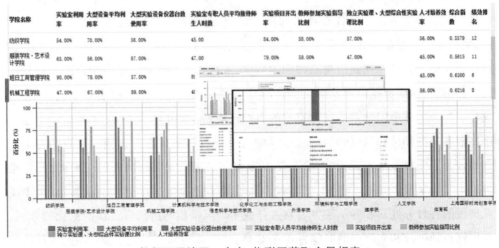

教师不用填写一个字,物联网获取全景报表。

大数据应用与小数据相比,用相关性代替了因果性,例如国家统计局的固定资产、教学仪器、信息化投资、软件投资等这些各个省市的比例,就假设了投资高效果好的因果关系,而东华大学乐嘉锦教授所做的星座和学习成绩的关系,说明处女座的学习相对于白羊座要认真严谨,信不信由你,没有理由,但绝对相关。

我们经常听到中国的平均收入、平均薪水及平均寿命,事实上中国国人数据思维缺失的一大证据就是用平均数太多,用中位数太少。在东华大学吴良教授眼中,各个学院学科不同,实验室的使用率相差很大很正常,然而吴良教授关心的是中位数而不是平均数。某个特殊的学科使用率特别低,某个特殊的学科使用率特别高都是正常的,但是,一项激励政策,如果让整个的中位数使用率降低了,就要考虑政策是不是出了问题。通过大数据的处理方式和展现方式,东华大学非常直观地展现了各个学院的排名和中位数情况。

类似像东华大学这样的通过物联网进行实验设备信息的收集,上海已经有了上海海洋大学、上海金融学院、上海商学院、上海中医药大学、上海建桥学院、上海应用技术学院、上海健康医学院、上海农林职业技术学校等十多所大学,这种实验系统的实时与全量数据的采集方式,与传统的手工填报相比,数据种类更加多、数据及时性更加快、数据的准确性更加好,更加重要的是,完成了一个数据生产者和数据消费者的融合。

传统的统计数据和小数据,一般情况下数据生产者不是数据消费者。例如,像国家统计局、国家教育部、国税总局、国资委等部门要求各高校填报的教育数据的上报系统,由于数据的消费方是部委领导和国家领导,而数据的生产者是各个大学的实验资产处和试验中心负责人及各专业老师和实验员,数据的生产者永远不会消费这些数据,填报的时候很郁闷,而数据的消费者永远也很难去到数据生产的现场,永远不知道这些数据的真实性。而通过物联网和大数据,数据的生产者可以随时组合消费和自定义自己的行为,而数据的消费者,也可以通过点击报表数据,并一层层点下去,一直点到数据生产的那个门禁系统查看真实的生产环境。上海市教委在2014年启动了上海市高校教师激励计划,其初衷是好的,其中有一条教师坐班答疑比例。上海的各个试点高校为了完成坐班答疑指标,给专任教师规定了每周1天到两天的坐班时间,但是坐班不坐班又没人知道,于是上海市教委又组织了督导组在各个大学检查,以至于试点高校的各教务处长和各学院办公室主任成了通风报信的造假者。在信息化的今天,收集到教师进校和实验室的时间并不是难事,如果像防贼似的防止老师造假,最后得到的也是造假的结论。诺贝尔奖之所以到今天能成为权威的科学奖,其最重要之处在于不需要获奖候选人填报一个字,其背后也是大数据思维。一个科学家发表的论文及其影响,是需要诺贝尔奖委员会去收集的,而教师与学生的互动,为什么非要像监狱长一样去监管呢?

4. 数据分析

我们再回过头来看前面国家统计局数据中我得到的一个简单的结论：

全国各省市师生比（除去研究生和博士生）最高的是海南、安徽和广东，师生比达到 1∶20 到 1∶17，而北京、上海和青海，师生比达到 1∶8 到 1∶12。这个结论虽然重要，但似乎一直没人说，因为在我之前，研究教育的不是为学校服务，就是为领导服务，就是没有人为学生服务，因此像我这种研究角度很少。我们的教育理论非常多，都说一切以学生为中心，但是你去看全国的各种教育研究报告，很少去研究以学生为中心的教育研究。

前面说过数据的质量问题，在这次教育部（或者国家统计局）中，各个大学填报数据中，我认为最假的，就是两个，一个是土地面积，另一个就是师生比。土地面积问题不说，因为根本不合理，每个学生一分地的做法是 50 年前的标准，目前的高楼大厦和信息化共享多数空间，根本不需要那么多土地。师生比的问题很严重，公立学校的师生比贫富不均，倒也好理解，但是中国是生师比将近 20∶1，确实很严重，尤其是班级规模普遍大于 40 人的情况下，教学效率低下。私立大学的师生比，从我考察的几十所中国私立大学的班级规模来看，事实情况应该超过公立学校两倍，也就是至少事实上的私立大学的生师比中国应该高于 40∶1 甚至 50∶1，大量校外灌水的教师、外聘教师使得真正的生师比无法得到验证，但是你只要去大学的课堂上去看，普遍超过公立学校两倍的班级规模，已经证明了一切。

出于对学生的关心，中国教师中大量是专任教师身份却没有做教师工作的人系统性存在，更加让生师比这件事严峻起来，党团组织中的教授、讲师、处长、行政岗位中兼职的教师，都让事实上的生师比非常大。也许是不好统计，也许是回避这个问题，私立大学生师比的问题在下载的数据中不好估计，相比起生师比这个小问题，"没用的课"的问题，无论是教育部还是国家统计局更没有办法公布。

出于对学生角度的数据分析，三个横亘在中国高等教育上的问题：大量没用的课、过多的专业和课程、生师比、实验课，也许是未来不好解决的问题，我很悲观。

张晓彦（http://www.gvsun.com/www.gvsun.com 庚商公司董事）把数据分析的设计分成数据层、信息层、知识智能层、决策层，不同层次的数据分析工具和方法以及着眼点是不一样的。在数据层，着眼于多元数据的收集（网上数据采集、数据上传和提交、数据托管和维护）；在信息层，着眼于数据的无缝整合变成信息（数据混搭、数据仓库、数据转换）；在知识智能层，着眼于高级分析（决策建模、数据挖掘、空间分析）；而决

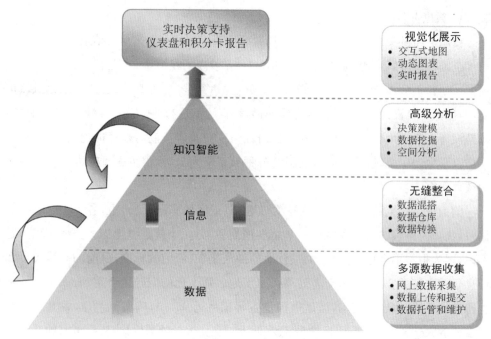

张小彦博士的数据分析层次图

策层,着眼于视觉化展示(交互式地图、动态图表、实时报告)。

一般领导很忙,现代社会的一个标志就是工具化,每个人都能当领导。大数据与小数据在决策上非常大的不同在于,一个决策者更加倾向是用户,用户可以个性化地得到及时的动态数据,而不需要精确计算的专家的结构化意见。对于一个非专业的用户和领导来说,关心的是界面和连接,而可视化是目前最好的工具。

小数据和大数据的分析方法有非常大的不同。在传统的小数据时代,更多的是使用一些结构化的分析工具,例如 SPSS 等,通过非常专业的数据处理专家,将结果反馈给决策者。而大数据不一样,更多的是需要可视化的工具,让用户能够自主地选择变量,可视化地展示用户看得懂的表达方式。

5. 要数据,更要通过数据讲故事的人

不仅仅是大数据,还有小数据,还有各种各样的处理数据的方式,世界上著名的盖洛普机构对未来几年的科技进行预测,预言我们即将度过大数据的热潮,进入数据科学的热点时刻。

我们再看最后通过国家统计局的数据,我得到一个结论:

全国各省市中,北京、上海、青海、浙江 2013 年生均实验仪器投入达到 2 100 元到

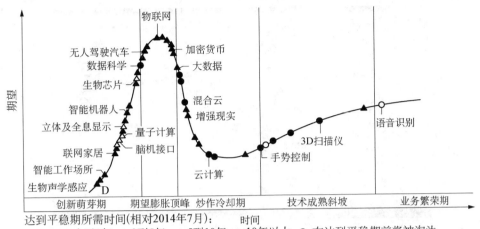

高德纳(Gartner)对未来科技热点的预测。

7 800元,排名前四,而河北、甘肃、山西、河南,排名垫底,生均实验仪器不足1 000元。

上面的结论虽然惊人,但是读者已经不过瘾了,因为通过前面的分析,读者飞快地掌握了这套思路,如果有数据,有技术支持,那么每个读者都可以按照自己的思维模式,得到自己的结论、演示自己不同的证据。

但是,要想每一个拥有想法的人都能按照自己的想法去组织数据,这件事并不容易。数据科学时代最大的好处在于,非计算机和数据的专业人员,也能够根据自己的想法来组织数据。目前的数据科学的进步,已经使得各种各样的科学计算和统计计算透明化和工具化,用户不需要知道具体的计算方法,只需要按照自己的喜好选择计算工具,就能得到很多结论,也就是越来越标准的数据科学工具会退到后台进行计算,走向前台的是想法。

计算走向后台,变量却走向前台。用户只需要突发奇想去改变参数,就可以及时得到不同变量下的预测与决策结果,决策者更多地将经历集中在业务本身而不是数据处理方法。传统的用户有一个想法,想成熟后写出来,再找数据工程师去实现的节奏,被"自助式 SELF - SERVICE"的数据平台所代替。

未来数据科学时代,自助式的数据分析与处理平台越来越多,2015 年发布的TABLEAU,就增加了通过数据讲故事的功能。未来的一些年,也许我们不再使用PPT,更多的人直接使用讲故事的工具,将公开的资料倒入数据科学的平台,只要讲故事的人有想法,就能马上用数据验证自己的想法。

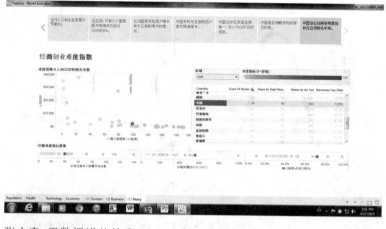

张小彦：用数据讲的故事。https://public.tableau.com/profile/iddpp-!/vizhome/WorldIndicators-325/Story

回到本文的开始，国家统计局将全国 2 700 所高校的数据公开，是数据公开的需要，也是希望更多的人去分析和提高中国的教育质量，然而数据发布至今，实际上使用的人并不多。原因在于，真正的数据科学家，不懂教育，去写这么一个没有水平不会发表核心期刊的文章，有点小儿科。而多数教育工作者，看到一大堆数据，脑子都是昏的，会熟练使用 EXCEL 也要训练有素才行，况且还要结合大量的网络信息才能交叉分析。而今后讲故事的工具大量面世，这些问题会很快解决。

更加重要的是，之所以大家不太关心这些数据，那是因为大家都认为这些层层上报的数据未必准确，即使准确也和自己的大学、自己的实验室毫无关系。那么我想，如果全国的各个公立大学的实验室，各种使用财政支出的教育经费，其使用情况都使用大数据方式，对于全国的各个学科无疑是有压力的，也无疑会促进社会资源的效率提升，我们的很多教育家，就不会永远停留在理念和理论的争论，而是会用数据讲自己的故事。

用数据讲自己的故事，数据科学也许没有那么远。

第四章

未来校园、信息空间

大数据如何改变学校的未来校园、未来学习、未来管理？知识、技能、体验又怎样在教育地图中三足鼎立？教育之真、教育之趣、教育之美又如何主导未来的学习空间？为什么未来的教育将变成一个全地域、全信息、全自动、全智能的四全空间？

每年只招200名本科生的加州理工的这门炮的方向是老对手麻省理工。2008年这门炮被麻省理工学生巧妙用假证件骗到几千公里的麻省理工校园，幸灾乐祸的麻省理工师生看着加州理工学生用卡车运回自己的大炮的时候，没曾想年度的学生竞赛的语音电话都被篡改成了转学加州理工的告知电话。

教育与信息之美

1. 在最美的年华应该有最美的记忆

第一,美是跨物种的。从生物史来看,人类看公鸡漂亮,母鸡也认为它很漂亮。而你认为是美女的,蝴蝶也会飞到她身上。

第二,美甚至还是跨越了生物界的。在人类历史发展的过程当中大自然已然存在的,人们就认为是美的。比如说黄金分割,没生物的时候就已经存在了,那些不稳定的东西,是会带来灾难的;那些符合黄金分割的,是最稳定的。因此,我们研究人体的、物品的黄金分割,从数学上研究 0.618。那些依据黄金分割比例定律走下来的都是很自然的,也是美的。我有几张图片,是对"美的教育"的一些思索。这几张图片让我感触颇深。这是三峡纤夫,你看,在自然界人类为了觅食而保持正常食物和体力积累并经过长期的劳动,他的身体一定是非常美。因此,我突然获得了一些灵感,大家看我的身体,它过度储存了很多年的粮食最终就导致了一个结果:我的身体开始变丑了。然而,要是你在大自然的状态下,不断地运动,人的身体一定是很漂亮,很美的跟鸟的身体是一样的。这里就有一件非常有意思的事情,纤夫脱掉衣服都是很美的,但是穿上衣服就不美了,由于人是理性动物,当纤夫穿上衣服的时候,作为万物之灵的人的理性之美一般很难体现。反之中国古代,我们所有的文化人,有一个共同的特点,读书人读书太多,主要目的是为了应付人和人之间的关系,他不再专注与食物、与大自然之间的关系,那么就会把理性之美发扬到极致,而把自己的自然之美压到很低。我们就会出现谦谦君子,出现孔子、朱熹,出现很多文人墨客,穿上衣服都很漂亮,喝茶赋诗,看上去很美,但这里有一个最大的问题,他们脱了衣服就大不如纤夫们。那么,我要追问了,我们的教育到底在干什么？我们的文化人到底在干什么？我们是过于追求那种理性的美,而忘记自然的美了。

第三,美是超越时间的。我们为什么喜欢读经典的诗,看很多经典的作品？因为美还需要经得起时间的考验。其次,美必须是多元的。比如说衡水中学某一个孩子自己的某一个动作,实际上还是蛮漂亮的,但是要几千个学生都做那个动作,其实就很丑,是因为美需要多元化。

再次,美是一种向真实的回归。事实上人类的教育很难说什么是美,你每次想教育创新,实际上是一个示丑的过程,刚开始一定是丑的。因为美是需要去慢慢找的自然存在,随着时间推移,你才知道什么是丑的,然后不断改善,慢慢才能回归自然中本有的美,才能筛选哪些是美的东西。

最后,借这个主题说到教育。我走访过很多学校,后来突然就明白一个道理,我们学校里的厕所是没有手纸的？厕所里的手纸,家里有,单位有,机场有,什么地方都有,但学校这个阶段没有。我们仔细想一想,这是不是一件很不美的事情？我们的孩子,在校园里,最美好的年龄,最青春的年纪,力气最大,身材最好,第一次心跳的感觉……全部都在这个年代。而如果我们学校没给他留下什么美好的记忆,而是成为他人生最丑陋的地方,你能想象我们这些孩子,今后用什么样的模板去创造什么样的世界呢？所以说学习的地方不能是最丑的、最苦的。我们经常说书中自有黄金屋,书中自有颜如玉。实际上学校丑、学习苦就麻烦了。我们仔细想想,匡衡为什么要凿壁偷光？学生为什么要爱去书山？因为读书的地方是有灯的,因为读书的地方是快乐的,它是一个好地方。如果读书只是一件让人觉得痛苦的事情,那他当然不愿意。

2. 真正没有效用的东西一定是不美的

我们经常有一种说法叫美美地吃了一顿。实际上美这个字和善这个字,中西方是同源的,都是从有用演绎出来的。所以我的观点很简单:真正没有效用的东西一定是不美的。你看见一个女人漂亮——我们能够欣赏女人的漂亮,丰乳肥臀,她是为生孩子做准备的。

但是美的东西是不是马上就要有用？不一定,它可能是面向未来的,或者可以升华抵达。但是我们一般容易陷入一个误区,就是试图用我们的思想、道德、文化来贬低身体的价值,甚至否定我们现实的需求,到最后甚至用文化的虚假来掩盖身体的不足,用道的高尚来填充术的无能。从这一点来说,我们需要部分地改造我们的文化。

在这里我想追问的是,中国的教育是要面向过去、现在还是未来？

相同的争论在 20 世纪 30 年代到 50 年代已经轰轰烈烈地在美国演绎了一场。当时的芝加哥大学校长哈钦斯和哥伦比亚教授杜威有一场持久的交锋。哈钦斯是通识教育的倡导者，他把通识教育引进到芝加哥大学。大家知道 20 世纪 30 年代的时候，美国在工业文明阶段出现很多问题，然后哈钦斯开出通识教育的药方，就是学生要读 100 篇名篇、古代诗歌等等，通识教育就此产生。

但是杜威反对他，杜威说你读 100 篇名篇，就认为是美的吗？不对，美国要解决现在的现实，它是什么呢？我告诉你们，现实就是工业化时代到了，工业化时代的人必须要解决这个时代的典型问题，对学校而言就是走向"学校即社会，教育即生长"。但是哈钦斯得到了更多人的尊重和掌声。但 20 年以后，当美国人大量失业没活干的时候，大家又想起了杜威。杜威又在说，你至少要用 4 年时间教他们毕业能干活能面对现实的社会，这件事才是最美的，比什么都重要。这就是当时的美国，他发现了面对现实的教育，比面对过去的教育要美好的多，它会解决很多这样的问题。

这方面我们有一个词汇翻译得特别不好，叫做实用主义，实际上我们仔细看杜威的理论，他对儿童的教育，恰恰是美式的课堂，焦点就是解放。但是他又很关注现实。那么今天我们在说教育有用没用的时候，我是觉得作为中国人，要特别注意一件事情，不要脱离现实，不要脱离真实，真实才是美的粘合剂。

我们只能做面对现实的教育，但是又要懂得超越；我们不能脱离低级趣味，但是可以超越低级趣味。所以说美这个东西，它一定是不能离开现实，离开现实它就成为不可控制的东西，这是我的一个看法。基于现实，又高于现实，这才是美。

3. 美如何被技术解放

由于技术的发展，校园空间发生了很大的变革，越来越少的课堂，越来越多的网络；越来越少的教室，越来越多的咖啡厅、厨房；越来越少的讲授，越来越多的交互；越来越少的编制，越来越多的合作；越来越少的办公室，越来越多的实验室。为什么会发生这样的变化？实际上是技术带来的。原来没有技术的时候，你要达到同样的信息量，需要堆满了东西。大学的区别又更大，越来越专业的实验室，越来越小的办公室，你看这个学校，2 000 平方米几百个教授在一起，为什么？信息，就是为了让他们能够沟通。越来越正式的报告厅，越来越少的门卫和走廊，越来越多的会议室和厨房，就是干这个用的。越来越少的正式编制，杜威"教育即社会"的思想在美国现在的教育里体现得非常深，它不是一个理念，而是能够操作的。

除了环境，在信息中很重要的是可视化之美，我们一直在说要往前看，不要往回看,今后的美是什么?我们的小孩,他们认为的美是什么?是计算机、是电脑。那么再看,这张图,匹兹堡大学做的,大家当过护士的最清楚,南丁格尔画了一张图,这张图是美国匹兹堡大学跟她学的,自美国 1978 年以来,所有的流行病,50 多个州画了一张图,这张图如果你把它放大每一个数据都在里面。这是我们做的一些事情可视之美。

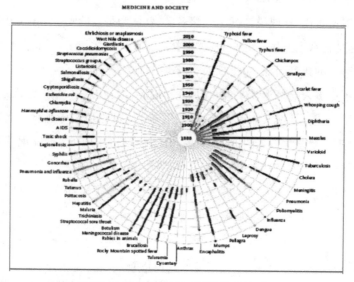

匹兹堡大学的美国 200 年流行病极地图

面向未来的教育是什么?铃声、课堂、教案,整齐划一,这些是苏式教育。而苏联的教育是什么样的教育,是废墟教育,但在那个年代是合理的。班主任、团干部,还要做课间操,为什么要这样?是因为废墟上需要整齐,那是工业化时代的教育。那么今后的教育是什么?今后是个性化、创意。因此围绕这个教育,加州大学洛杉矶分校环境设计专家亚历山大在他著名的《建筑模式语言》中说"大学如同传统的市场,成百上千个小摊点,来者不拒,能者为师,有人去授课,这门课就算是开设了。他们可以去上课,课上到一半可以去小便,小便以后可以不回来"。大学如果不这样去做,根本就不能适应未来的孩子。很多时候我们的学校建成、装修时已经输在起跑线上,因为孩子不喜欢。

再一个美就是尊重生命、人性之美。大家知道美国每年十大畅销书有七大是在什么环境下写出来的?是在星巴克写出来的。所以说你看,卡内基梅隆大学,这是他们随处可见的咖啡厅,上课没有点名。到处都是海报,每个海报都是一个演讲,进了演讲厅就有吃的。在普林斯顿大学,到处都是书房,随便到一个地方坐,手一按,就有灯。

信息化的本质是解决排队问题。为什么不同程度的孩子都要在大课上排着队、睡着觉去听大学教授的"专家门诊"?课堂和大学的本质是一个物流系统,那么信息化如何解放被捆住手脚的物流园区呢?所以我经常说,当别人在谈论美的时候,你干出来。

那么美的基础是什么呢?美的基础是真。中世纪有一句话说一个富人豢养科学家和艺术家是他的天职。在中世纪之前,科学和艺术是同源的,工程和技术是同源的。比如说在安徽璧山的美丽的小山村,如果将来出问题,就是工业社会对环境的污染,也就是说科学和艺术没有联起手来遏制工程和技术作恶,这是我的一个理解。为什么没有联起手来防止作恶?这是因为我们的艺术,我们的人性没有和真(即科学)结盟。人类历史上所有的灾难都是在美和善的包装下进行的,但一旦和真结盟、一旦和科学结盟,这件事情就问题不大。

2014年我在璧山村演讲的时候,女儿悄悄走向讲台安静地在我身旁坐了下来。

在2014年璧山校长会的时候,在我演讲的时候,我的小女儿走向讲台,坐在我身旁安静地听我演讲。大家给予她宽容,我也非常感谢大家都喜欢我的小女儿。为什么大家喜欢她呢?都说她很美,为什么美呢?天真,毫无做作。为什么我们长大以后不天真了呢?是因为我们美和真不结盟。如果美的东西没有真作为框架,很多事情就会乱。

第四章 未来校园、信息空间

从移动学习到移动性学习

《营造法式》中的斗拱和应县木塔实际的斗拱

  1925年,在美国费城攻读宾夕法尼亚大学建筑学硕士的梁思成和他的妻子攻读美术专业的林徽因,接到了他们的父亲梁启超寄来的书《营造法式》。这本刚刚被时任北洋政府交通部长朱启钤偶然发现精装石板印刷的礼品书,原版是北宋流传下来的手抄本建筑教科书,初撰于王安石当政的1096年,极其珍贵。爱不释手的梁思成林徽因夫妇由于"这部漂亮精美的巨著,竟如天书一样,无法看得懂",梁思成、林徽因等人冒很大风险,从清朝的相似文献逐步逼近,十几年间,踏遍中国 15 省,200 多个县,测绘和拍摄两千多件从唐、宋、辽、金、元、明、清各代保留下来的古建筑遗物:包括天津蓟县辽代建筑独乐寺观音阁、辽代建筑广济寺、河北保定辽代建筑隆兴寺、山西辽代应县木塔、大同辽代寺庙群华严寺和善化寺、河北赵州隋朝建造的安济桥、佛光寺。1932 年梁思成搜索到日本一个学者说到山西应县有一个木塔,他便给山西应县最高等照相馆写信,索要照片。得到照片的梁思成于 1933 年 9 月通过汽车、火车、马车、人力车等多种交通工具,来到了这个令他半天喘不过一口气的应县木塔。当梁思成日后把他手中笔记本、照相机和图册中记载的东西发表后,已然从一个拿着《营造法式》课本的学生变成一个学富五车的学者。梁思成如此诚心地去应县,除了应县木塔与《营造法式》完全诞生在同一个年代外,捧着高度抽象教科书看不懂背后的实际背景数据的佐证,对于梁思成的"学习和理解"至关重要。

扯了这么远的梁思成,读者可能没有想到的是,梁思成追寻应县木塔的"移动学习"过程,也代表了今天移动性学习的所有技术要素:远程通信、内容测绘、手持记录、社交网络、位置学习、搜索技术等等。2012 年,世界上最大也是最权威的教育技术机构 NMC 发表年度报告主题演讲,NMC 主席将移动学习、游戏学习、讲授学习、可视化学习和社会化网络学习称为人类典型的 5 种学习方式,而移动学习,被他追溯到 7 万年前的人类狩猎。在 NMC 报告对于最近 10 年移动学习的方式中,包含了一些热点的名词:普适无线、内容感应计算、移动手机、环境和设备内容感应、云计算、智能对象、移动计算、移动应用、平板计算、物联网。特别注意的是,NMC 使用移动学习的词汇是:Mobilty Learning,而不是我们通常使用的 Mobile Learning,如果仅仅使用后面那个常用的英文单词,就会只把移动学习当成利用移动平板电脑的学习,这种"技术官僚主义"的做法对于移动学习的情景分类毫无好处,事实上,NMC 所述的移动学习包含了我们常说的云学习、物联网学习和移动设备的学习,更加体现了移动性的本质,而梁思成的《营造法式》学习之旅,仔细分析,也包含了移动性学习的所有重要要素。

为什么移动性学习对于学习如此重要呢?为什么移动性学习不仅仅是利用移动设备的学习呢?回答这个问题,我们要从人类的学习特点开始讲起。按照 NMC 的说法,人类最早狩猎的学习,在 20 万年以前就开始了,最早的是"母语授课",人类发明了语言和社会性,依靠社会网络来共同完成狩猎行为,而学习最早的方式是社会网络学习,随着时间的进展,在 7 万年以前,有证据表明人们有计划地带着未成年的子女进行到处的狩猎考查和迁徙,这就是移动学习。而到了4万年以前,人类发明了陶器和雕塑,可以更好地教授技艺,这个时候,诞生了可视化学习;1万7千年前,岩画的发明,可以以文字表达思想,目前最为普及的教授学习才诞生;最晚诞生的学习方式是游戏学习,8 000年前,人们把老虎狮子动物等用骨头制成,高度抽象的游戏成为了一种新的学习方法。人类学习方式,是从具体性和实践性走向抽象性的,这点到了后世的书本和课堂更为明显。为什么抽象对学习如此重要呢?那是因为人类的劳动生产力有限,应该牺牲个性提高劳动效率,在有限的时间内,抽象的道理,对于学习非常重要,而技术限制和成本是另外一个更加重要的因素,毕竟带着孩子移动狩猎,成本太高,机会难得,价值密度太低。今天我们建筑系的学生,根本不用使用任何的火车、马车、人力车,就能完成《营造法式》的学习,经过梁思成等人高度抽象的整理和书写,这些知识已经全部在书本和电脑中了。然而,移动学习为什么还那么热呢?

1970年,著名的未来学家托夫勒写出了他的第一本畅销书《未来的冲击》,书中准确地预测了大数据、行为学、信息过载等相关概念,并用专门的章节预测了"未来的教育"。托夫勒在书中说:"预先的信息让行为发生戏剧性的变化""明日的学校不仅教授资料,更重要教授掌握资料的方法""对于时间和空间的重新认识,包括对于价值的重新构建""避免回到过去为工业时代准备的教育课程表和课程模式""多师同堂的模式"。托夫勒认为未来信息社会恰恰是杜威的着重"现在"的学习,会成为更加的主流。从托夫勒的描绘中我们可以看到,人类高度抽象的学习只有在一定程度的工业化、标准化和批量化为目标的情况下才具有高效率,而今后的学习是创新性的、是面向未来的,那么就要回到今天我们所说的全部移动性学习的内涵上:真实场景、真实任务、基于建构、基于常识和时间空间高度感知的学习。

移动技术恰恰给了我们这种技术上的可能。通过云、物联网、移动设备的帮助,人类的学习从工业化中解放出来再次回到个性、一个更高效的移动个性学习阶段。学习时间不再固定为一堂课45分钟,可汗学院和UDICITY使用8分钟模式;学生可以获得具体场景及时数据和背景数据的知识(正如梁思成不到现场学不会《营造法式》的建筑方法一样);学生再也不用盯着黑板,可以一人一个手持设备;可以预先得到未来的知识(一个远程和现场的实验设备而不是书本上描绘的教科书作者看到的过去的设备);可以及时与其他社会网络的学生互动。移动性学习,解放了学习的时间、解放了学习的空间、解放了学习的场景、从平面走向立体、从数据和知识的结论走向数据背后的数据。苏迦特将未来的学习总结成为三项:阅读、搜索和辨别真伪,而移动学习恰恰提供的技术和手段就是天生为解决未来的学习而设计的：云是为搜索而生、物联为辨别和及时感知而生、移动为阅读而生。

移动学习不仅是移动设备那么简单，在设备越变越现代和简单的时候，背后的苹果公司和技术，越来越不简单。教育从社区走向课堂，通过移动，又重新回到社区和生活，一个循环，不是简单的重复，教育正在发生一场悄悄的革命。

这几年下来，除了各种所谓的微课程大赛的非学习用途，微课和移动学习效果并不好。按照《动物理性》一书中的说法，如果我们将人们在进化心理学中的原本动力找出来并以人们能够理解的方式重新进行定义的话，人们很快会适应。注意到世界上最大的权威教育技术机构 NMC 在 2012 年发布的报告中，没有使用 Mobile Learning 这个词汇而是 Mobility Learning，他们将移动性学习与远程通信、内容测绘、手持记录、社交网络、位置学习、搜索技术等等关联起来，回归到"移动性学习"这个词汇。

远程通信：将微课和现场直播的课程通过终端更加容易地传播到更加广泛的人群中，2014 年双 12 沪江网单天销售在线教育近 700 万，而在此之前 3 个月，一个沪江教师通过沪江平台授课收入超过 32 万，之所以人们愿意通过网上课程学习，那是因为移动终端将人的学习场所的不确定性解放了出来；

内容测绘：从大众点评网到美团网，移动性的技术创生了"吃客一族"，而"拍客一族"逐渐走向更加广泛的学习内容提供者。原先的驴友日志还是依赖于旅游网站的资助和电脑的支持，数据量不够多、不够大，而手机媒体的日益发展和成熟，使得学习内容和学习场景以及学习评价以志愿者形式展现出来，"PROSUME"（生产消费者）很大程度改变教育的 B-C 模式为 C-C 模式。

搜索技术：移动终端很大的一个功能，就是搜索和定位功能。GIS 系统与学习内容的关联可以快速地将学习地点、学习内容和学习者关联起来。"应用即连接"，除了定位之外，科大讯飞的全球领先的语音识别技术逐步可以识别语言并按照语言去识别声音、变成文字，在卡内基梅隆大学 CYLAB，我看到有的研究生在研究手机自动识别鸟声，在不远的将来带着手机就可以识别身边不认识的鸟、兽；在纽约我见到清华大学的朱文武教授，他演示了利用手机拍摄一座建筑物并利用图像识别技术将建筑物在搜索引擎中识别出来的技术原型，也许在不远的将来，我们用手机摄像头对着一个博物馆，现实增强学习就会像谷歌眼镜一样将文字说明叠加到图像上面。此外，云技术和物联网技术的发展，移动性学习将虚拟和实体资源紧密连接在一起。

社交网络：微博的崛起验证了六度分割理论中陌生人的作用，而微信的崛起更符合进化心理学和社交网络朋友圈的"百数"规则。为了繁衍和求偶，人们进化出了需要交陌生朋友的欲望，而为了安全和避病，人们又只能最多和147个熟人保持密切关系。移动性学习恰到好处地拓展了这种可能性，在托夫勒所说的那种"暂时性"和"新游牧族"的社交生活中，我们既需要147人的心灵家园，又需要快速在流动社会中找到可信的那2 000人中合适的"短暂友谊"，伴随着人的移动性，学习也变得移动起来。

位置学习：移动性学习不仅适合浅阅读模式，也适合深阅读模式。微信圈中最近出现的不同风格的专业科普网站：果壳、科学、赛先生、大象工会，微信的文章正在变得越来越长，而专业性和深度越来越深。移动性学习还提供了将浅阅读变成深度学习的可能性。设想一下吧，到陌生的北京大学，搜一搜关于雪莱的故事，也许附近就有一个研究蔡元培的专家也在此搜索，3分钟举办一次学术沙龙，搜索技术将大家聚集在雪莱的墓地，而雪莱的二维码告诉我们这里曾经发生的关于这个诗人的一切东西。

手持记录：移动时代的标志就是人们使用移动终端的时间已经超过电脑终端。一个手机不但记录了一个人绝大多数的行为，还能将电脑的行为归集起来，更为重要的是，手机还记录了位置信息。大数据教育难处在于数据的产生和汇集，而移动性学习提供了丰富的想象空间和广泛的应用可能。

如果我们将移动性学习的场景还原到梁思成林徽因深度学习《营造法式》的十多年经历，我们就会发现：搜索技术、社交网络、位置学习、手持记录、内容测绘，一样都没有少，没有手机，只不过让速度慢一些，移动性学习的要素一点也没有变。

未来教育,被技术改变的知识、技能、体验

1. 知识:走向云端的教育

首先我们来分析一下知识和教育的关系。技术来了以后,教育三个最重要的部分变成了知识、技能、体验。传统的教育,兴盛于工业化时代,学校模式映射了工业化集中物流和经济批量模式:铃声、班级、教案、教材和按照时间编排的流水线场景。这种教育标准化制造了大量配套工业化的结构化人才:以数理为基础,以标准化为诉求,以等级秩序和结构稳定为必然条件,以牺牲小我实现系统目标为导向。在这样一个系统化、结构化、工业化的时代里,人被塑造成螺丝钉,标准一定是一致的,两个人说不一样的话,一定会造成系统不稳定,因此就出来这样的教育。

那么我们现在进入什么样的时代了呢?回顾教育的历史可知,数据一直是教育革命的"演员",技术革命则是"导演",无论是最早的石刻和青铜铭文、竹简,还是到后来的草纸以及再往后的印刷术,每次技术的革命,都会带来信息载体改变之后的教育革命。

那再看我们今天面临什么样的时代。我在苹果公司门口看到,一个小女孩说的第一句话是"爸爸",第二句话是"妈妈",第三句话是"要iPad"。可见技术从穿孔机时代进化到了平板时代,孩子们掌握学习工具也从 25 岁提前到了 9 个月。

我们一直在思考一件事情,孩子是学会的,还是教会的?最近的研究又提出另外一件事情:事实上孩子是本来就会的(要看会怎么定义)。所以说,我们现在面临的很多教育是过度教育。

那么如果是信息社会,看看教育的变革,我们可以得到更加简单的结论:从某种角度上来讲,3 000 年来的所有变革,没有任何新鲜内

容,而信息载体的成本和主流需求,是影响教育思想变革的关键因素。

那么信息化是什么呢?信息化的本质是解决排队问题,那么为什么我们程度不同的孩子都要在大课上排着队睡着觉去听大课教师的"专家门诊"?课堂和大学本质上是一个"物流系统",那么,信息化如何解放这个被捆住手脚的"物流园区"呢?教师要学会怎么传递得更有效,这件事情很重要。那么我在想,失去知识垄断的学校,将剩下什么呢?是教堂?厅堂?弄堂?还是食堂?回答不了这个问题,学校会成为创新的阻碍力量。

新时代、新技术、新趋势使未来教育的学习资源极为丰富,以视频为载体,学生不再以年龄划分,而是按需学习,终身学习,翻转课堂将成为常态。

2. 技能:回到社区的学习

我们的教育分为三种:面向过去的教育、面向现在的教育、面向未来的教育。那这里不妨说一下什么叫面向过去的教育。孔子的教育明显是面向过去的教育,孔子在那个年代就想恢复周礼。杜威的教育是典型的面向现在的教育,实用主义。什么叫面向未来的教育呢?1970年,未来学者托夫勒,就是写《第三次浪潮》的这个人,写了一本书叫《未来的冲击》,中间有一章是讲未来的教育,他已经完全无误地预见到了今天的所有情况,比如翻转课堂。今天,我们应该思考怎样建设一个面向未来的教育?不是知识,我认为,知识将来一定会被技术取代。现在的英语老师,你觉得能够跟新东方比吗?能够跟沪江网比吗?

我们说第二个重要的部分是技能。美国著名的教授都去开办在线教育网站了,让斯坦福、哈佛和麻省理工联合促成了 edX 的 MOOC 平台;在中国,给再多的劳动模范称号,传统电视台也阻挡不了著名主持人投奔网站;当大学的英语老师还纠结于发几篇论文可以评教授的时候,新东方的英语教师赚了钱去生产"镰刀手机"了;当全国几百所职业技术学院的校长为升本而入驻驻京办的时候,一个农民工技校的校长操着主席似的口音向世界宣告:挖掘机技术找蓝翔……如果说,知识不再被学校垄断,技能从来不是书生们的特长,那么我们的学校,如何搭建一个学生体验的天堂呢?课堂又如何从传统的"篮球场",变成灯光幻影般用新技术武装的"主场"?

我自己在这里想象,学生为什么会留在校园?想明白了,这件事情就好办了——你的学校有什么是吸引他的东西?这种时候,你会发现真正吸引眼球的,不是你有多大的权威,也不是你有多少钱,而是你有多大的创造力。

人类文明经过了以等级和集权化为诉求的权力社会、以等价物和GDP为诉求的金钱社会,进入了体现个性和生命张力的创造社会。最近20年长大的"网络土著"相对于作为教师的"网络移民"来说,是另外一个物种:他们动力极其简单,发烧友般聚集自己的资源系统,具有一个或者多个指向明确却不断变化的圈子。需要或者自我创造发表个人见解的渠道,喜爱分享而不是被教训,自学而不是去上课,实践而不是去做题……

现在有人在统计美国20年来最具创新精神者的共同特质,我想你们只要把学生培养成这些人的样子,你的学校就成功了。你能想到比尔盖茨等等这些人,他们有共同的特点,是什么呢? 他们具有资源系统,具有一个指向明确的不断变化的圈子,具有需要获得自我实现的渴望,具有创造与发展的权力和渠道,他们喜爱分享……

那我们看信息技术的发展,使得新东方和蓝翔技校从学校的功能里面剥离,这并不是坏事,这让学校可以更加集中在"原味世界":越来越少的课堂,越来越多的网络;越来越少的教室,越来越多的咖啡厅和厨房;越来越少的讲授,越来越多的交互;越来越少的办公室,越来越多的实验室……

3. 体验:被技术解放的真、趣、美

随着技术的发展,从学习知识来说,"新东方模式"将取代筛选式教育;从技能训练来讲,蓝翔技校将取代功利化校园。而仅剩的体验功能,又将如何让学校凤凰涅槃呢?

被技术解放的环境,将还校园一个教育模式语言的博物馆:色彩、图腾、雕塑、空间、装修、价值诠释……

被技术解放的课堂,将使传统课堂发生静悄悄的革命:支架走向网络,信息走向聚合;传统走向现代,配置走向集约;师生走向互动,虚实走向结合;记录走向电子,实训走向真实。就是说有越来越多的实验室,自动化的技术,把学生的行为都记录下来。

被技术解放的时空,将彻底改变实验室冷冰冰的形象,学生本应在实验室长大而不应在教室端坐,大量基于虚拟、远程、物联、门禁、开放、智能、聚合、协作的技术手段,实现实验室的24小时开放、预约、排课、创新,学生从被监控和管理的对象,逐渐走向实验室的主人。

被技术改变的学习,将把每个孩子原本就存在的天分激发出来,而不是用灌输的方式;将实现真正的翻转课堂:年龄的翻转、时间的翻转、观念的翻转、师生的翻转。教师不再是教师,是教练;学生不再是学生,是学者。年轻人没有爱会发狂,天分没有正向的反馈不会被激发,被技术改变的学习将使学习成为一种自主的、自组织的、协作的、可视的、轻松快乐的和可控的行为。

被技术解放的管理，使得校园的管理发生悄悄的变革。基于物联网、大数据的管理，将使得疲于奔命的管理员成为彬彬有礼的服务员，校园的管理成为一种服务，一种评价，一种决策，一种助力，一种流程。

那么大数据时代带来什么呢？我们更需要什么呢？在印度进行教育实验的学者苏迦特说了一句话：未来的数字化时代不再需要语文，不再需要数学，大家需要哪三项技能？第一是阅读，第二是搜索，第三是辨别真伪。这三种能力是将来你们的孩子必备的技能。可见，大数据时代的到来使阅读、搜索和辨别真伪成为人们学习的主要任务。

大数据时代的到来也将根本改变人类的学习方式，而教师与学校将被重新定位。技术的进步，使得在学校学习的学生能够充分体会信息体验与环境之美、七维感受与可视之美、尊重生命与人性之美，通过个性化与人性化的美丽体验，为每一个孩子留下20年心灵的归宿，少为社会送出带裂痕的"顽石"。

邓小平说过一句话，教育要面向世界，面向未来，面向现代化。那我想是面向什么样的世界、什么样的未来、什么样的现代化？我最后就写了一句话，呼吁我们的局长、校长、建筑师，给孩子留下一个更美好的校园。

大家一直在想为什么国外最好的建筑是校园？因为在那里你少建2平方米的操场就不行，少3平方米的教室就不行，一个班里15个孩子变成45个就不行……在我们中国，古代有"凿壁偷光"的故事，为什么要偷光？是因为教室有灯，家里没灯。但今天我们很容易反过来，家里比学校好多了。

那么我在这里就写了最后一段话：我们的校园，我们的孩子，在这里度过了最纯真的憧憬，最朦胧的心动，最坦率的合作，最美好的青春，最强壮的体格，最激情的年代。可是，我们的校园，厕所没有手纸，教室没有色彩，这里又如何唤起学生的终身自豪感？他们满怀激情走向社会，又该按照什么样的模板去改造什么样的世界？

大数据时代,我们如何做教师

2015年5月27日,在美国的波士顿,全球最大的国际教育工作者协会大会(NAFSA,National Association of Foreign Student Affairs)上,美国厚仁教育首席发展官陈航先生发布了首份中国留学生开除报告,报告称去年超过8 000名中国留学生被美国大学开除,引起舆论哗然。大家不知道的是,这几年与陈航先生交往,陈航所在的公司帮助开除学生重新回到校园已经成为陈航所在的厚仁教育的一项主要任务。陈航公司也由于有一批专业指导不具备自理能力的中国留学生的辅导员队伍,而声名鹊起,公司快速成长。100多名公司员工活跃于各个美国的大学,用网络方式长期指导和支持在美中国留学生的学习、转学与困惑。陈航和他的同伴们能够这样做,当然不是仅仅基于道德情操而是基于数据,陈航发布的《2015留美中国学生现状白皮书》用翔实的数据,说明了在美留学生的状态。与此同时,一个叫做ZINCH的网站迅速在留美家长中火爆,注册用户只要把学生的各科学业成绩和SAT分数、托福分数以及特长输入这个网站,基本上可以八九不离十地知道会被什么大学录取、会被什么大学拒绝。注册用户还会经常收到网站后面的各个大学的招生官的信,个性化地提供招生对口服务。我注意到这几件事情时发现,这些背后依靠大数据资料提供服务的培训机构的教师,往往比中国的高三老师和美国的高中辅导员更加专业和准确,从某种意义上来讲,校园中的一部分老师,已经被大数据的市场服务替代了。

这就引起我进一步思索:大数据时代,我们如何做教师?

1. 信息过载时代的搜索、阅读与辨别真伪

这10年,我分析过上海的数十个大学不同等级的学生,也在大专、本科、研究生课程中担任教师教授同一门课：网络工程管理。我发现，从智力水平上，当然大专、本科、研究生是有差距的，但是并不十分大，而学习习惯的差距的细微区别，反映在他们在创造性任务作业上的差别却是天差地别的。举个例子，我发现大专学生在寻找资料的时候非常喜欢使用 hao123，而本科学生第一习惯是百度，研究生一般使用学术知网。于是我稍微采取了一点措施：要求大专学生不允许使用 hao123，而必须使用百度文库；要求本科学生不允许使用百度而必须使用学术知网；要求我的研究生不允许使用学术知网而必须使用 EI 和 SCI 检索文献。采用这些措施后，我发现所有的学生的成果质量都明显上升一个档次。

在搜索解决后，大量的阅读是挡在学生学习中的一个障碍。我对比过中美学生的教材和阅读文献的速度，在这两方面中美差距非常大。不仅仅如此，中国教师也是大面积失去了阅读能力的一批人，近年来所谓教育家批发的心灵鸡汤被广泛转载让我不忍卒读，很大一部分原因是我们绝大多数教师失去了阅读原著的能力。于是，我在我的两门 SAKAI 在线课程《网络工程管理》和《电子商务安全》课程中放置了大量经过我筛选的资料，每门课达到 10 G 左右。在我课程结业的要求中，要求学生针对问题写小组作业，而小组作业寻找的资料大量网络上是找不到的，只能在我的课程平台上找到，而学生写作业过程中按照我的诱导的"抄袭过程"，就是大于教科书 100 倍的阅读能力的训练过程。

不仅仅是搜索与阅读，有时候在阅读材料中给学生故意设置大量的似是而非的结论让训练学生的辨别能力比阅读更为重要。在一门医学课程中，我为医学院教师设置了针对肚子疼完全不同的诊断案例，让学生针对病人症状寻找各种可能性和养成批判性思维。

大数据的普遍采用，相关性代替了因果性，需要教师做的东西更多了，而不是更少了，只是原先大量的重复劳动可以交给计算机和网络，教师本身集中精力于创造性的教育设计中。

2. 自带社交网络授课

在卡内基梅隆大学 CYLAB，有一个非常好的传统，就是每周一中午，总有来自全世界的教师和产业界人士会发表一个小时的演讲，在演讲之前，教师先会吃点东西，而演讲的过程中听众都有免费的午餐，通过这种形式，在垃圾时间段充分进行了学术交流。让我感到意外的是，非常多的来演讲的嘉宾，除了在中午演讲外，更多的是短期和长期地与 CYLAB 保持学术交流甚至会被教授邀请到课程中表达自己的观点。我经常看到这所学校的教授上课的时候安排少数课程甚至 1/3 的课程请自己的狐朋狗友来表达观点,我称这种形式为自带社交网络授课。卡内基梅隆大学有非常丰富的课程平台、视频和文献检索系统,然而他们似乎更看重这种社交的学习和授课,因为这种授课在数据资源丰富的时代,更能将最新的甚至是关于未来的设想与师生及时沟通,而一个好教师不仅仅要求对本学科的信息和数据充分掌握,能否动用自己的朋友圈为教育服务,更能体现教师的能力。在 CYLAB 的英特尔实验室,会经常举办一些开放的课程让师生参与,而课程的过程中,会调动英特尔全球的 4 个会场进行互动,这些更加体现了这个一流高校的资源能力。而事实上,一门编号为 15 237 的品牌课程(嵌入式设计),其教师本身就是原英特尔的一个部门经理,每学期他不仅会带来英特尔最新的同事和设想,还会带来 5 万美金的捐款,让每组学生用一些钱进行作品设计和考核,引起这门课的疯抢。

3. 筛选 30 年不变的知识与技能

有些东西要面向未来,有些东西却是回归传统。由于计算机类的知识更新非常快,让教师往往无所适从。常常出现的情况是教学计划刚刚根据技术的发展制定,等到学生毕业时就已经落后,而另外一种情况又会出现:那种被认为很过时的东西,却常常具有非常持久的生命力。比如,在物联网高速发展的今天,学生学习的东西往往会很快过时,而焊接技能、串口协议、通信原理等,却不会过时。大数据时代,知识更迭和资源汇集会非常容易和迅速,作为教师,能够筛选出对于学生 30 年不变的知识与技能坚持下去,永远是教师的基本功。

4. 为孩子设计适应性的阶梯与任务

即使在同样一门课程中,针对不同基础和程度的学生,有了数据资源和在线课程,学生往往会因为东西太多而无所适从,这里,就需要教师为孩子设计适应性的阶梯和任务,既有难度和挑战,又不至于失去了乐趣。例如物联网和开源硬件这门课,从 10 岁的孩子到 25 岁的硕士生都可以开,然而同样资源的情况下,为孩子们布置的任务和提供的支持是完全不同的,甚至界面也是不一样的。例如一个很有趣的事情,对于大学层次在一本以下的学生,我发现大家更喜欢使用 MOODLE 课程,这种按照周次排列的课程和方式非常符合创新能力不是那么强的学生的好感。而对于一本以上层次的学生研究生,SAKAI 更适合他们的口味,因为这种资源模式更加方便。

在网络教学资源充分丰富的今天,教学任务的设计成为教师的首要任务和核心能力。即使同一个班,不同理解力的学生要考虑使用不同的任务策略。而对于不同类型的任务,其教学内容的布置也需要教师充分从人性和教育学角度进行设计和实施。

5. 为每一届学生项目制筹资与管理

苹果公司的联合创始人沃茨尼亚克在离开苹果后的一些年,致力于在中小学提供电脑教室:电脑从娃娃抓起,这种风潮客观上促进了信息技术的发展。信息技术的学习由于技术进步非常快,每一届学生毕业后,就需要重新根据技术的变化设计出新的学习内容和配套出新的课程体系,沃茨尼亚克离开苹果的一些年,因此并没有武功荒废,反而发明出了万能遥控器这种东西。

在中国有一个形容教师的词汇:教书匠,这个词汇肯定不适合大数据时代的教育。每个大学老师培养一批本科学生 4 年,一批研究生 2 到 3 年,一批大专学生 3 年;一个中学老师培养一批中学生需要 3 到 4 年。如果下一个 4 年还讲同样一套东西,不但是误人子弟,教师的光荣感也会受到伤害。在大数据时代,好的教师更是一个不断更新的项目经理和销售员,他不仅仅提出设想争取投资,还应该根据新的社会经济技术发展将社会具有前瞻性的技术开发出来原型,体现在课堂,甚至输出到社会。

6. 围绕创造与天分,搭建合适的创造空间

医学教育有一个非常好的传统,那就是实习医生制度。在西方传统的医学教育中,大学本科必须修医学预科或者生物学相关课程。到了高年级的时候,必须到医学院附属医院从事临床和门诊的医疗服务,在那里,导师不仅仅是教师,还是医生。稳定的医学制度产生了附属医院这种通行的教育模式。IT 技术其实和医药界非常像,但却没有机会采用这种制度,因此 IT 界的教育培养效率远远低于医药界。

近两年风行的创客空间,给了 IT 和制造业、艺术教育一个新的思路。麻省理工学院的新媒体实验室率先采用这种方式进行研究性学习。每年数以亿计的美金投入到这个实验室,这个实验室的知名教授们会在这个像加工厂的创客空间搭建出学习和科研所需要的仪器设备和工作场所,与学生一起进行研究和科研。博士生、硕士生、本科生甚至小孩子都可以来这里一显身手。在卡内基梅隆大学的汉斯管理学院地下室,甚至还配备了住宿和淋浴设备,支持学生 24 小时、48 小时、72 小时不间断地学习和科研。这样往往一个科研项目结束,也意味着一个公司的诞生,董事长教授更受人尊敬,就像医生教授是必须的一样。

7. 捍卫教师的讲台,教会学生捍卫学习的习惯

与中国"要给学生一壶水,自己要有一缸水"不同,大数据时代,处于激素水平较低年龄段的教师,要求比学生强不应该也不能是对教师的要求。教师与学生虽然都学艺术课,教师的水平未必比学生高很多,因为教师与学生虽然都在艺术实验室,他们却分属不同的专业。Kathy 就是匹兹堡这样的一个教师。在 VINCENTIAN 高中校,Kathy 已经将她的这门课 GREASE 讲授了超过 10 年,也已经培养出了超过 10 多位顶级艺术学院的学生。每年 10 月开始,Kathy 就开始在全校的 200 多名学生中招聘 30 名选修课学生,进行对外的收费戏剧:GREASE 的演出排练,分角色、筹资、服装、舞台、化妆。Kathy 是名校哥伦比亚大学的博士,学的是历史,在学校还担任学生的心理咨询老师,然而她还有一个身份是匹兹堡著名的舞蹈教练。每次课程,Kathy 总是动用大量的社会关系为自己服务,自己家也有超过 100 亩地用于学生集中排练当停车场。Kathy 非常热爱自己的这份工作,其实她这门课完全是亏本的,但是她得到了满足。在她这门复杂专业的课程指导中,她也非常坦然接受和扶持在某种专业上比自己强的学生和外聘教师。我女儿连续两年在这门戏剧表演中担任不同的角色:合唱和服装,即使在美国高考中最艰苦的 11 月也不停止,不仅仅是因为女儿喜欢戏剧,更是因为女儿喜欢这个老师。我非常乐于看到女儿从老师身上学到的专业、敬业、捍卫职业、工作习惯,从某种角度上讲,学生从老师身上学到知识和技能是浅层次的学习,学习到习惯和工作方式才是最根本的学习。

8. 从老师到导师:更简单的界面、更复杂和专业的支持

文章写到这里,不得不暂作停顿,让我们回到本文的开头。在传统的教育中,教师年复一年,是重复的教学,而学生是新鲜的学习。然而,信息化改变了这一切,学生从网络获得了最新的一切,教师的工作显得无趣和乏味。然而,无趣和乏味不是因为教师就应该是无趣和乏味的,而是因为教师没有面临竞争和淘汰。新东方出现了,让全国大学机构的英语老师面临考证英语失去了市场,那是因为新东方更会使用大数据;新东方拥有 4 万老师而面临沪江英语的网上动则 3 000 学生一个班束手无策,不是因为新东方提供的服务不好,而是新东方的竞争对手已经不是新航道而变成网络英语。更简单的 ZINCH 留学让网上的学生可以几乎免费地直接知道传统留学机构非常资深收费很高的顾问服务,背后是各个大学的招生官为此付费,而这背后,是类似厚仁教育这样的机构不是老师的老师,提供更像老师的服务:为学生提供更加专业、准确、需要和个性化的服务,而这所有的背后,是大数据这个看不见的手,在掌控和支持。

该交给信息的就交给信息吧,教师不是不需要了,而是不一样了。

从教育设计到设计教育

1. 教育设计与设计教育

从教育设计走向设计教育,最大的变化就在于核心理念的不同,教育设计真正的核心理念是人都是教会的。一旦定义了人教会的理念,那我把所有的东西都认为人是由于外在因素的一些影响,才能学习到一些东西,所以大家会把所有东西都强调在外部的一些客观条件上,比如对老师教学的一些要求,对环境的一些要求等等,事实上从现在最新的认知心理学、人脑科学、行为科学的一些研究来看,学习是人的一种本能,因此我们提出的另外一个是设计教育,设计教育的核心理念,是人都是学会的,不是教会的。如果人不去学,你无论怎么去教,他一定也是不会的。所谓的这种学会,事实上是一种训练,我们叫做不经过大脑,是一种神经性的反应或者是条件反射等等。

传统的教育设计经过了两个比较大的阶段。第一个阶段叫做秩序阶段,也就是说首先要建立这样教学的秩序,比如学生要进来,要注册,要进行分班,要进行排课等等,这些方面事实上都是服务于教学秩序,基于这样的秩序能够比较有序地开展一些教学活动,这样变得比较可管理,这是教育设计阶段。

教育秩序完善后,下一步学校怎么发展?从更多的情况来看,更多是走向了我们今天讲到的评估教育。为什么会这样做呢?主要的核心原因是绝大多数的资金的来源,包括我们一些老师要进行职称等等这些方面的升迁,包括对学校的考核和经费的拨放。事实上都是和评估相关,所以一切都围绕着评估来做。我们评估的指标由于是自上而下的,事实上没有差异性,更多都会归结于一些客观的数据,比如说一个人占有多少资源,多少面积,多少教师,机房人均多少电脑台数等等这些指标,这些指标都是非常短期的,很快的时间内都会发生变化。比如说我们原先规定的图书馆藏书的册数,那么目前大家使用图书的方式可能更多的是可以通过网络图书馆,通过网络数据资源来做这样的事情,因为这些更快,并且信息更新得也快。还有一部分是我们评估方面提到,除了这方面之外,比如我们机房人均占有电脑数,从现在的方式来看,大家使用移动终端有的通过手机,有的通过笔记本电脑等等,笔记本电脑的占有率已经非常高了。再提这些条件,就会觉得已经脱离了时代的环节。这是传统教育上最大的因素。它更多会强调外在资源的配置,而忽略了一个核心问题,是怎么样教好学生,这是一点。这是其中最大的差别。

如果从这个角度出发,我们可以重新来看一下,传统的教育设计是基于评估。所以说,所有的评估教育之中,软件开发相对来说需求是比较一致的,所以做软件开发是基于指标来做。另外是基于现在的就业导向,这和我们的评估教育各方面相关。我们的评估对每个学校有就业率的要求,因此也会出现很多问题,基于就业,往往是目前热门的专业,4年以后可能走向没落,甚至消失都有可能。机器,比如说标准化教室的设计。从这个上面来讲,我们做的事实上并不是这样的标准化,目前的标准化教室完全是根据大工业时代在秩序的各方面要求来进行准备的,现在,这样的教学方式,或者未来的时代,未来社会并不是这样的要求,包括装修,包括一次性地购买产品,另外非常重要的是,传统的教育设计概念,都是购买固定资产,对于我们来讲,如果是从学生角度来讲,这里面有一个理念,如果基于是人都是学会的,不是教会的,我最终是需要激

从教育设计到设计教育

发学生的互动,最终才能让学生真正学会。

教育实际上是一个非常简单的事情,如果学生能够学好,老师能够教好,这一定是一个非常好的学校。因此从设计教育的角度来看,激发师生主动热情,老师的出发点也是怎么让他学会,而不是怎么样拼命地教会。这是最大的一个差异。

1. 从软件开发到教育咨询：在教育设计中,教育软件开发实质是咨询。面对教育用户即将解决的一些问题,然后提供一些设计方案。

2. 从就业导向转向创造导向：事实上我们教育最终的目标就是围绕务实的创造和创新,也只有通过务实创新的方式,我们对于人的教育上面,才是一个真正的成功。成功的教育一定是对人的解放,解放他的思想,打开他今后发展的道路,而不仅仅是规定好了一个就业方向,知识送过去,事实上后面的东西他并没有完成。在学校的时候,教育是真正需要激发他的创造性。

3. 从标准化教室转向教育模式语言：事实上不同的教育空间模式会有不同的寓意。

4. 从传统的装修到一体化的设计：也就是说在设计之中,我们会围绕人,围绕需要做的事情做一体化的设计和制作。

5. 从购买产品走向教育的私人定制：我们所有教育的设计面向个性化的要求,因此要定制。

6. 从购买固定资产,转向了即插即用：也就是说,传统是买到这个资产,事实上我们是使用的服务,这是非常重要的商务理念的差别。

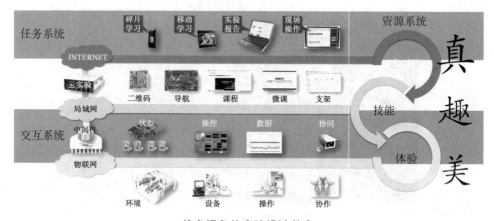

信息视角的实验设计教育

最大的差别实际上是一个核心,也就是我们从怎么样去教,人是教会的理念,转向人是学会的理念,从传统围绕外在条件的一个教育的做法,走向了激发师生。因此我们可以说每一个学校、每一个教育都是与众不同的。因此学校需要的是教育的咨询,做这么一个整体的设计和导向。

2. 信息视角的设计教育

实现这个目标,围绕实验教学这个角度,信息视角的设计教育有四个层次。

1. 第一个就是有关实验室,实验室的环境,实验室的设备,面向实验的操作,面向实验中间的协作,我们怎么样去设计场景,来做一些体验。

2. 第二个层次就是交互,也就是说在这样的环境之下,通过哪些 IT 的方式让他们产生交互,获取他的信息,我们和我们的场景之间,以及场景的使用过程中间,我们怎么样去采集和获取这样的数据。

3. 第三个层面我们叫做学习系统,我们如何在这样一个环境之中支撑他的学习。包括二维码线上线下的融合,包括知识技能的导航,我们在线的课程,碎片化的微课的学习,包括我们对实验的支架,也就是远程学习、远程实验等等这些方面。

4. 最后是我们如何通过这样的任务系统完成学生的不同学习方式,包括实验中、实验前、实验后,包括我们的一些零散碎片的时间,包括我们在移动过程之中,包括我们现场操作等等这些方式,我们如何通过这些明确的任务,让他最终能够完成学习的目标。

我们可以看一下,在最上面的这个层次应该是一个知识的层次,知识层次通过学习系统和任务系统来进行支撑。第二个就是技能方式,也就是通过学习的交互方式,最后和学习的场景系统形成良好的体验。体验的最后一块包括知识、任务设计。任务设计是求真的,首先是一个真的任务,第二由于这是比较有趣的方式,为什么说这是有趣的呢?因为现代教育强调把所有的资源,通过网上交互的方式来进行采集,在采集的过程中间,事实上所有这些现代的方式,都是我们学生的兴趣所在。因为它和他们实际生长环境是完全一致的,也就是说大家进入了充分 IT 时代,所以这是一个比较有趣的体验方式。最终我们通过这个美好的场景,包括我们是协作,对环境的设计,还有在操作和协同上面的一些设计,我们最后让它有比较美好的体验,通过我们这样一个比较美好的方式,最终构成这样一个架构。

（1）任务系统

我们首先看任务系统。我们称任务系统为求真、有趣和美好，任务系统贯穿了整个知识、技能和体验，也就是说任务系统是来源于20世纪人类最伟大的一个发明，事实上是项目管理。在那之前，虽然有很多的工程，但是工程只是告诉你每样东西应该怎么样去做，比如说修建一个建筑，他应该如何去做，那这是一个工程能力。在人类的项目管理理论和实践成熟以后，人类可以在多个任务之间进行协调，或者说工程上面我如何去划分我的任务，把不同的任务划分给不同的人，如何分配任务，如何组织一系列任务，事实上这是一个抽象于工程之外，更高的一个体系。

因此我们看一下，我们怎么样去分任务，现在这是一个重要的问题，怎么样把学习变成一系列任务。我们看在任务的过程中间又要求真、有趣，又要美好，又要能够兼顾最后的知识、技能和体验。我们看一下，事实上基于这样任务体系，或者这样任务架构的分配，它的一个哲学来源是建构主义的理论。包括我们提到的，比如人是学会的，这实际上是建构主义核心的命题。从这个角度来出发，建构主义对于任务的分配，或者是任务体系，实际上有很多的方式，我们可以看到有这样基本的方式，支架式教学，支架式策略，也就是提供很多资源，然后让你去做事情，独立探索学习，最后来形成这样一个效果来评价。从一个用人企业的角度来讲，比如培养成一个售前人员，售前人员就是这样的一些方式。比如说我会给他很多的方案，之前的一些案例，然后让他来进行学习，参照这个东西来磨合来写方案，然后逐步提高方案的难度，最后再提高

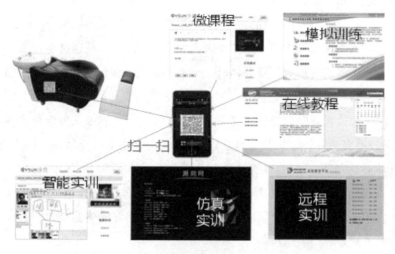

上海庚商公司的学习系统

他的熟练度。

（2）学习系统

我们通过学习系统来进行支撑，我们学习系统包含了这样几块东西。首先是从导航开始的，为什么要通过导航呢？导航实际上是一个非常好的方式，能够让我们和现实的社会产生这样的关联，现实和虚拟。如果采用这种地图的方式，地图方式上我可以很好地标识出来，所有的资源，包括学习资源等等。通过一个地图，我们可以汇聚很多的资源，包括我们的在线课程资源、我们的教师在哪里、我们的教材在哪里、我们的设备在哪里、我们有哪些实训资源、我们有哪些校外资源、我们有哪些课程的资源等等，这上面会有很多很多东西，都会为我们开创一些做法，给我们提供一些帮助。

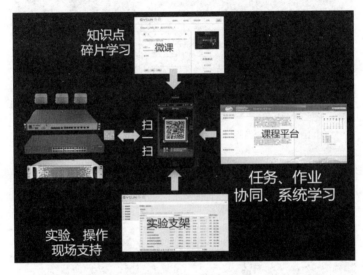

学习系统逻辑图

除了线上的，还可以通过二维码、通过扫一扫就可以发现设备和我们相关的一些在线资源把微课资源集成在一起，通过摇一摇就可以知道，这个地方是哪几个老师对这个东西相关、哪些专业和它相关、哪些论文和它这是相关的，这就可以是一个非常好的学习系统。

另外通过这样一个线上线下的交互集成为整个学期的全生命期提供支撑，一种在线的支撑，也就是说我们只要有信息设备，可以支撑知识点的碎片化的学习、支持基于教学任务管理和划分课程。在线的课程，包括作业、课件、实验前的预习、实验现场的操作，贯穿了完整的生命期。

学习系统主要提供这样的支撑和帮助,也就是说我们怎么样去完成这些学习任务,学习系统的主要任务是为学习者导航。

(3) 交互系统

中山大学、上海海洋大学、上海中医药大学的交互系统

交互系统的建设是为了形成学生与资源的良好互动,上图是这些年最常见的称作互动教室的方式,我们可以和学生很好地交互。可视化交互事实上代表了几样东西:

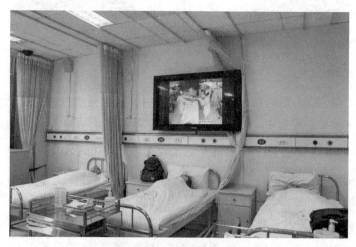

上海中医药大学模拟医院场景系统

我们看不仅仅是增加了一个屏,更是把需要的信息推送给了正在做实验的学生。在交互屏上可以放老师的具体做的动作技能录像。交互过程中不仅展示了信息,同时也采集了每一个学生的动作记录,这是非常重要一点,也就是说我们现在最新的说法就是信息一定要形成生态,它才能活起来,既是一个数据的生产者同时也是一个数据的消费者,我们有个新词叫 pursumer,巧妙地将物联信息聚集起来。

(4) 场景系统

场景系统是学习者具体活动发生的地方。场景系统强调真实世界环境的教育还原,强调学生的协作和互动的方便。例如学生是对面斜坐,采用六边形的桌子,而不是传统的摆放方式,因为六边形方式是非常便于协作的。场景系统强调每个学生的操作要考虑具体的终端设备,不管是我们的一体机还是 PC 还是工作站等等,这会有很多种不同的方式,但是都要有这样的信息设备。师生之间是能够形成交互的,不管是在线学习的互动、还是一些基于摄像的形态学这样一个互动。实验室要充分考虑开放性,通过开放和透明的方式形成一个舒服的场景系统。

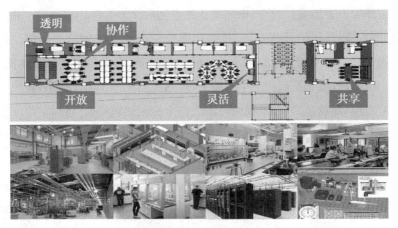

实验参观和行走路线场景

我们可以看一下上面那张图的案例,实验室面向未来的发展方向。是不是面向未来实验室,非常重要一点是电源布置,电源是否足够、电源的调配是否灵活(比如说电源可以拉伸、电源部署在天花板上可以拉下来、还有些地方是充电装的设计等等),以上方面都是一个非常好的设计,我们可以看到。包括像这样一个开放式的吊顶,我们叫做第一个透明,第二个就是信息直接能够看到,当桥架公开的时候,上面有问题的时候我们也一下能看到,所以这上面也都是便于后面了解的一个信息,就是说很多信息当透明的时候你依然能发现其中的一些问题,最后是共享协同。

3. 实验室教学教育技术服务的三个重要领域:知识、技能、体验

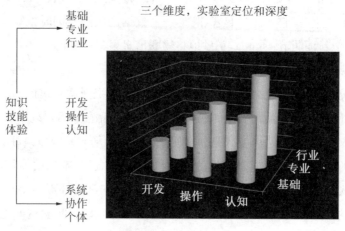

实验室教学的设计教育

前面讲到我们去做设计教育,做完设计教育之后该怎么样让它落地?我们怎么去设计?设计完了以后我们是从知识、技能和体验三个维度来做这个事情。我们把知识、技能、体验三个维度划分成了三维的柱状图,我们可以做出来这个柱状图,我们要做的这样一个项目,或者我们的一个实验室,包括我们的一个实验体系,首先在教育层面上做一个定位,定位是这样的,我们可以把它定位成知识层面,可以定位成三个层面的知识,第一个是基础知识,也就是非常理论性的知识,第二是面向某一个专业的知识,第三是具体行业的知识,专业技术领域的知识,行业的知识。

技能也可以分成三个层面,第一个层面是认知层面的技能,就是我了解、我知道、我看过。第二个层面是操作的技能,也就是我能够去进行操作,第三个层面就是能够在上面进行开发的技能。

对于体验也分成三个层面,第一个是提供面向个体的体验,第二个就是协作层面的体验,第三是系统层面的体验。我们通过这种方式可以非常好地定位实验室或者实训室。

知识地图课程实践探索

作为高校教育的首次尝试,我们针对知识地图作为一款功能软件,在与课程教学相结合时,对设计方面需要考虑的因素做了相关调研。围绕知识性、易用性、安全性、效益性4个潜在变量,考虑功能的可实现性,综合各方面因素,最开始选用27个观察变量(观察变量即为知识地图要达到前面4个要求所要实现的功能),通过对收集的数据进行SPSS分析后,最终确定20个观察变量,如图1所示:

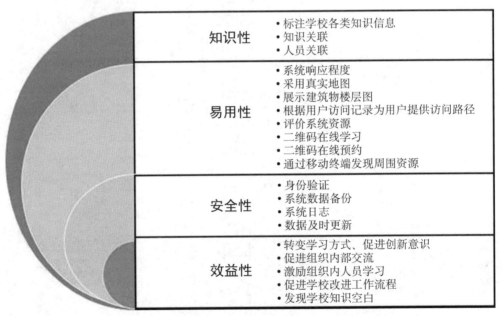

图1 "网络工程管理"知识地图设计影响因素问卷调查表

用SPSS处理后得到的4个潜在变量和20个观察变量数据构建AMOS结构方程模型,运用验证性因子分析方法分析检验构建知识地图影响因素。如图 2 所示,一阶验证性分析模型表明知识性、易用性和安全性三者是相互影响的,知识性和易用性的相关系数高达 0.99,而效益性与其他三项的相关系数都比较低。在这基础上,为更好观察潜在变量与知识地图的关联度,构建了二阶验证因子分析标准化估计值模型,如图 3 所示,采用加权求和的方法计算得到 4 个因素对高校知识地图的构建影响程度从高到低依次为知识性 30%、易用性 29%、安全性 23% 和效益性 18%。

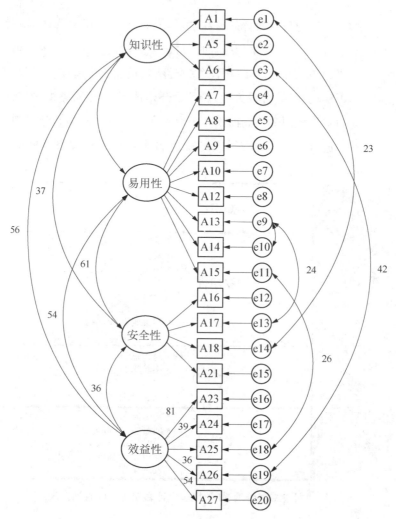

图 2　一阶验证因子分析标准化估计值模型图

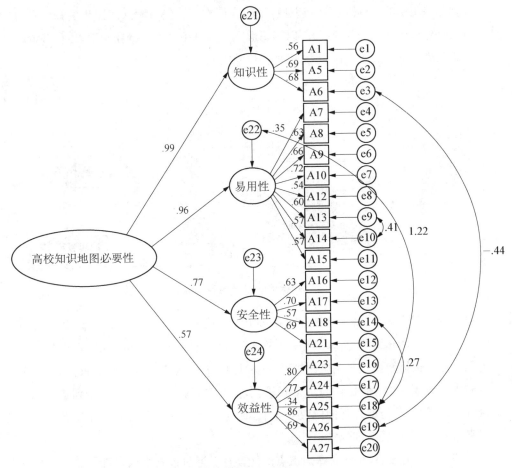

图3　二阶验证因子分析标准化估计值模型

综合上述数据分析结果可知，设计"网络工程"知识地图时：首先，应该重点考虑系统的知识性、易用性、安全性，尤其是要体现知识地图作为教学工具的知识性。其次，在保证系统的基本安全性的前提下，尽量提高系统的知识性和易用性，找到三者的平衡点。最后，由于知识地图作为教学工具是首次尝试，对效益性指标的评价不好把握，可以将其作为后期完善系统的侧重点。

1. 基于知识地图的教学内容设计

所要构建的知识地图，是指广义的知识地图，是实体资源、网络资源、教师资源、资源知识导航系统，结合当前在社交、教学和技术方面最前沿和流行的二维码技术、MOOCS平台、数据可视化，为师生提供一个随机进入学习的教学模式。由前期调研结果可知构建该系统的关键因素是知识性,为此我们将"网络工程"这门课程的知识性分知识点、技能点、体验点三部分展开,以知识地图为基础引导学生寻找资源,以任务教学为核心提高学生动手实践操作能力,以现场体验投标的方式展示学生的技能成果。

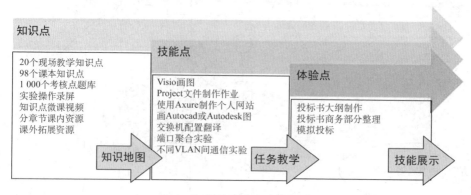

图4　知识地图教学内容设计

以知识地图为基础,将网络工程教材每个章节划分为5到10个知识点,以经济管理学院楼作为教学知识点,选取其中20个试验知识点,贴上二维码标签,可以扫描随机进入学习。根据知识点录制微课视频、实验操作支架,整理1 000个考核点,按章节和实验内容分成10次测试,让同学自我检测。课内资源分章节整理上传到自主学习平台,课外资源上传至课外延伸模块。各个知识点以知识地图的形式分布于各个自主学习平台上,充分体现系统的知识性。

以任务教学为核心,充分发挥知识点的能动性。通过前几次的微课知识点体验学习后,课堂学习重点主要是答疑和到实验室真实操作,作业以作品的形式提交,让学生熟练掌握 Visio、Project、Axure、AutoCAD、Autodesk 软件技能和网络交换机配置、端口聚合和不同 VLAN 间通信的操作过程和步骤,为后续模拟投标体验做技能积累准备。

体验点作为技能的展示环节,因为有知识点的理论基础和技能点的实践经验的支撑,锻炼学生的整合技能、运用技能、展示技能的能力。模拟投标分为个人部分和小组部分,让同学们在准备标书和现场投标的过程中真实体验网络工程这门课程。

知识点、技能点、体验点三者层层递进,共同体现网络工程这门课程的知识性,完成构建"网络工程"知识地图的关键影响因素。同时也为后面知识地图的易用性、安全性提出要求和指导。

2. "网络工程"知识地图教学方法设计

知识地图只是一个教学辅助工具,根据网络课程教学内容,结合合适的教学方法才能真正体现其价值。根据对"网络工程管理"这门课八年的教学经验和探索,总结出教育改革理论:知识、技能、体验,而这与前期的调研结论不谋而合。知识是知识地图需要体现的知识性,技能和体验则是需要通过知识地图的易用性来实现。针对某高校电子商务专业的知识、能力和体验的定义,在整个学期的网络工程管理的课程,打散原先以授课、实验、考试为中心的传统模式,变成了以知识、技能和体验的以学生为中心的教育模式。

知识:将教材 12 章全部内容 125 个知识点做成微课、1 000 个考核点做成题库,使用开源的 Sakai 平台、自开发的微课平台和录音授课,上课的时候只针对重点的事项进行讲解,部分实现翻转课堂,课后学生登录到系统做题,巩固知识。

技能:包括"网络售前能力、画图能力、方案整合和协调能力",因此,一个学期将学生的技能落实到网站建设、公网域名访问、甘特图的制作、Visio 图的制作、AutoCAD 图的制作、综合组网方案、投标小组。最终的考试采用作品考试,是以投标书及其网站实现。事实上,采用这种技能考核,技能不是教出来的,是练出来的,教师主要的任务是方向性指导,学生的具体细节能力往往比教师和研究生更强。

体验:大胆采用新技术体验教学,微课、社交网络、作品、物联网、3D 打印、O2O 等新技术,并邀请学生体验完这些新技术。最终的考试是以投标书及其网站实现,以小组为单位进行模拟投标,邀请社会上专业人士当评委,最大胆地设想"未来经管,被技术改变的校园空间设计"。

知识、技能和体验的以学生为中心的教育方法,老师可以具备学生的能力,但是需要老师具有专业判断力,将自己研究历史上收集的资料全部交给学生,放到在线的课程平台里面,为学生们创造一个经过筛选的专业库,以提供帮助。充分运用在线教育工具,自带社交网络授课,邀请产业界人士和社会资源,为学生提供比我更高的视野。

3. "网络工程"知识地图的技术设计

根据知识地图前期调研结果,结合知识、技能、体验的教学理论,"网络工程"知识地图技术设计逻辑图如图 5 所示。

安全层:通过身份认证、数据备份、数据更新、系统日志保证系统的安全性,为师生提供一个稳定的学习平台。

资源层:知识性是系统的第一要素,资源层充分体现了系统的知识性。囊括 125 个知识点和 20 个随机进入学习知识点及其微课视频、1 000 个考核点及其题库、大量的课内外资源、学生学习过程和成果资源。

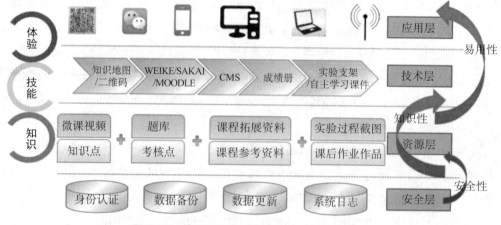

图5 "网络工程"知识地图的技术设计逻辑图

技术层:利用知识地图、二维码、微课、SAKAI等各类社会网络信息技术整合资源,实现数据共享,为学生技能的磨练提供支撑平台。技术层中各学习工具关系如图所示:

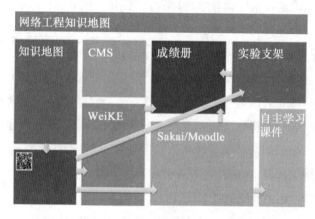

"网络工程"知识地图学习工具关系图

知识地图是知识点可视化展示工具;CMS是课程网站展示工具;微课、SAKAI、MOODLE是拥有丰富资源的自主学习平台;实验支架上放置与实验相关的各类资料(视频、指导书等),自主学习课件为针对某个知识点或者实验过程的FLASH课件,可以放置SAKAI/MOODLE平台,各模块间通过接口对接,读取数据。通过知识地图指引,找到知识点所在,扫描二维码,可以进入相关知识点微课、SAIKAI平台以及实验支架,观看视频、查找资料、测试答题、模拟实验,测试成绩最终汇聚到成绩册上,根据不同权重计分,在所有学习工具上的行为都会形成日志,这给我们最后研究学生学习效果、教师教学效果评估提供了数据支持。应用层:技术层为易用性打下了基础,而应用层则是易用性的真正体现。包括二维码扫描随机进行微课视频学习、微信点名和互动、微课和SAKAI平台登录后资源的上传下载、O2O等新教学体验。

知识地图使得整个大楼变成课堂。

如图所示,知识地图以Map/地图形式展现学校中隐藏的知识点3"门禁"的随机进入学习入口的所在位置,指引学生寻找二维码,扫描后进入微课学习平台,看完知识点微课视频后,可以通过答题检验学习效果。

4. 知识地图课程教学总结

某学期共计128名学生参与"网络工程"知识地图教学活动,学期结束后教学效果如下:

(1) 课程资源积累。题库增加到4 000道、布置作业8次、在线测验成绩15 000次、微课23次、课程文件数15 000、课程资源数量达到10 G;

(2) 学生能力质变。通过作业实战演练,熟练掌握了网站建设、公网域名访问、各类软件制图、综合组网方案、投标书制作和项目投标流程等,这些能力在最后"未来校园,被技术解放的教育"模拟投标会上得到了完美体现;

(3) 教学效果显著。建了两个大微信群和13个小组的微信群,累计学生答疑信息达到4 000多条、感谢信5封、由于采用了微信点名,缺课率低于5%、作业量达到美国学生的2/3,已经达到平均作业量的7倍。

"网络工程"知识地图教学效果斐然,但是改革处于"摸着石头过河"的阶段,在实施过程中也遇到了一些问题：由于学校网络不支持大量学生同时上网，制约了线上教学和实验教学的效果；对于学生能力和作业难度的评估不确定，需要随时调整教学进度和计划；面对高强度高难度的作业量，学生容易产生厌倦情绪。不过只有改革才能发现问题，在改革的过程中如何克服困难，也是改革的一部分，老师和学生的共同努力和配合，使之成为一次成功的教学改革探索，也为以后基于知识地图的教学设计方法提供参考和指导。

物联网+教育,从虚拟实验到影子系统

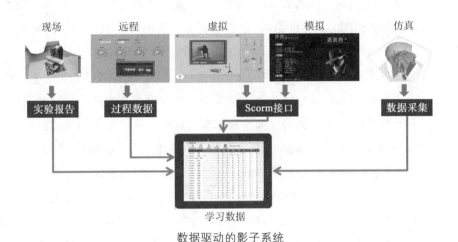

数据驱动的影子系统

教育部从 2013 年开始,不断在全国高等院校推广虚拟实验室,花重金打造全国各种专业的虚拟仿真实验室,每年资助 100 个国家级虚拟仿真实验教学中心。在此措施激励下,全国各地掀起了一场以"Flash"为核心的动画虚拟实验室的浪潮。很多学校的专业教师甚至教育主管部门对于虚拟实验室的误解在于,认为虚拟实验室是解决经费紧缺的重要手段。一个非常主流的制作虚拟课件的公司就宣称:"通过我们高仿真的虚拟实验室,学生可以看到现场看不到的机器内部的真实情况,因为即使到现场,由于机器 3 年检修一次,学生只能看图纸,有了虚拟化,学生就能够看清楚内部构造。"这是典型的虚拟化误区,而且错得离谱,因为我从小在工厂长大、毕业再回工厂工作、父母兄弟姐妹一家人都是工程师,我一直笃定地认为,一个工程师最起码的能力是看图能力和根据现场画图能力,如果虚拟仿真代替或者减弱学生的看图和图纸想象能力，这种虚拟化是灾难的。

　　在我看来，虚拟教学的核心不应是节省费用，更不是以绚丽的三维动画代替学生的工程想象能力，而是为了体现比实体系统更加真实和抽象的"教育之真"。比如，荷兰的一位教授在 2009 年就开始的跨越欧盟十多个国家的远程虚拟电力发电实验，电脑里跳动的数字和发电过程的虚拟化场景，不仅有多个不同远程部件的实验室真实物联网的数据的动态回馈，更重要的是，这些汇集起来的数据对于学生学习电力系统的逻辑，比学生去看真实的电站，更加体现出"教育之真"。再比如有个著名的人体标本制作作品所体现的人体的标本，把原本藏在皮肤内部的肌肉通过特殊的工艺突显出来，体现出原本人肉眼看不见的肌肉的纹理，这种叫"教育之真"。

　　就像看了再多的关于爱情的文学作品，都不能代替一个年轻人去真正谈一场恋爱一样，"教育即生活、学校即社会"，学校是大千世界的真实映射。这种映射，不是减弱大千世界的真实印象，而是加强这种印象。对于年轻人来讲，学校就是一所增强版的"恋爱实验室"，在这个实验室里，不仅体会出实体的青春萌动，更重要的是附加上象牙塔之外不容易存在的"爱情的诗歌、音乐"等增强版的虚拟因素，使得"爱情"这种感觉由于升华而更加真实。实体的和虚拟增强的因素，构成了"影子系统"，为学生打下"改造世界的信息模板"，为学生打造"高于现实的教育之真"。

　　以沪江网为代表的新一代教育，动辄 3 000 人同时在线的课堂已经成为常态，这就是互联网＋时代的教育，而被技术改变的教育通过将不属于教育的互联网＋扔到网

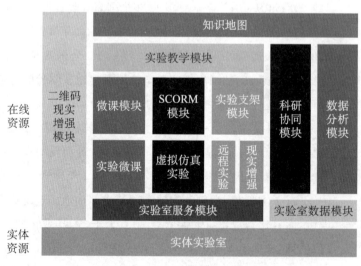

物联网＋的影子实验室模块图

上以后，会进入一个物联网＋的时代，这个时代，就是云地一体化、虚实一体化的实验影子系统，实体、模拟、远程、现实增强一体化的数据驱动的实验室，一起构成了影子系统。

基于物联网＋的影子系统，包含以下重要概念的整合和升级：模拟系统、仿真系统、虚拟现实系统、增强现实系统、远程系统、知识地图。

1. 模拟系统

模拟是对真实事物或者过程的虚拟。模拟要表现出选定的物理系统或抽象系统的关键特性。模拟的关键问题包括有效信息的获取、关键特性和表现的选定、近似简化和假设的应用，以及模拟的重现度和有效性。

模拟最重要的是简化，在教育上最容易出问题也适合简化环节。通过简化和关键特征的抽取，最容易体现出知识的逻辑，然而这种简化如果不适当，就还不如书本和数学公式来得贴近。例如，在一所职业技术学院的简化版的以动画为核心的精密加工模拟环境，学生能够看到的仅仅是动画和关键节奏的输入输出；经过改进的模拟系统，抽象出来不同车床的各种噪音，以噪音的特征值反映不同故障，让学生还原故障可能的错误操作，虽然看起来比起前者动画没有了，但是学生体会更深了。

2. 仿真系统

仿真（Simulation），即使用项目模型将特定于某一具体层次的不确定性转化为它们对目标的影响，该影响是在项目仿真项目整体的层次上表示的。

例如上海第二军医大学的护理实验室，通过野战护理的场景仿真，以及环境中利用电视屏幕对火灾、地震、洪水、化学灾难的环境仿真，训练的是在不同环境中学生的野战护理流程和专业素养。

3. 虚拟现实系统

虚拟现实技术是一种可以创建和体验虚拟世界的计算机仿真系统。它利用计算机生成一种模拟环境，是一种多源信息融合的交互式的三维动态视景和实体行为的系统仿真，使用户沉浸到该环境中。

以 Flash 等方式，开发虚拟的在线实验，相关的实验数据和结果可以保存在教学平台中，实现对自学活动及成绩的有效管理。学生可以通过教学系统平台中的相关 Flash，进行自主学习。

虚拟现实技术表面上为节省了资金和教育经费，事实上最重要的目的是沉浸，如果没有真正的沉浸，这种节省是毫无用途的甚至是有害的。在沉浸系统的发展中，眼镜技术和虚实一体化是重要的发展方向，在教育中虚拟现实不仅要反映出三维实景的真实性,更要体现出实景真实性背后的教育之真以及学生由于沉浸系统而模拟出来的情感和体验。

4. 增强现实系统

增强现实技术,是一种将真实世界信息和虚拟世界信息"无缝"集成的新技术,是把原本在现实世界的一定时间空间范围内很难体验到的实体信息(视觉、听觉、味觉、触觉等),通过电脑等科学技术,模拟仿真后再叠加,将虚拟的信息应用到真实世界,被人类感官所感知,从而达到超越现实的感官体验。真实的环境和虚拟的物体实时地叠加到了同一个画面或空间。

2011 这套太极拳还属研发项目,到 2015 年类似的增强现实技术已经逐渐成熟。

在卡内基梅隆大学计算机工程系,2011 年,Caiyang 老师就利用视频互动技术,让电脑里的机器人跟着学生的样子打拳,并根据标准太极拳的套路给学生的表演打分。4 年过去了,原先高端的科研,目前已经在开源软件中非常廉价地可以得到万千种类似的增强现实的代码。

例如,学生只要有手机,就可以通过 APP 软件跟踪实验室的设备,被对准的实验设备,会在手机上展现叠加出来的图层:实验设备的状态、名称、参数、物联网的及时数据、使用视频和所有普适计算相关的参数。这些参数都是实验室智能系统预设的和通过物联网大数据收集的。

5. 远程系统

系统采用多种物联设备,获取实验业务信息及设备运行数据,并进行设备的管理与运行。

相比起前面的各种影子系统,远程实验是典型的物联网系统。2010 年,上海中医药大学动物房就通过实验老鼠的远程视频,完成了学生在宿舍中连续观察老鼠实验活性的远程实验。下图中的西安工程大学图形图像实验室,通过 LABVIEW,将远程的印染机的信号和试验箱的信号远程传输到学生客户端,再通过虚拟系统和实际信号叠加还原成现场一样的"影子系统"。

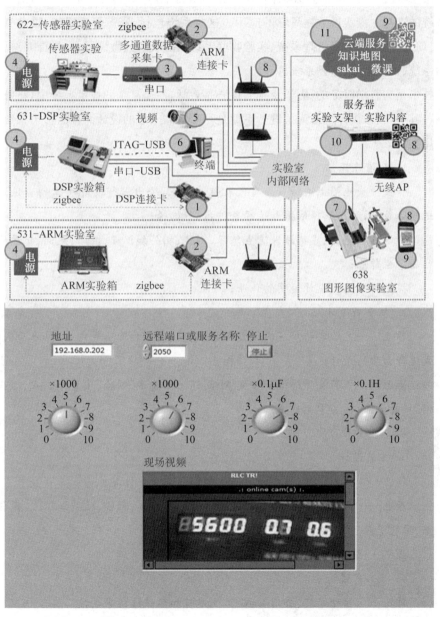

西安工程大学让虚拟和现实交汇构成了新的实验室。

6. 知识地图

通过二维码、地理信息系统 GIS、WIFI 定位、位置传感器、增强现实的识别等技术,实现手机端与 pc 端的交互,可以快速地连接相关的信息,如课表信息、知识信息、GIS 地图、微课、设备信息等。

影子系统,作为一个连接实体资源与知识资源的技术系统,还需要很多的实验信息系统的支撑才能实现数据科学的应用。这些系统包括:资产管理系统、设备管理系统、科研协同系统、项目管理系统、实验物联系统、在线课程、微课平台、排课系统、实验预约系统、视频系统、考勤系统等等。

技术是为教学服务的,影子系统的核心是教学,一个复杂的技术系统中,将师生教学融入其中,教学设计也最为关键。下面是一个食品工厂的设计课程的影子系统的教学使用案例。

1. 厂址选择:

作业——地图上选择 6 处有代表性的地点,给出进行设计所需的当地水文、地质等数据,给出选择依据和选择条件,进行选择;

资源——地图、虚拟课件选点练习、测验、相关知识点、微课、案例、扩展资源、往届学生作业;

提交——选点设计说明的作业;

2. 总平面设计

作业——在给定的厂区内设置车间、工段、设备和管路等内容,以平面图的形式进行初步的设计;

资源——平面及管路设计方案、平面到立体演示、测验、相关知识点、微课、案例、扩展资源、往届学生作业;

提交——平面设计作业;

3. 工艺设计

作业——工艺衡算、设备计算与选型和管路设计计算;

资源——工艺计算完整演示、各类计算基本案例、测验、相关知识点、微课、案例、扩展资源、往届学生作业;

提交——工艺设计作业;

4. 非工艺设计

作业——辅助部门、公用工程、工业建筑和环保设施等设计;

资源——非工艺设计完整演示、测验、相关知识点、微课、案例、扩展资源、往届学生作业；

提交——非工艺设计作业。

厂址选择

作业要求　地图上选择六处有代表性的地点，给出当地进行设计所需的水文、地质等的设计数据，给出选择依据和选择条件，进行选择。

提交作业　选点设计说明的作业。

相关资源　课程平台和微课平台中

地图、虚拟课件选点练习、测验、相关知识点、微课、案例、扩展资源、往届学生作业；

虚拟课件完成对基本概念的展示和交互，以后可以逐步深入……

A……
B……
C……

案例视频　　　　虚拟课件　　　　在线测验

以厂址选择为例，影子系统如何在学习中起到作用。

一体化,三段式

改革喊了 30 年,如果说哪一个行业改革在中国是喊得最凶的,一定是中国的教育部门,然而效果却差强人意。如果说代表正义的标准是骂中国教育几句,我想中国会有十几亿正义人士。然而,正义解决不了问题。最近,千人计划饶毅教授写了一篇文章,说教育的问题在于文化,我深以为然。

美国匹兹堡大学社会学博士张小彦说,如果你观察一个社会,你会发现它非常像大海的截面:波涛汹涌的经济和政权变化、处变不惊稍有波澜的深水区就有点像政治和经济制度,而无论海平面如何波涛汹涌,海底却基本上静止不动,这就是文化。要改变文化是非常难的。本学期我教两门课,一门是"商业史",一门是"网络工程管理",正应了我作为电子商务教师应该干的。我教过的一门《商业史》课中最后的作业,虽然在事后我获得了学生们少有的赞扬以至于感谢信,然而在谈到《道德情操论》和《国富论》作为西方经济的《圣经》这件事情的时候,学生们给我的邮件中,总是自觉不自觉地把中西方对立起来。

然而,面对着无论是精英阶层还是最普通的百姓对中国教育集体用脚投票,无论文化的变革多么慢,教育的改革却必须进行。到 45 岁生日这天,我彻底明白了:作为一个教师和一个人,生命今后只属于我自己。因此在总结自己 8 年左右另外一门课程"网络工程管理"的探索上,我得出来的教育改革理论:知识、技能、体验,可以在基本不触碰体制、不触动文化的前提下,进行微小改革,这也是一个教师唯一的变量了。感谢海事大学给予的宽松空间,使得我这种教育实践得以默许,我想今后在海事大学越来越重视教学和上海市教委越来越加强教学评估的大背景下,我这种实验不知命运如何了。

网络工程管理是一门技术课,书是我自己写的,实验室是7年前自己建设的,对象是管理类学生。在进行海事大学经管学院电子商务教学实验的过程中,我还对上海一所211大学、上海一所职业技术大专学校同期进行了对比课程研究和实践,得到的结论同样有效,只不过我对他们的知识、技能和体验的定义完全不同。

知识:三所大学文理、层次和生源差别很大,在211大学里面,由于是计算机类学生,这门课的知识定义为"网络协议理论基础、编码技术、七层结构",而另外一所大专学校网络专业的学生的定义为"TCP/IP协议及应用"、上海海事大学电子商务专业的学生的定义为"网络工程管理相关技术和管理的通识基础"。由于定义不同,授课内容也完全不同,考试标准和难易也有非常大的区别。

技能:211大学的计算机相关专业的网络工程的技能到底是什么?我曾带过这个学校的两个研究生,只愿意做所谓高深的东西,结果水晶头做错了,耽误了研究2个月。后来我将211学校的网络工程的技能定义为"具有网络体验基础之上的创新能力"。而对于大专学生来讲,技能就是"网络命令和弱电技能的实训"。对于上海海事大学电子商务的学生来说,针对他们的毕业去向和人才培养方向,定义为"网络售前能力、各种画图能力、方案整合和协调能力"。

体验:对于211学校的计算机专业的学生来讲,需要体验的是两个方面,"一方面是基础网络代码能力和动手能力,二是最新的科技及在此基础上的创新";对于大专类学生需要的体验是"网络工程管理及其质量和项目管理的整个过程";而对于管理类学生,最应该体验的是"未来的技术可能改变应用的方方面面"。

针对以上上海海事大学电子商务专业的知识、能力和体验的定义,在整个学期的网络工程管理的课程,打散原先以授课、实验、考试为中心的传统模式,变成了以知识、技能和体验的以学生为中心的教育模式。

1. 知识。由于书是自己写的,也是基于自己原先实际做的项目和熟悉的理论,因此我又更进了一步:将书的12章全部内容125个知识点做成微课、1 000个考核点做成题库,使用开源的Sakai平台、自开发的微课平台并录音授课,上课的时候只针对重点的事项进行讲解,部分实现翻转课堂,又不太出格造成学生的基础知识不牢固。7年的实验告诉我,中国的孩子喜欢做题,如果给定标准,学生们在线测验的平均成绩会达到90分以上,有些要强的孩子会做好多遍非要拿到100分不可。

2. 技能。由于定义电子商务的学生的技能为"网络售前能力、画图能力、方案整合和协调能力",因此,一个学期将学生的技能落实到网站建设、公网域名访问、

Sketatchup 图、虚拟机使用、甘特图的制作、Visio 图的制作、AUTOCAD 图的制作、综合组网方案、投标小组。最终的考试采用作品考试，是以投标书及其网站实现。事实上，采用这种技能考核，技能不是教出来的，是练出来的，教师主要的任务是方向性指导，学生的具体细节能力往往比教师和研究生更强。

3. 体验。我给学生们讲，需要仰望星空，需要有"专业梦"。从美国回来的两个学期，我采用了更为大胆的新技术体验教学：微课、社交网络、作品、物联网、3D 打印、O2O 等新技术，并邀请学生体验完这些新技术，最大胆地设想"未来经管，被技术改变的校园空间设计"，让学生们以小组为单位进行投标，极大地提高了学生的积极性。

我们传统的观念说："要想给学生一碗水，教师要有一桶水"，而事实情况是，教师作为网络移民，面对着网络原住民的新一代学生，却是"曾经沧海难为水"，因此教师普遍成为保守势力，以保护自己的权威。我保护自己，采用了另外的办法：

1. 大胆地说，在专业领域，专业老师只有判断力，并不具备学生的能力。

2. 将自己的研究历史上收集的资料全部交给学生，放到在线的课程平台里面，为学生们创造一个经过筛选的专业库，以提供帮助。

3. 充分发挥优秀学生的助教功能和自己研究生的助教能力。

4. 充分运用在线教育工具。

5. 自带社交网络授课，邀请产业界人士和利用社会资源，为学生提供比我更高的视野。

6. 充分利用微信工具，而不仅仅是坐班。这学期 128 名学生，建了两个大微信群和 13 个小组的微信群，累计学生答疑信息达到 4 000 多条。

7. 充分利用社会资源，达到多赢。学生的评价，应该以教师主导的情况下的社会评价，我已经尝试了多年邀请产业界人士到最后为学生进行作品打分。本学期预计 6 月 28 日，会邀请 5 位产业界的老总为学生打分，甚至顺便安排答辩后的暑期招聘见面会。

几组数据：

1. 课程资源：题库 4 000 道、作业 8 次、在线测验 15 000 次成绩、微课 23 次、课程文件数 15 000、课程资源数量 10 G；

2. 效果：微信条目 4 000 余次、感谢信 5 封（还没有结课）、由于采用了微信点名，缺课率低于 5%、作业量达到美国学生的 2/3（不好再增加了），已经达到平均作业量的 7 倍；

3. 学校的网络不能支持智能手机上网，有所遗憾，但是也正好给了学生机会让他们最终的作业是设计"未来校园，被技术解放的教育"。

需要指出的是，对于每一个老师来说不需要用到那么多的技巧和技能。将来的发展方向只要选一种或几种，你所能够掌握的一些资源也就足够了。因为每个学科不一样，或者每个老师的特长不一样，你可以选择几种又不一样。最近大家对微课进行反思，微课是最不靠谱的。利用过了你才知道，但是这也不是说它全无是处，它总是在特定的领域里有它的用处。

对于我们的信息时代什么是20年不变的沉淀？学生需要建立什么样的教育之真，选择什么样的教材，积累什么样的基础？实际上我的三段式是针对知识技能体验来的，我认为教育它主要是这三块重要的内容。这三个内容都有三个时间限制。对于知识来说，你怎么能确定你教的知识是20年不过时的沉淀。现在教完以后，等他一毕业忘了50%，剩了50%，你还有50%教错了，然后他毕业以后用不着，50%又过时了，这个教育就糟糕透了。

那么什么是20年不过时的沉淀？我们说知识是沉淀在脑海里去了。然后第二个什么是当今世界10年不过时的童子功？这个人在基数水平最高的东西，尤其是未成年学到的东西，今天还有人跟我讲到了，我把女儿送到美国读书，应该是几岁送出去，是这个道理。我们学语言，大人和小孩一块学一种语言，小孩肯定学得快，这是童子功，童子功过了一定期限就不行了。我们问问题技能，什么是当今世界20年不过时的童子功？这个第三个问题在体验上，什么是学生30年不过时的记忆？问好这三个问题了，我们的教育不要教那么多课。我们把课讲到25门，现在可能是1 250门，整个学校的课，你能够减到25门这就好了。整个学校减25门课能教好不错了。每个老师一门课，每个老师几门课，这课各自有各自的教法，每个人都没有自信说，我教这个课有什么用处，我想这是最糟糕的事情。

从知识角度上来讲，在信息时代，什么是20年不变的知识？学生需要建立什么样的教育支撑？真实的东西能够落在他的脑海里头。我们说教育的本身教的不是知识，是建构，它最后剩下一个框格。2014年诺贝尔生理学奖是什么？网格细胞，它实际上是一个建构，这个框架建好之后，再往里头填东西就行了。然后选择什么样的教材？建立什么样的基础？为什么在知识学习中，新东方模式能够脱颖而出？为什么教师的专业与学生的专业是完全不同的？为什么学的时间要比教的时间要长？如何面对纷繁复杂的新概念？翻转课堂，课程平台，微课，在线考试，题库，团队教学需要怎样的助教、排课、辩论，教学中又如何掌握阅读、搜索、辨别真伪、案例和知识点，这是我们说的教课时间，要问自己的几个问题。事实上我这个网络工程管理这门课教了10年了，这一门课我也从来没有拿过任何奖，也没有申报过任何奖。因为我最近在全国各地转，发现越来越多的老师是这样子，事实上是为自己而教，是自己的生命部分。那么他是为经济管理学院的学生，电子商务学生，非技术专业的学生教的一门技术课。如何教他们掌握现在的网络工程的技术、管理、工程，那是我要考虑的问题。

一体化

- 理论与实践一体化
- 现实与未来一体化
- 教学与研究一体化
- 过程与目标一体化

三段式

- 课程分三段学习：前六周、中六周、后六周
- 教师按团队授课：理论课、实践课、作品课
- 学生按作品考核：在线考、技能关、团队演

理论和实践一体化：一般教学是怎么做的呢？这一学期是实践、那一学期是实验、另一学期是理论，学生学了半天理论了，我们最经常见到的，学计算机的学OSA七层架构，学完也没见过什么是几层的网络设备。跟学会计学了半天没见过账本，没有见过银行日记账、没有见过现金账、没有见过往来账、没有见过库存、没有见过账本，学生的这个学期来就累了。一般来讲一体化指的是理论和实践一体化。

现实和未来一体化：我们培养的学生是为未来，未来10年、20年、30年用的人。教师怎么教未来的知识甚至怎么教自己不会的知识很重要。

教学和研究一体化：我一想起将教师比作蜡烛这事很讨厌。我更愿意称教师为学者而不是教师。教师这件事情很痛苦的，总是在重复过去的事情，学者这件事情不一样，他是把过去的东西和未来的东西结合，总结的时候抽象出来，就是教学和研究要做成一体化，什么叫一体化呢？我们一边教一边学，一边做研究。

过程和目标一体化：比如目标性的学习，非常清楚，为了考试、为了过关、为了四六级、新东方的SAT、托福，所有的这些。这些事情最大的问题在哪呢？它仅仅是一个目标，但是为了达到这个目标很痛苦，以至于他厌学。世界各国凡是高考筛选非常残酷的地方，成年以后他都是不愿意看书的，如印度、韩国、日本、中国。高考越残酷，目

标导向越明确,成年以后他越不看书。表面上我们孩子很辛苦,但是整个人生算下来,到了 80 岁亚洲人看的书比欧美少多了。德国人平均 90% 的人每年看一本书,35% 的人每年看 10 本以上的书,但他整个基础教育阶段没那么苦,为什么这样?把目标过于看得重了。

达到上述所说四个一体化?是通过三段式学习和教学方法?我把 18 周的课程分为三段学习:前六周、中六周、后六周,这一切分开就好办。我们原来 18 周的课程,每周去教课,教完 18 周的课学生也痛苦,老师也痛苦,到最后都疲了。有些课能够短学期更好,不太适合每周教一次。每周教一次,这种课实际上不适合现在的工作方式。在没有办法的情况下,我们可以改进前六周知识课、中六周技能课、后六周体验课,把它分开。

前六周:前六周知识课,到了第七周开始考试,这一学期全部考完,考试很简单,在线考试,把题库给学生,甚至开卷,然后题一共是多少呢?这学期一本书,一百多个知识点,每个知识点十道题,一共一千道题,全部公开给学生,让学生背下来,这就是新东方模式,没这么说的,给我背下来。就这么多知识点,但是老师可以都不教,我上课干什么呢?上课主要是开拓他的思维,教他感兴趣,引导式的课程。

中六周:中六周干什么呢?技能课。什么样的技能呢?比如说会计,就是做凭证,就是做账。前六周是理论课,我们叫资产等于股东权益加上负债。然后资产是啥,然后再告诉你现金流量表怎么做,现金流量表里头有直接法,间接法,然后欧美为什么这样等等,这就是上课要讲的东西。到了中六周不是这样讲了,干什么?给学生一大堆凭证,打散掉了,你挑出来给我做凭证。事实上要他感兴趣,这个现金怎么办,这个库存怎么办,成本怎么办,就是文理课都是比较容易的。

后六周:后六周是体验课,什么是体验课?假如会计目标是为了融资,我今年想让它本来三千万的盈利,你这一组的学生到最后给我把这个公司做账做成盈利三百万,还得符合国家的有关规定,这就开始了。然后给你一小组完成这个目标,这就叫体验课。另外一个小组给了一个任务,到最后是以避税为目标的,交税最少,整个税务销售额中控制到 1.78%,这就是体验课。

具体到网络工程课怎么分成三段?前六周,网络工程的基础理论。什么叫基础理论?TCP/IP 协议、OSI 七层架构、网络安全、硬件、接口、存储、防火墙讲完了以后就考试。中六周是技能课,这个技能是什么呢?防火墙的配置、交换机的配置、(围栏)的配置、端口的聚合、DOS 的命令。所有这些事情,拿着一个个知识点,一个个小录像去看,看完了以后做出来。到最后六周是什么？我们讲作品课,或者体验课。以小组为单位,网上找一个真实的投标书,商务价格、技术价格、产品价格、网络集成真实的投一个标,中间包括所有的东西是这门课所有的知识,这是三段式。

　　三段式最好是教师按团队授课,不是一个教师授课。有些老师适合上理论,理论课上得栩栩如生,叫他上理论。有些老师适合上实践课,就不是一门课一个老师教了,一门课比如说,教务处把那个课程大规模减少,想办法形成教师团队,然后每个人讲自己最精彩的那一段。实践课有一些老师教自己动手最强的那一块,作品课有一些老师就跟着学生去就做这种树莓派。美国大学的那些教授,老师都在实验室里工作,实验室后面有一个小格子间,落地大窗户,外面就是学生,里面就是老师,老师能够看到所有的学生。然后学生怎么办呢？按照作品进行考核。前六周是在线考试,中六周是技术过关。比如把交换机的命令拼出来。这样的一种模式,事实上学生的学习效果要好非常多,基本上这样一训练以后,根本不用在外面参加各种培训班。

教育之真：知识

信息时代知识学习需要搞清楚以下问题：什么是 20 年不过时的沉淀？学生需要建立什么样的教育之真，建构、选择什么样的教材，积累什么样的基础？为什么在知识学习中新东方模式能够脱颖而出、教师的专业与学生的专业完全不同、学的时间要比教的时间长？如何面对纷繁复杂的新概念：翻转课堂、课程平台、微课、在线考试、题库？团队教学需要什么样的助教、如何排课、怎样辩论？教学中又如何掌握阅读、辨别真伪、案例、知识点？

上海中医药大学护理系通过模拟医院实现翻转课堂。

数据就是科学实验、检验、统计等所获得的和用于科学研究、技术设计、查证、决策等的数值，如果仅仅是高度抽象的数值，就仅仅是数字而不是数据，只有当数值和背景环境的联系关联起来有了意义才是数据，限于媒体的成本和人们的理解便捷，数据往往被抽象成数字，也往往失去了没有被批露的内在的联系。当数据组织起来，有效了，信息经济学家就说这些有用的是信息，而当信息重复出现，人们掌握了信息的规律，就有了知识。在信息时代，教育之真，首先要研究的是知识之真，也就是知识的效用。

并不是所有的知识时过境迁都是知识，也并不是所有的知识在不同的时间节点效用都是一样的，尤其是学生年代，机会成本很高，效用很低的知识也是贻害学生。教育学上经常有一句说法叫十年树木、百年树人，而到了知识半衰期很短的今天，教师更要考虑的是你教的东西，10年后、20年后是否还有效用？

连接理论、连接社会，我们的教室该如何设计？上海中医药大学教室管理系统。

我在课堂上10年来教授一门课《网络工程管理》，眼睁睁地看着从有线时代进入了无线时代、又进入了物联网时代，所经历的主流公司思科由盛而衰、华三几度易主、港湾不见踪影、北电完全转型，当初很多学校花费巨资建立的各种品牌的网络工程实验室，学生学的很多东西没到毕业就已找不到这家公司的产品，更为凄惨的是原来很多职业学校学习的电脑维修专业，等学生毕业了，电脑快不存在了。

那么，我就在想，什么是网络工程专业未来20年不过时的知识呢？是随便一些代码指令，还是一些厂商自己的机器规则，抑或几百年不变的一些基础理论？我们要教给学生的，应该是什么呢？

我总结下来，许多原本时髦的东西，很可能会时过境迁，而原先一些很土的东西，

往往是具有生命力的,我就经济管理专业学生的网络工程相关的 20 年不变的知识,总结如下:

1. 基本网络协议、理论、指令:DOS 命令、网络命令;协议、七层架构、交换、路由、VLAN、端口聚合;存储、服务器、云、数据接口;基本的安全知识、防火墙、入侵检测、审计规则;

2. 基本的网路编程语言、串口协议、数据库服务器、WEB 服务器、SQL 与网络之间的通信、计算机与网路的服务、协议;

3. 网络规划与设计相关的工具类的知识点与技能点:甘特图、招投标书、项目管理、网络拓扑、草图工具、3D 工具、可视化的工具;

4. 基本的动手和工具的使用:锡焊、计量万用表、水晶头、台钳、网络测试工具、冲击转的使用、剥线钳的使用。

上述的知识点、技能点,不同的专业、不同的学生来源、不同层次的学生完全不同,我们学习的目的是为了建立学习的信心和学习的方法。对于每一个不同层次的学校教师来说,设计好一门课程,首先要考虑的不是这门课的知识点,而是下面这些问题:

- 学校的学生未来由什么人构成?
- 学校的教师未来由什么人担任?
- 学校的学生未来将要到什么地方去工作?
- 学校的资源和起源由什么决定?
- 学校以谁为荣?标榜为何物?
- 学校的合作方和经费模式由什么构成?
- 实验在学生成长中起到什么样的长期作用?
- 经费和经费持续支持模式?

为了建立未来 10 年、20 年的远见与真知,并不是拿来全国示范课程和标杆学校的知识点和教材教书就可以的,而是应该针对你的个性化的学生和特性化的专业和专业定位,建立起面向未来和具有效用的知识体系,需要的是教师的设计能力与洞察力。

下图是我为陕西某职业技术学院设计的网络工程专业课程体系,由于与上海海事大学经济管理学院的学生来源、着眼未来的定位、学历层次、毕业去向完全不同,其知识、技能、体验点也完全不一样。

知识,反映的是教育之真,我经常会问自己一个问题,当我教学生某种知识的时候,什么是真?什么是假?什么时候用虚拟?什么时候用真实?对于一般的经管学院

体系策划

	知识			技能			体验			交付物		
	基础	专业	行业	认知	操作	开发	个体	协作	系统	微课	任务	实验
存储基础技术	☑	☑		☑			☑			☑		
IaaS技术		☑		☑			☑			☑		
PaaS技术		☑		☑			☑			☑		
SaaS技术		☑		☑			☑			☑		
Linux技术	☑			☑			☑			☑		
虚拟桌面技术		☑		☑			☑			☑		
路由与交换技术	☑			☑			☑			☑		
应用服务配置与发布		☑		☑	☑		☑	☑		☑	☑	
云平台运行和维护		☑		☑	☑			☑		☑		
刀片服务器			☑	☑			☑			☑		
基础服务器技术	☑			☑			☑			☑		
万兆交换机			☑	☑			☑			☑		
核心存储设备			☑	☑			☑			☑		
基于PC的虚拟系统配置				☑				☑		☑		
网络基础配置				☑						☑		
存储系统配置				☑			☑			☑		
商业版云系统安装配置				☑						☑		
商业版虚拟桌面系统安装配置				☑						☑		
基于商业云平台的LAMP平台搭建				☑						☑		
基于商业云平台的运行和维护				☑						☑		
IaaS服务实现				☑						☑		
PaaS服务实现				☑						☑		
SaaS服务实现				☑						☑		
开源云平台及服务配置与搭建				☑						☑		
基于开源云平台搭建应用系统				☑						☑		
基于开源云平台的计费实现				☑						☑		

陕西某职业学校网络工程课程体系设计

学生来讲,去体验一个真实的网络环境、提供给学生真实与及时的案例、动手让他们做一根网线、动手试一试命令行,反映的是他们未来 30 年不变的教育之真,那是因为今天他们如果不入这个门,恐怕今后就要怕了,就会永远躲着这一行;而去画一张很炫的拓扑图、去计算一个很难缠的网络布线预算、去使用一种最新的可视化工具、去投一个真实的标书,这些恰恰是经济管理学院学生今后的吃饭本钱。虽然看不见摸不着,恰恰反映的是教育之真,是需要学生比真功夫、花苦力的。

  定位好了学生要掌握的技能和知识的内容,下面就是如何利用好互联网工具进行现代化教学的问题了。由于有了网上大量的资源和课程平台,教师的授课模式完全不一样了,授课的侧重点也会发生巨大的变化。教师应该问自己:为什么学生不去网上上课、你和网上那些著名的授课教师相比有什么不同、如何打造一个现场演出一般的活跃的课堂、实体课堂有什么是网络不能干的事情?在课堂上,我会根据学生的兴趣,选择启发性的问题,例如问学生先有互联网还是先有互联协议?公路为什么要修立交桥?斯坦福大学泰勒夫妇和他们的思科网络是什么?协议是文科还是理科?通过这些案例与启发式的问题,落脚点全部在网络的知识点,然后让学生课下花功夫去搞清楚、背下来。我还会带领学生在整个经管学院的大楼走一遍,从一楼的摄像头、每层的声控灯、四楼的中心机房、弱电间到顶楼的避雷针,让学生有了切身感受后,剩下的东西交给网络。

选择完自己的教学方式,教科书还是要精挑细选。我选教科书的一个原则是要不完全自己写,要不就用最经典的。教育学中有一个著名的论断叫"教学相长、教研相长",很多教师有一个不好的习惯,总想将书上的东西一股脑教给学生、总想把希望学生学会的知识点全部教到。在传统课堂也许办得到,在专业学习和互联网时代可能性很小。教师不是蜡烛,授课与唱歌一样是一种享受,教师为了享受这个授课的过程,最好从自己擅长的展开、讲讲30年后能剩下的、讲讲昨天刚发生的,教师一边授课一边研究,做一个在书与路的灵魂旅行,要善于做一个会讲故事的人。这样才是传统的课堂是网络课堂无法取代,也是传统课堂越来越有魅力的源泉。

目前有一个关于翻转课堂的普遍误解,认为翻转课堂教师可以轻松,事实上,翻转课堂对教师的挑战只会更大。我在翻转课堂中的课下部分,将微信平台作为辅助沟通平台,一个学期下来学生答疑信息数千条,往往学生们自己都能回答。为了配合翻转课堂,我使用过MOODLE、SAKAI平台作为在线资源平台,一门课的资源总量会达到50G,这工作量不是一般的课程能比的,很多人问作为一个大学老师,这样是不是太付出了,其实我只是将科研和教学融为一体了,工作量有增有减。翻转课堂的上课部分,往往以学生的一个小技能演示开始,例如攻破一个模拟的网站,尽量让学生讲,翻转课堂学生学的时间要超过老师教的时间,翻转课堂还有一个很重要的就是授课建立在学生已经通读过资料的基础上。

实验课和实践课不同于理论课,需要助教。而目前中国的大学教育已经失去了助教制度,在这种情况,我充分调动研究生和学生班干部的能力。课堂重点在知识的关联、体系与兴趣,而课下和实验室内重个性化指导。通过自编的排课系统,完成了一个实验班从36个人到10个人的小班排课、实验答疑与学校要求的教师坐班充分结合。

无论采用什么样的教学方法,这门课的教学的要点归结到未来主流的社会需求,目前STEAM教育非常盛行,我也将这门课的知识点和技能点契合STEAM模式上:

- 网络工程中的科学S:OSI七层架构、TCP/IP、安全、接口
- 网络工程中的中的技术T:焊锡、万用表、水晶头、DOS、虚拟机
- 网络工程中的工程E:投标书、报价单、方案、团队合作
- 网络工程中的艺术A:绘图工具、网站、设计、
- 网络工程中的数学M:问卷处理、流量计算、需求工程、报价

至少在大学的专业课学习，尤其是发展很快的学科体系的学习，教师与传统的教师已经完全不一样了，我提出一个好的专业课教授应该"教自己不会的知识"，要学会与学生一起探索与学习、学会当教练，教师强在有非常扎实的知识体系，强在连接——社会、理论、实践、历史，强在专业的社交网络和研究型学习，强在形而上的总结，强在对新问题新事物的学科体系有很好的建构。然而，教师精力已经比不过学生了，世界发展很快，很多知识需要加班加点去打透才能行的，教师要知自己哪些不可为，利用自己搜索、阅读、辨别真伪三方面养成的良好素养，做学习者的榜样，带领学生一起学习、向学生示范学习，同时还要勇于承认不知道。

1. 在线课程：如何将教师转变成教练？

学习系统首先要考虑的是在线课程平台。世界上的在线课程平台很多，有很多开源的如SAKAI、MOODLE、EDX等等，也有很多公司开发的如BB等，过去有一个很错误的观点，就是课程平台是共享优质教学资源，其实这是错误的，对于教师来说，每一个人都有自己的一套思路，学习平台更重要的是建立一个师生共享资源的平台和资源学习的导航，使得学生学习变得探究、有趣和美好。学习平台是服务师生的，不要变成考核的工具，更不要变成精品课程的示范基地。复旦大学信息办做了一件非常好的事情：按照教务传统的精品课程模式教师很少使用，但给教师支持的SAKAI平台，成为数千门课师生共享资源的平台。从共享资源的角度，世界上的课程平台会有很多种，因为师生沟通模式有很多种，还会进化。一个好的学习系统应该包含一个或者几个在线系统的整合：手机端系统、云地系统、实验系统、在线课堂、微课、自主学习、成绩册和考试系统。

上海商学院通过智能实验室完成实验教学和教务课程教学的课表合并。

在线课程的选择和使用,以下关键点值得深思:
- 采用公共平台、学校平台还是开源平台?
- 安装位置和服务模式及收费模式是什么?
- 教科书和教材资料及学生名单如何整合?
- 成绩册合并模式是什么?
- 师生名单和身份登录模式是什么?
- 课件上传和服务的模式是什么?
- 测验题库和作业布置的模式是什么?
- 学生应用的场景和浏览器版本?

在线课程的难度在于:多元选择和切换能力

知识地图和微课系统

2. 微课:碎片化如何支持"灵机一动"?

指望微课成为学生公交车上能够自主学习的工具的想法是天方夜谭,10年前我就使用微课,用在实验指导上,在化学实验室的学生脑袋上装一台触摸屏,录制10分钟的使用指南学生遇到动作示范的时候就可以使用。后来这种微课使用在了知识点的知识地图、实验准入、实验考核等,起到了很好的作用。

在进行微课的设计中,以下是值得注意和需要认真考虑的:
- 教科书、教学计划、知识点拆分、题库、PPT制作,包含什么?
- 音像模式是什么,工作量如何切分?
- 与课程平台和实验室的关系是什么?
- 应用终端是什么?
- 网页模式还是APP模式。为什么?

第四章 未来校园、信息空间 **277**

- 报价模式是什么?
- 是否做题? 考核? 是否反馈行为记录?

微课的难度在于应用场景设计,目前中国的微课,绝大多数没有用在有效的课堂教学,都在为上级检查而努力。如果我们换一种思路,想让学生学会所有的课程和知识点,尤其是复杂不好理解的知识点,将微课交给学生去做、去比赛,效果比教要好多了。

3. 自主课件:解放被"捆住手脚的物流园区"

包括动画、Flash、3D、虚拟教学软件、模拟教学软件,我们都可以归类为自主学习的课件。自主学习的课件,一方面形象化地反映了所要学习内容的逻辑关键点,另一方面节省了资金,不用使用真实的设备。从教育学角度,更加重要的,自主学习应该反映真实场景无法反映的客观社会之真。自主课程重要的有以下几点需要考虑:

- 什么是这门课或者这个知识点关键步骤?
- 什么是这个知识点的标准装扮?
- 什么是这个知识点的典型背景?
- 什么是学生行为的标准积分模式? 如何使用 SCORM 打点?
- 脚本谁来制作? 如何和知识点微课结合?

东华大学和上海外国语大学正实现实验设备资产和排课与地理信息系统对接。

- 什么是剧本的合作模式?
- 什么是知识点的最佳最主流场景和实践?
- 是拍摄还是虚拟? 配音还是电脑合成?

自主学习平台的难度在于,基于学习行为的 SCORM 标准兼容和成绩册合并技术。

4. 知识地图:"教育即生活"的信息思维

对于一门课来说,所有的知识点存在于图书馆、教科书、在线课程平台,最终要想成功深刻印入学生脑海,要实践和理论相结合,要云和地相结合,知识地图是一种很好的理论与客观世界关联的信息化手段。知识地图建设中,以下是重点应该考虑的内容:

- 地图模式如何与二维码、RFID 进行关联?
- 设备资源、教师资源、教室资源、知识资源如何与知识进行定位?
- 校园三维动画、实体场景、知识标签如何关联和互动?
- 管理数据、服务数据、教学数据、科研数据如何叠加加强?
- 扫一扫如何与虚拟世界关联?
- 摇一摇如何和社交世界关联?
- 如何将学校冷冰冰的论文、设备、资产与活生生的学习关联?
- 如何构建一个校史、环境、知识、服务、管理一体化的博物馆?

上海海事大学网络工程课程将整个经管学院的大楼当作自主学习的课堂。

5. 知识点:知识学习的最终落脚点

无论是采用在线课程、微课程还是自主学习,知识体系和知识点拆分是一件非常重要的事情。传统授课环节,知识体系需要与学校共同制定,而知识点在老师脑海里,

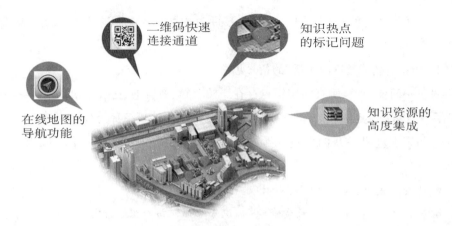

通过云、地,将知识与校园结合起来。

除了到了考试时候,很难体现出来。互联网给了知识学习更加精细的要求,这些基础工作如果不做好,就很难不成为技术忽悠。在知识点的拆分中,下面的问题应考虑:

- 关键概念
- 关键误区
- 一门课不超过 100 个
- 知识点拆分
- 知识点与题库
- 题库与考试
- 在线考试与分数设定
- 教改的基础是建立在比不改革更好的基础上
- 值得参照的教材
- 从尝试介入
- 与微课的关系
- 与课程平台的关系

新东方教育给我们的财富在于,知识点的学习,是要靠人的重复性高强度的记忆,而高强度的记忆是可以依靠题库来考核。如果知识体系成熟,其知识点往往可以从职业资格认证或者成熟的考证处获取原题库,如果知识体系不成熟,我们可以从比较成熟的教材中拆分知识题库。我们可以将在线教育平台中的测验和题库功能充分利用,采用中间考核的方式(比如我每次考试不是 10 周而是第 12 周),中国的孩子太擅长在知识点固定的情况下做标准动作,这并不是什么坏事,我们可以充分利用这一点,压缩时间,发挥孩子们记忆力好的特点增加考试频度。

采用新的在线教育方法,不仅教师的教学方法要改变,教师的教育模式也要改变。最好的一个方式就是组建教师团队,由不同特长、不同特点的教师针对性的以团队方式教育学生。美国华盛顿大学西雅图分校一门计算机课程往往有4到5个老师:理论课教师往往是大牌教授、考试老师往往是讲师和博士、助教往往是在职的博士、实验教师往往是研究员,这样不仅发挥各自特长,还解放时间。在东华大学教务处,为了配合学校的教学进实验室的教学转型,采用了助教、助研、助管的方式,通过排课与预约坐班、研究生团队来辅助,我在网络工程这门课中,巧妙使用学生领袖、小组组长的设置、研究生团队、校外导师与社交网络组建教学团队,将课程变成一个丰富的项目过程。

教育之趣:技能

说到技能,不能不提到蓝翔模式。蓝翔模式的成功之处就是简化了传统工程技能中的高强度重复训练模式,可是,蓝翔模式最大的问题在于,高强度的训练毫无乐趣可言,其实不仅仅是几十年上百年不变的技能需要重复训练成不需要经过思索的反应模式,每个专业都有其对应的特殊技能。著名生物学家童第周在20世纪五六十年代就做出基因金鱼,虽然他平时手抖,但一拿起手术刀,连人眼都看不清的金鱼生殖细胞在他灵巧的手里被精妙地嫁接,这种技能是那个年代作为一个生物学家最基本的技能;同样,记得我小时候,很多男医生为了做手术,在大学期间练习打毛衣,这种技能在那个年代被认为是外科医生的基本技能。

教育之趣,就是要通过人对客观世界天生的任务驱动来完成的激情,通过教师对学生的以下乐趣方式完成学生对学科的植物神经技能天然反应:协作之趣、作品之趣、多元之趣、任务之趣、比赛之趣、沟通之趣、搜索之趣、教学相长之趣、创意之趣、纠结之趣。

1. 虚拟仿真:仿真应是比现实更高一层的教育之真

虚拟仿真的目标不是为了节省资金,更不是为了好玩,是为了体现现实社会无法体现的逻辑之真。例如对于人体来讲,骨骼是被皮肤和肌肉藏起来的,即使皮肤划开,骨骼也难见力度,如果在运动的人体中叠加骨骼的运动,这就是教育之真,也是教育之趣。在虚拟仿真中,要考虑以下问题:

  1. 什么是真的?什么是仿真的?为什么?
  2. 是否需要互动?背后需要哪种数学处理工具?
  3. 背后的知识点和聚焦的核心研究议题是什么?

4. 是否需要融合环幕？用什么软件？谁来做？
5. 操作端有设备还是没有设备？设备物联的方式是什么？
6. 虚拟部分的核心技术是什么？
7. 仿真部分的数学模型和处理软件是什么？
8. 如何设计一个又一个互动点？
9. 如何回答：这个系统好玩但和学习关系不大？

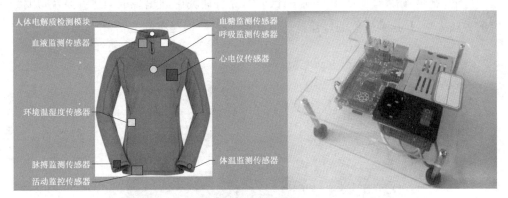

上海建桥学院通过开源硬件树莓派实现物联衣的课程教学。

虚拟仿真的难度在于学科和定制，指望让一个公司做一套东西全中国拷贝，这样的学习不是个性化，而是将知识与技能贬值。

在上海建桥学院的信息学院和东华大学的计算机学院，就设想了这样一种虚实结合的系统：使用物联网设备，将服装传感器与计算机紧密结合，通过松耦合的半开放的系统，让学生既能学习信息物联网的知识，又对服装类专业技能有所体会。

2. 混合现实："现实的虚拟增强"与"虚拟的现实增强"

上海海事大学有一个轮机实验室，学生坐在轮机驾驶舱中，可以在实景互动的多媒体实训环境中体会到海上驾驶的感觉，驾驶舱是真的，而大海是假的，这就是混合现实中的现实的虚拟增强；如果一个学生带着沉浸式的眼镜，身临其境地进入一个大海的环境，这就是虚拟的现实增强。在混合现实的场景中，下面是教育中可以关注的一些问题：

1. 如何实现将整个校园开放成课堂？
2. 如何在课堂上开放出大千世界？
3. 如何在大千世界中体现"知识之真"？

4. 如何建设一个远程可视的控制场景？使用什么技术？
5. 如何将博物馆中的标本、剧场的座位焕发往日的生命？
6. 如何在一个手机网页中展现真实校园叠加的数字和大数据？
7. 如何在实验室中操作工业化的系统、使用工业化的数据？
8. 如何将虚拟仿真技术、物联网技术、大数据技术和软件技术融合？

混合现实的教育难度在于设计、功能、互动、定制，往往是不经济的，甚至是教育效果不好的，然而，如果让师生参与到设计当中，充分研究中间出现的问题并解决，用探究的方法去学习，这种研究的过程就是学习的过程，反而是有利于学习。

西安工程大学通过仿真织布机，让学生实现远程、虚拟、物联的图形图像任务教学。

3. 交互系统：给传统的工业添加互联网和信息之翅

大约在 2008 年的时候，上海中医药大学的教学实验中心张彤主任到英国参观，看到英国的药学实验室中不仅仅有化学实验，而且每个学生头上还有非常炫的 IT 设备，回国以后找来 IT 企业研发这种互动教学设备，大约 1 年以后，一种集电子白板、视频会议、在线课程、物联网概念于一体的化学实验辅助教学手段在上海中医药大学出现，近几年来全国已经有几十个学校使用这种系统。

交互系统实现的是让技能训练、有趣、美好、现代，通过的方式是状态采集、远程操控、数据采集、协同交互。这种系统广泛地运用在机床加工、化学反应、医药、视频、护理、牙科、烹饪等形态学有关学科中。交互系统要问自己的问题如下：

1. 数据是否要强形态学和强展示性？
2. 黑板、老师、课件、仪器、手型、视频、音频哪些功能？

3. 物联、数据收集、数据展现、师生互动、录像哪种程度？
4. 远程实时、内网共享哪种要求？
5. 课程平台、微课平台、实验支架、知识地图、实验准入和预约？
6. 可展示性和实用性如何平衡？
7. 如何排课、预约、分组？
8. 如何设计课内和课外互动的深度学习模式？

上海第二工业大学的交互式数控机床实训项目。

4. 场景系统：还原学科体验之真

大约在15年以前，思科公司推出的网络模拟器非常风行，通过类似今天的动画和实操一致的代码和配置体验，完全模拟思科的命令，飞快地培养了大量的思科工程师。

苏州科技城实验小学依托苏州科技城本地企业开展少儿创客活动。

然而这种系统有一个致命的问题,那就是真实网络中一些低级错误,往往耗费工程师90%的时间,这种系统是基本上无法模拟的。

场景系统就是要解决模拟系统这方面的不足,通过对真实的工业场景的完全复原,体现技能学习的体验、有趣、美好。场景系统还原包含工程技能学习中的环境、行业、设备、操作、协作关系。

5. 移动学习:支撑"浅阅读模式下云地学习"

关于手机能不能进课堂,不是可以不可以的问题,而是应该如何使用的问题。信息社会,信息化手段是学生改造世界的信息模板,应因势利导,但如何使用,下面的问题值得思考:

1. 移动终端有哪些?确定吗?
2. 移动开发模式是什么?服务可持续吗?用户量和迭代关系是什么?
3. 是否有网站后台积累?需要针对多少种前段进行开发?
4. 用户是哪些人?有多大比例使用移动端?
5. 移动端除了访问还做哪些动作?
6. 移动端是封闭系统还是开放系统?互联网接入吗?
7. 使用单独开发,还是使用公共开发平台?确定吗,为什么?
8. 后续的资金和服务模式谁承担?

6. 任务系统:以作品支撑"深度学习"

任务系统,是整个技能训练的核心,也是任务学习理论和学科紧密结合的产物。在通过信息化手段完成任务教学和WEBQUEST(网络探究学习)的过程中,以下方面是值得考虑的:

1. 如何将数十个知识点简化成10到20个任务?
2. 任务如何与学生的临近知识区发生联系?
3. 如何构建一个学生的社区共同完成任务?
4. 如何将最新的案例关联到任务之中?
5. 如何将任务布置的有趣、有用、有钱?
6. 如何诱导学生由浅入深完成任务?
7. 如何利用微课、支架、课程平台、知识地图等构建网络探究平台?
8. 多个任务如何构成一个最终的大任务和团队作业或者个人作品?
9. 完不成最终作业的学生如何及格?

某网络工程课程中的技能作业

任务学习中,重要的10个要素是任务要聚、任务要分、任务要真、任务要实、任务要简、任务要明、任务要串、任务要扶、任务要透、任务要动。具体到网络工程这一门课,我采用了以下的手段来保证任务系统的严密实施:

● 任务要聚:聚焦在学生的搜索能力、阅读能力和辨别真伪的能力上,经济管理学院的网络工程课程,要集中在学生建立起管理网络项目的信心和学习能力,布置作业、查找资料、小组协作均体现出他们需要的三种能力:大量阅读技术文献的能力、搜索技术文献的能力和辨别问题的能力。

● 任务要分:一个大任务,例如本学期的投标书、网络需求的最终确定、画一张漂亮的拓扑图、做一个能跑的无线遥控开源汽车,如果不拆分成若干个独立的、学生能够控制和掌握的进度,是不可能实现的。教师的主要任务就是根据学生的接受能力和学习、创新能力进行任务拆分。

● 任务要真:几年下来,我积累了需要一个真实的需求、学生投一个真实的标书、做一个真实的产品、玩一次真实小组比赛的一系列经验,真才能吸引学生、才能发现学生的问题。

● 任务要实:任务的关键在于细节,细节的来源在于实际的工业场景和现实社会。网络工程是一个应用学科,应用学科的能力就是在现实的资金、条件、人力、成本和能力范围内做优化的方案,如果躲避价格、质量、成本、现实可能性,就成了理论学习,因此我让学生买东西、小组组织、与厂商价格谈判、在实际环境下学习作最可能做的优化决策。

● 任务要简：对于学生来讲，一个学期的技能训练，要想获得非常明确的深刻的技能印象，一定要让学生的任务简单，我每个学期让学生完成的任务基本就两项：投一次真正的标、完成一个能展示的小组概念产品的作品。

● 任务要明：平时考勤占比、中途在线考试占比、小组协作占比、作品占比、投标书占比、投标书评标规则，以上要素明确，不仅仅是为了避免学生找麻烦，更重要的是让学生明白商业和工业规则。

● 任务要串：学生要完成一个漂亮的标书，需要 PROJECT、VISIO、AUTOCAD、SKEATCHUP、TABLEAU 的技能的掌握，而学生要完成一个创客网络作品，就需要树莓派、串口、数据库、网页设计等子任务的技能，这些东西，由于学生程度有区别，因此要将基本的技能通过作业形式形成一个任务系列。

● 任务要扶：一个投标书的撰写，学生不可能凭空去撰写，就像一个网络售前工程师不可能没有公司文档的情况下凭空撰写方案；一个创客网络项目，也要有非常多的半成型的代码库，这些不仅是为了降低学生的学习难度，更重要的是模拟了学生今后进入工作岗位的一个生态；在网络工程的教学中，我使用的 50G 在线资源中有 40G 是为学生提供的参照资料，作为一种学习技能的扶梯。

● 任务要透：教学改革，一定要为自己设置好改革的缓冲地带，学生加强技能训练，一定不能在知识学习上有松懈的口实。作为一个网络学习的任务的基础，知识点和知识体系，不能因为学生强调实践而有所放松，采用的办法就是在线考试和题库保障。

● 任务要动：学生与学生的交互、师生的交互、学生与产业的交互是非常重要的，除了要考虑课程平台的互动，更重要的是要考虑利用最新的社交网络进行互动。

如果说，在知识学习领域，教师还有很多优势的话，在专业的技能训练领域，教师更应该教自己原本不会而学科需要的技能。这就像孙海平和刘翔之间的教练与运动员的关系，随着激素水平的下降，教与学完全是两种不同的专业，教师要知道自己什么可为、什么不可为，在适当的时候，发挥自己社交网络优势自带社交网络授课，用最新、最炫、最前沿的技术和技能，反映万变不离其宗的基本理论和学科核心，通过校企合作的学、习、练，巧妙设计学生的学习梯度与难度。网络工程变化巨大，我与几个公司密切合作，在沪江网、庚商计算机等公司的合作下，不断给予学生新的可能的情况下，也不断充实完善自己的知识和能力架构。

如果说在知识环节的批改作业、体系架构、答疑环节教师自己还勉为其难的话，在技能层面，教师要想能较好架构学生适应未来的能力，光靠自己就只能降低难度和退回到过去了。依靠和紧密依靠信息化手段和助管团队，通过知识地图、预约、门禁、二维码、三维全景和远程实验、实验准入、实验互动、实验微课、实验互动、实验开放，依托智能实验室管理系统，是今后实验室教师巨大潜力的地方。

教育之美：体验

教育之美要解决什么是学生30年不过时的记忆；学校又怎样成为学生改变世界的信息模板；环境设计、教育模式语言、设计教育如何在教育中扮演重要的角色；创客思维、作品见、马拉松式、团队合作、有用有趣有钱又是如何颠覆传统的课堂；未来教室如何通过招投标、知识地图、助研、开放实现教学相长。

美国宾州州立大学工程学排名居前，其实验室给学生以真实工程体验。

在教育过程中,体验是一个最终最核心的内容,也就是教育技术和设计教育最终的一个呈现。呈现的内容分成三个层面:教育之真、教育之趣、教育之美。

教育之真:教育之真在于务实和创新。一般来讲很多人会把务实和创新这两方面对立起来,对于设计教育来说,务实和创新是统一的。很多人喜欢玩一种游戏,把一张老照片放在我们现在时期的环境进行一个叠加,反映历史沧桑,它说明了什么?说明在同样的一个真实的一个环境下面,它事实上里面蕴含着很多的积累和信息。那在务实的教育场景里面不断地去发掘、不断地去做一些教育体验就会有很多很多的创新会出现。只有在务实的条件下,教育才能去做一些创新,做出来的创新才是真正的、有意义的。

教育之趣:人是一种社会的动物,协作是人的本能,所以在体验方面需要满足协作的重要功能,教育之趣在于探究和协作。我们叫做教育之趣。教育之趣,我们为什么说教育之趣在于探究和协作,因为我们说这个非常有意思。就是说探究和协作是人的一个本能,首先讲探究。人从出生到后来他的很多东西,人不断的成长不断地长大,事实上都是,不断地去了解这个未知的世界和这样的世界来产生互动然后学习,这是人的一个本能。所以说符合人的本能的一些东西它一定是比较符合人性的东西。

教育之美:首先教育之美是在于直指本心,事实上教育的核心就是在于解放,能够解放人的一些思想、解放人的心灵,也就是说学生发自内心的自由的本性。

我们首先展开说一下教育之真,我们怎样保证教育之真?保证教育之真非常重要的一点就是在做管理的要对于被管理者(教与学)的无扰。在管理学上有一个非常著名的霍桑实验,也就是说在研究灯光和工人具体的关系,研究光照度和工人工作效率的关系,在研究的时候,最后得出来的结果是事实上工作效率和光照度的关系并不大,而真正有关系的是有人关注他了,有人去看了,他的工作效率就会发生很大的变化和影响。中国的很多教育研究和实践是管理者在自娱自乐,折腾师生并不是关注师生,其效果可想而知。在智能实验管理实践中,技术是服务于师生的,通过物联网手段使得师生变成校园和知识的主人,对教学活动的无扰设计至关重要。

1. 智能实验管理:真正的管理在于对于被管理者的无扰

1. 数据收集和来源模式是什么?
2. 教务处模式、实验管理处模式、设备处模式、院办模式?
3. 跨多少个部门?谁来牵头?谁来主导?
4. 考核和推进模式是什么?数据报表模式是什么?

5. 排课与教务、研究生、课外和教室管理的关系是什么？
6. 是否需要定制？
7. 是否需要设备预约、物联、门禁、大型仪器管理？
8. 实验室的关联数据：资产、后勤、设备、教务、仪器、学生来自哪里？
9. 实现开放、预约、共享和自动数据获取的程度是多少？范围呢？
10. 是否需要知识地图？GIS地图？自动报表和决策？

  管理对被管理者的无扰可以采用很多的方式，包括实验室的管理平台、智能管理平台等等，有很多物联的方式，核心包括物联和自动的数据集成、主动的数据推送，最关键的就是为了方便师生，对于教学工作有帮助、产生无扰的信息收集。例如每间实验室之间有一个摄像头，摄像头本身是采集数据，对人也是无扰的；门禁的刷卡、电流的采集都是减少对人的一些干扰，而不是用人来做这样的一些事情。大型仪器管理是实验室很重要的一环，也同样适用于无扰的服务。

  2. 大型仪器管理：开放的校园更需要看不见手的管理围墙

1. 仪器是否需要共享、预约、排期、计费和记录？
2. 仪器管理是否与控制关联？使用什么模式关联？原先系统如何办？
3. 仪器管理的计费、计件、开放、查询、对外的模式是什么？
4. 仪器管理的安全和准入要求是什么？
5. 非电仪器如何预约、管理、租借？
6. 仪器使用报表和决策模式是什么？
7. 仪器的能耗、报警、维修维护、保管如何进行？

  大型仪器可以考虑使用物联网对大型仪器进行管理，采用电流电压采集的方式进行行为收集。

  下面这张图是苏州职业大学的案例，巧妙地解决了在管理实验室和大型仪器使用刷卡条件不具备的问题。我们可以看到，这是一个多个抽屉的储物柜，里面放着每间房间的钥匙，通过刷卡可以预约房间，到了现场进行录像，认证通过可以弹出这样的一个抽屉，拿到钥匙然后就可以开门。同样我们说开放校园需要看得见的手来管理。

  3. 资源管理：信息集中，权力下放

1. 资产管理、设备管理、房产管理、车辆管理、有毒有害品管理；
2. 教务系统、科研系统、实验系统、研究生系统；
3. 档案管理、大学生创新管理、项目管理；

苏州职业大学设计的实验室钥匙管理系统

4. 后勤和能耗管理；

资源管理这块同样是需要信息集中、权力下放。比如说对一个学校来讲，我们之前最早讲到的是秩序，在秩序的基础之上，我需要把资源信息全部都采集上来，当对于这样透明信息的管理的话，我最终需要对权利充分放权，从而实现资源管理。

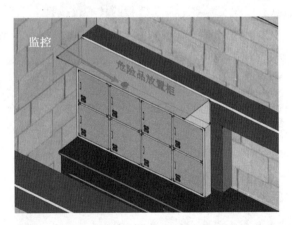

苏州大学纳米学院拟实施的危险品全程监管系统：
预约、刷卡、设想、称重

4. 虚拟仿真：仿真应是比现实更高一层的教育之真

1. 什么是真的？什么是仿真的？为什么？
2. 是否需要互动？背后需要哪种数学处理工具？
3. 背后的知识点和聚焦的核心研究议题是什么？

4. 是否需要融合环幕？用什么软件？谁来做？
5. 操作端有设备还是没有设备？设备物联的方式是什么？
6. 虚拟部分的核心技术是什么？
7. 仿真部分的数学模型和处理软件是什么？
8. 如何设计一个又一个互动点？
9. 如何回答：这个系统好玩但和学习关系不大？

上海海事大学海上搜救实验室

上海海事大学海上搜救实验室是海上搜救的核心仅仅是一个摄像头的展示，然而对于学生研究和学习来讲，需要一个系统化的思维和场景。通过虚拟仿真和现实增强相结合的技术，建立了O2O的模拟飞行搜救实验室，实现完整的体验。

虚拟仿真最大的一个难点在于学科和定制，不同的学科有不同的要求，因此一个虚拟仿真应该是根据学科的要求进行定制，这个中间可能是有什么是真的、什么是仿真的、哪一块要进行互动、知识点和研究核心是什么、具体的虚拟部分的核心技术、数学模型处理等等。

5. 混合现实："现实的虚拟增强"与"虚拟的现实增强"

1. 如何实现将整个校园开放成课堂？
2. 如何在课堂上开放出大千世界？
3. 如何在大千世界中体现"知识之真"？
4. 如何建设一个远程可视的控制场景？使用什么技术？
5. 如何将博物馆中的标本、剧场的座位焕发往日的生命？
6. 如何在一个手机网页中展现真实校园叠加的数字和大数据？
7. 如何在实验室中操作工业化的系统、使用工业化的数据？
8. 如何将虚拟仿真技术、物联网技术、大数据技术和软件技术融合？

混合学习包含两部分内容,第一个是现实虚拟增强,第二个是虚拟的现实增强。所谓的现实虚拟增强,本来只是简单的一个设备,通过二微码的扫描,可以将具体的知识、视频等在线资源进行关联,学生在过程中实现了对现实的增强,在这增强过程中,他也会加深很多的印象,因为从心理学还是学习的相关研究来说,这种联合的方式会有很大的一个强化。另外对于虚拟部分,事实上我们看到这个虚拟部分,比如我们对于实验室的预约,我还可以看到实验室的实际场景,这都是一个虚拟的现实增强。或者我们在学习过程,我做了一个虚拟实验,可以通过远程连接的方式连接到现场的一个设备,并且将图像传递过来。

上海海事大学支教团队在苏州和大凉山完成互联网创客支教。

6. **全息校园:校园的组成是丘比特和爱,而不是砖头和水泥**

   1. 使用什么大数据工具?

   2. 哪些结构化数据?哪些非结构化和半结构化数据?

   3. 大数据展现和决策方式是什么?

   4. 大数据存储方式是什么?访问方式是什么?

   5. 如何采集全量数据?和物联网、互联网和局域网的关系是什么?

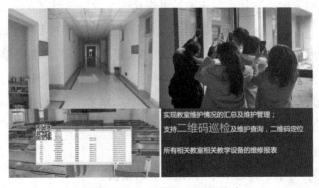

知识地图和教室管理系统相结合。

6. 如何评判项目是成功的还是失败的?
7. 建设项目的初衷是什么?
8. 用户如何访问和决策?数据的贡献方和使用方是否可持续?

通过知识地图很好地将线上的虚拟资源整合起来,事实上在线上是虚拟的地图,在线下是实际的东西和我们里面蕴含的一些信息。这是一个全新的校园,校园的组成是丘比特和爱,而不仅仅是我们的砖头和水泥。对于一个校园来讲,我们不仅仅是包含采集全量的数据简单的结果,更包含数据的行为过程,也就是说在这个过程中我们要拿到他的一些活动和数据,而这所有的活动和数据才是中间最值得流连和值得记忆的内容,事实上非常大的一个问题是需求和新技术的不断变化。我们如果要采集所有过程的话,一定会涉及到这样一个大数据,首先是大的数据,另外是我们需要用大数据的方法来展现。

可视校园:
1. 数据的来源是哪里?如何协调?如何更新?如何清洗?
2. 数据的展现方式是什么?开发还是使用平台软件?什么软件?
3. 如何进行数据同步、数据推送?数据和软件是什么关系?
4. 数据如何和GIS结合?如何和校园楼宇和环境结合?
5. 数据决策谁来进行?谁提出字段?
6. 数据安全和隐私如何保证?谁来保证?
7. 数据服务费用模式是什么?
8. 数据字典、数据字段、数据仓库如何构建?如何升级和定标?

数据采集中间会涉及物联网互联网和局域网,需要一个比较明确的目标:大数据的平台、大数据的分析。为什么最主要是可视化呢?有科学研究表明人的眼睛可以对七个维度的信息产生直觉,那大数据是大量的价值密度不高的数据,如果是通过这种高维度的集聚,通过可视化的方式是好方法。大家可以看看非常简单的一个地图上面,它既能表示空间位置,通过气泡的大小颜色又能展示两个不同的维度,事实上通过一些信息就能够直观的呈现,通过人的直觉来判断,事实上这中间会有很多方式,比如说和GIS的结合,和环境的一些结合,数据的推送和展现,隐私的保护等等,另外非常重要的是如何进行升级维护和持续发展。

7. 体验空间:为学子构建一个"改造世界的模板"
   1. 学生的座位模式如何朝着谷歌公司前进一步?

2. 展墙如何向着博物馆靠近一步?
3. 实验设备如何向着航天中心跨越一步?
4. 虚拟仿真如何向着上海世博会进展一步?
5. 细节设计如何向着宜家人性化一步?
6. 实验室温度如何向着星巴克前行一步?
7. 应用场景如何向着售楼处学习一步?
8. 仪器设备如何向着样板房提升一步?
9. 数字空间如何向着大众点评跟进一步?
10. 知识学习如何向着高德地图迈进一步?

苏州职业大学电子学院不仅引进西门子的设备,实验环境和细节更体现了工业文明特征。

什么是学生30年不会忘却的记忆?学校又怎样成为学生改变世界的信息模板?环境设计、教育模式语言、设计教育如何在教育中扮演重要的角色?创客思维、作品见、马拉松式、团队合作、有用有趣有钱又是如何颠覆传统的课堂?未来教室如何通过招投标、知识地图、助研、开放实现教学相长?下面的思路,或许可以部分解决上面的困惑和需求。

- 让学生自己惊讶同伴的能力
- 让学生自己惊讶自己的能力
- 让课程自己惊讶整合的能力

- 让一门课占据80%的工作量
- 让98%的孩子得到优
- 让最差的那10%的孩子得到优
- 让学生自己惊讶自己的团队能力
- 一门课,成为改造世界的模板

教学体验过程中我们要回答这么一个问题:当学生学完这门课以后,什么是他30年不会忘却的记忆。而我那些学生学完了这门课以后,很多学生,真的,含着泪跟我说:"魏老师我都不相信我能做出这些作品。"我觉得这门课我成功了,为什么?学生记住了!记住了《铁臂阿童木》中那个茶水博士的故事。铁臂阿童木说"只有生物能够过这个关,机器人是过不了这个关的,他永远过不去",而茶水博士说,你只要认为自己是个人你就能走过去,铁臂阿童木就真的走过去了。很多学生学不会不是因为他笨,而是因为他不敢做,不能坚持去做,那么想办法要解决真的问题。什么是学生30年不会忘却的记忆,学校又如何成为学生改变世界的信息模板,只要他在这能创新,他可以甩开老师,在网上能够找到资料自己做,他将来毕业以后,他面临新的知识也不怕。

连邀请函都是学生自己动手。

那么我的这门网络工程课首先要回答一批经济管理学院的学生什么是30年不会忘却的记忆。我在想,如何让学生通过这门课程惊讶自己和同伴的能力、让学生自己惊讶自己的能力、让课程自己惊讶整合的能力。这一门课最终占了学生们一学期80%的工作量,学生也愿意,98%的学生得优,给优的前提是第一学生作业都做了,第二是作品见、作品学生不能失败、在最后一次展示课上演示出来。通过这门课程我发现有创新的往往是10个普遍认为最差的学生;然后让学生自己惊讶自己团队的能力,一门课成为改造世界的模板。

什么叫做改造世界的信息模板？我们现在所教的东西他将来都会忘光的，但是教给他的模板他不会忘。在网络工程课程之前我就想，对于学生来讲什么是未来的教室、什么是未来的任务、什么是未来的团队、什么是未来的技术、什么是未来的空间、怎么激发没有被高等教育所污染的这些潜能？事实上不是学生不能干，他们缺少的是狂妄和自信，要想办法把他们的狂妄给调动起来。教师花的工夫是在观察每一学生、观察他们学没学到的东西、观察他每一次作业。我特别观察到一些学霸类的女生，通过10年的观察，我发现如果她们组成一个组，效果很差，作品做不出来，于是我找学霸女生们专门谈话，"你们5个学生是学习最好的，再过10年，你不要认为学习最差的那几个孩子没有成就，他们往往能当经理你们几个可能是下岗的，原因是什么？你们只知道标准化去做老师说的需要的东西，你们能不能给我调皮一点，玩那些男生要玩的东西？你们拆开到男学渣一组？"经过精密的分组和比赛，激发了学生的能力。

学生按照自己的设想重新设计经济管理学院校园和网络空间。

只需要精巧地布置任务，甚至我都不需要教，学生们学会了 TABLEAU、SKEATCHUP、VISIO、各种的大图、易拉宝、宣传画、标书、服装、礼仪，体现这种教育之美为什么叫一体化，不仅教他学东西、还教他穿衣打扮、教他答辩、教他画这种图，还把这东西串在一起，完成了整体的未来经管的创客空间的软件、硬件、设计、运营、展示。这个课程结束的时候他们非常恋恋不舍，他们拿着海报去合影，非常珍惜自己的劳动成果。教育之美是什么，我在想，今后课堂中学生的座位模式能不能朝着谷歌公司前进一步、展墙如何向着博物馆靠近一步、我们的实验设备如何向着航天中心跨进一步、我们的虚拟仿真如何向着上海世博会进展一步、我们的细节设计如何向着宜家人性化一步、我们的实验室的温度如何向着星巴克前行一步、应用的场景如何向着售

学生们肯定能够记住这三个月的不眠之夜和团队合作。

楼处学习一步、实验仪器设备如何向着样板房提升一步、数字空间如何向着大众点评向前一步、知识学习如何向着高德地图迈进一步。回答以上问题，就可以完成好的教育的一半。

爱因斯坦说过教育就是毕业以后10年20年30年，将知识扔掉的那些东西才是教育。你们能让学生记住些什么就是改造世界的信息模板。

下图是同济大学的创客中心，实际上就是改造世界的创客模板，所以说作品见，你看他们做的兔子战车，这是学生设计的兔子战车，大家看一下。每一个小组都要交这样的作品，然后录像完交过来我要打分，再现场演示。他用树莓派完成了远程监控。我最后答辩的时候让他演示真实的系统，要用几分钟的视频说明自己的作品。学生每一个人都能完成的。

同济大学FABLAB每周的聚会是创意学院做计算机的事。

一门课、一个学期的大任务的作品是什么？多个人一小组来完成一个项目：自己没有想象过的产品、可以控制和具有专业性质的产品、面向具体应用的产品、值得收藏的产品、投标书、概念产品、小组作品、创业作品,完成为王。然后标准时有用有趣有钱:这个东西有趣也行,有用也行,有钱也行。

从教育设计到设计教育,一般来说要回答以课程为中心、还是以学习为中心、是以研究为中心、还是以问题为中心。一门工程课程,其实包含五门背后的课,我这一门网络工程完全是可以有5个老师在背后教:科学、技术、工程、艺术、数学。

未来校园，四全系统

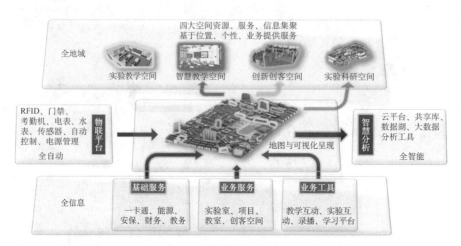

四全系统概念图

四全系统，是著名的管理信息系统专家薛华成教授提出的，是指全地域、全自动、全智能和全信息。在未来校园中，也应该有超越物联网、大数据概念的信息管理理念。

首先说全地域。教育空间研究，是目前教育设计研究中很重要的一个领域，美丽校园、人文校园、创客空间、学科教室、走班制等核心都是教育空间。中国教育部有一个非常重要的大学评价指标，就是土地和建筑物面积，很多大学在本科教学评估中，都是按照这个评价指标来整理资料和迎接评估的，每当本科评估组来学校的时候，各个大学如临大敌。好一点的大学在硬件指标上都是过关的，因此都在其他方面去"迎接"，而很重要的一个指标：每个学生一分地的暗线，让校长很挠头。除去土地指标，教室的数量也是评价指标之一。于是，前些年在大城市旁边的新校区建设，就在教学评估的指挥棒下如火如荼地展开。然而，如果按照教育部的指标系统，香港大学、美国卡内基梅隆大学、普林斯顿大学、麻省理工学院，可能都是不合格的大学，更别说是世界名校了。为什么仅仅评价硬件指标的空间评价方法不合时宜了呢？那是因为，仅仅是硬件合格了，还有几个非常重要的指标：空间利用率和空间合理性，是很难在不同学科之间做"最大公约数"的。美国卡内基梅隆大学是几个校区合起来面积也不到 600 亩的校园，然而 1 万多名学生并没有感觉这个校园非常拥挤，那是因为整个校园的课程是早上 8 点排到晚上 10 点的、整个校园的实验室是 24 小时开放的、教授一般是在实验室办公的、在办公室办公的教授面积也不到 7 平方米，学校虽小，但 24 小时空调加上卫生打扫和四处奔跑的野兔，让这个校园非常舒服；教授不必像中国的教授那样奔跑于教室、实验室、食堂、会议室和办公室，很多场所是合一的或者就在临近（如美国的学者一般在办公室 20 米范围就有咖啡厅可以会谈和加热便当），使得时间节省和空间充分利用，节省出来的费用全部用到了空调、装修、卫生间的手纸和到处免费的冰箱甚至免费的食品。

仅仅是空间设计，还只是一个感受和理念的层面，但如果从信息学角度，我们可以把全地域的空间分为实验教学空间、智慧教学空间、创新创客空间、实验科研空间。未来信息系统的最终目标是围绕空间活动的需求，提供个性化的资源聚合与服务，系统通过物联网实现自动的采集和控制，采集全过程、阶段与活动的数据，通过大数据的分析为空间与个性化活动提供支撑，未来的信息呈现一定是可视化的，易于理解，并且能够充分发挥人员的能动性。

西安欧亚学院通过 ROOMIS 系统将教室的后勤支持和管理及时化、动态化、可视化。

如果仅仅是上课,空间仅仅是服务于听课和讲课的场所,但如果把教育空间以信息学进行理解分成上述的四种,那么背后都是管理的软件和数据的支撑。教学实验室空间为服务对象提供包括线上至线下的基础服务与大数据平台支持。包括大数据自助分析、实验教学服务和实验教学管理。智慧教学空间是我们经常被提及的智慧教育的设备和软件的聚集地:物联网、录播、刷卡取电考勤、中控系统和集中控制系统、温度湿度系统、视频发布系统、排课系统、音响系统等,智慧教学空间基于物联管理和统一数据标准,整合一卡通、教务、中控等系统,实现教室课表、考勤、设备及运行的智能管理;同时提供录播、教学互动等功能,并提供在线学习支持。

实验教学空间相比起智慧教学空间要复杂得多,那是因为要做好一个实验,需要教务信息、资产信息、学生信息、教师信息、软件身份信息等数十个系统的数据推送过来才能够完成一个智慧实验空间的排课、预约、刷卡、物联、实验准入、实验行为的记录等功能,仅仅东华大学就有几千门课程,每天的实验排课信息与各个职能部门和各个学院交互后,产生的数据就是55万条之多,还不包含700多间实验室的视频、音频资料。

创新创客空间与实验教学空间有些类似,不同之处在于打破学院和专业的壁垒,更加信息集中的背后是更加厚重的信息学支撑:创客课程、资产、预约、微课、资源、项目管理、交易等系统作为紧密的支撑才能使得看不见计算机的信息化支持创造。创新创客空间需要软件体系和主流品牌的硬件产品结合,融入GIS空间管理系统,为整个创客群体提供集创意交流、发布展示、实地设计、物品存储、制作加工于一体的智慧空间。

科研实验空间注重"鼓励创新",以最大限度地激发科研人员科学探索的能力为主要目标,提倡协作创新、交流共享、高效灵活。科研空间的背后是大数据和项目管理、物联管理以及资产设备的数据接口和信息安全的体系支持。

如果将教育的创造空间、实验实训空间、教学空间、科研空间的信息聚集在一起,整个教育管理就不会混乱和专职,就能够实现学者治校和权力下放。

全地域的背后是全自动,是采用物联的方式,实现对信息的自动采集与处理。在卡内基梅隆大学,我有一个非常奇特的感受,这种感受与很多在美国长期工作过的学者有很多共鸣:初到美国,你会发现美国到处是落后的设备和信息化,等你深入到美国后,你会发现信息化无孔不入地介入到生活、工作和学习的方方面面,精密和细致,绝不浮夸和趋向政绩。刚到计算机工程系工作,系秘书给我一把钥匙,这把钥匙可以打

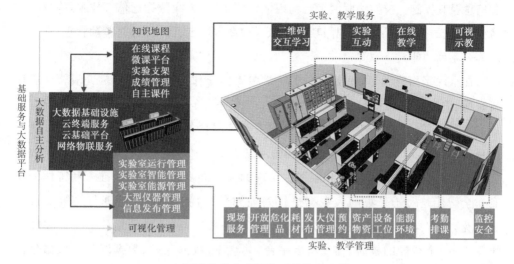

一个标准的教育空间背后的信息支持。

开我自己的办公室和整个楼层办公室以及咖啡厅的所有的门,但是其他学者的办公室的门我打不开,但是一旦这些学者开始工作,全部的锁会按照时间常开以便出入,除非你有意锁上。全自动,就是要方便和无扰。利用RFID、门禁、视频、音频、刷卡取电、自动水电能源,不仅仅实现能耗减少,更重要的是无扰于用户。全自动背后是物联网技术,物联网的来源和正本清源的名称应该叫普适计算,是指和环境融为一体的计算,而计算机本身则从人们的视线里消失,在普适计算的模式下,人们能够在任何时间、任何地点,以任何方式进行信息的获取与处理,人们可以得到任何物品的尺寸、性能、图形

美国卡内基梅隆大学安全实验室的大数据中心。

和信息及其控制。校园物联网平台利用信息传感器、无线数据通信等技术，构建一个"物物相连的智能网络"，实现门禁、人员定位、食堂刷卡、图书借阅、考勤管理、资产管理等一系列功能。

在卡内基梅隆大学，里面充满了非常多不同合作主体的实验室：美国软件工程研究所、美国国防部CYLAB实验室、苹果实验室、英特尔实验室、美国应急响应组织、教授科研网、学生课程网、校园网、院系共享平台等等，这些不同的网络，以统一的身份系统和不同域和不同涉密级别的网络供学生和学者接入，其背后是由大数据实验室的大数据平台来支持和服务。实现的是不同身份的学者的准入和工作的便利。全智能是对于采集的大数据进行处理和分析，实现服务、管理与决策支持的智能化。全智能背后是大数据的应用，不仅仅是数据，更重要的是分析工具和展现工具，一个全智能的校园，需要有云平台、共享库、数据仓库、数据湖和大数据分析工具的支撑。

有了全信息、全自动、全智慧的采集和分析，就能够提供全地域的服务：全信息采集涉及基础服务、业务过程以及业务活动的完整信息，建立围绕课程、教学、实训、学习活动的全过程数据采集。其中基础服务信息、业务服务信息、业务工具信息，不仅仅将状态信息采集到，更重要的是采集到过程信息，且这种采集是无扰的和自动化的。

全地域、全自动、全智慧、全信息，构建的是新一代的校园空间，这个校园空间包括校园内一切建筑物及场所，是学校的实体资源，集合学校各类系统的信息，主要包括教学空间、创客空间、科研实验空间、教学实验空间及物联网平台五大模块，是GIS地图展示的应用场景。智慧校园管理是通过云平台共享各类校园系统数据，基于GIS地图的虚拟化展示校园空间、资源及相关知识，使实体资源得到可视化与增强展示，并通过物联数据采集、控制与大数据分析，使校园的信息、服务进行汇聚，使校园智慧化。

新一代校园空间的信息集聚，依赖于云平台的技术应用。云平台管理提供基于虚拟化应用、操作系统、服务器、网络与存储的统一管理平台，用于动态分配资源，按需提供服务。提供虚拟桌面平台，虚拟桌面实现云桌面应用，支持开展移动实验，对基于单机版的软件应用进行虚拟化，摆脱对具体物理设备的依赖。

四全系统，不仅仅是整合原有的信息系统，更重要的是升级到信息空间的概念。四全系统依赖于云、大数据、物联网的新技术发展，也依赖于多年来中国各高校在信息基础设置建设中的统一身份认证、共享数据库、能源管理、教务管理、资产管理、一卡通系统的基础性工作及其整合。

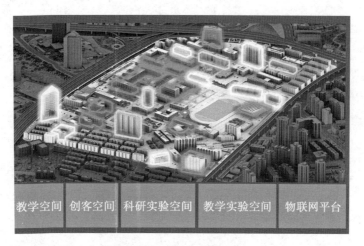

东华大学基于智慧实验室基础上的智慧应用，已经具备了四全校园的雏形。